集人文社科之思　刊专业学术之声

集 刊 名：中国本土宗教研究
主办单位：中国社会科学院世界宗教研究所道教与民间宗教研究室
协办单位：中国社会科学院世界宗教研究所中国本土宗教研究基地（中岳庙）

二〇二三年 第一辑　总第七辑

集刊序列号：PIJ-2018-329

集刊主页：www.jikan.com.cn/ 中国本土宗教研究

集刊投约稿平台：www.iedol.cn

AMI（集刊）入库集刊
中国知网 CNKI 收录
社会科学文献出版社（CNI）名录集刊
集刊全文数据库（www.Jikan.com.cn）收录

汪桂平　主编

中国本土宗教研究

STUDIES ON
CHINESE
INDIGENOUS RELIGIONS

二〇二三年 第一辑
【总第七辑】

社会科学文献出版社
SOCIAL SCIENCES ACADEMIC PRESS (CHINA)

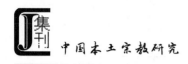

中国本土宗教研究

田野调查

区域聚焦： 山东道教

理论前沿

敬天法祖：中国本土宗教的神学理论[*]

张作舟　李远国

摘要： 中国本土宗教信仰的核心内容，诚然如人们常说的是"敬天法祖"，则中国人的祭祀观便自然地包括两个方面的内容，一则是祭天，一则是祭祖。以前中国家庭所供奉的神灵牌上所写的"天地君亲师"，形象具体地反映了敬天法祖的全部内容。

关键字： 敬天法祖　天道信仰　祖先崇拜　神学理论

作者简介： 张作舟，四川传媒学院讲师；李远国，四川省社会科学院研究员。

中国本土宗教是指中国道教、儒教以及产生于明清二代的民间宗教，其宗教形式多样，历史久远。作为中国自己创立的这些教派宗教，在长期的历史发展中形成了多神崇拜及其互融共生的宗教信仰、入世情怀等诸多特点，而这些特点对中国社会以及民族心理结构都产生了重大而又深远的影响。中国宗教信仰内容丰富，形式多样，历史久远。自然崇拜、社稷崇拜、百神崇拜、天神崇拜、祖先崇拜等构成中国本土宗教信仰的主要内容。在这些崇拜中又以天神崇拜和祖先崇拜为核心。

一　天道信仰的神学意义

天道信仰与祖先崇拜，这是中国本土宗教最为独特的理论底色。冯时先生指出："由观象授时所导致的天命观使自然之天开始被赋予了人格的意义，从而产生了主宰万物的至上神祇——上帝。诚然，帝作为主宰万物的至上神，这一观念本来是从帝本为祖先神的观念中发展出来的。人们追寻其始祖所自出的敬祖心理首先使他们创造出

---

* 本文为国家社科基金后期资助项目"道教神学研究"（项目号：20FZJA001）的阶段性研究成果。

了作为祖先神的帝，在这一意义上，帝字的本义必用为嫡，所以帝的观念明显是在强调观象者人王与至上神之间的最直接与亲密的联系，这种联系借助血缘的关系加以表现当然最为理想。"① 由天道信仰推演而形成的祖先崇拜，亦是中国道教神学的理论基础。

天道是中华文明之源，对此的探求贯穿于整个中国历史。《周易·系辞》曰："易之为书也，广大悉备。有天道焉，有人道焉，有地道焉。"② 《礼记·郊特牲》："天垂象，圣人则之，郊所以明天道也。"③ 老子曰："不出户、知天下。不窥牖、见天道。其出弥远、其知弥少。是以圣人不行而知，不见而名，不为而成。"④

现代考古研究发现，在新石器时代中国就已经出现了有关斗极的信仰。以目前所见，出土最早的北斗遗存是距今近万年的山西吉县柿子滩岩画，其所呈现的是一女子禳星祈福的场景。该女子头上有七个呈弧形分布的红色圆点，圆点所代表的应是北斗七星。在丧葬中也有着明显的星宿烙印，在距今 6500 年前的河南濮阳西水坡 45 号墓中，发现了在墓主人东西两侧的蚌龙和蚌虎，分别代表着星空四象中东宫苍龙和西宫白虎，而墓主人脚下由蚌壳堆塑的三角形与两根人胫骨则构成了北斗形象。上述这些并非一般以为的自然星辰崇拜，而是有着更深刻的内涵，即天道信仰。

天道是天行的秩序化呈现，为自然与神性的统一。《尚书·尧典》以"钦若昊天，历象日月星辰""在璇机玉衡，以齐七政。肆类于上帝，禋于六宗，望于山川，遍于群神"作为有史可稽的天道信仰之开篇。它们包含了天道信仰的两个基本要素：以星辰运行为表征的自然天道，以昊天上帝为核心的神明体系。斗转星移的天象变化，呈现的是人们可认知的宇宙秩序与规则，此天道为人道之所依。因此，尧舜禹汤、周公文王等历代圣王均法则上天，确立了中华民族数千年的主流信仰——天道，奠定了法天而行的天下治理理念，构筑了人的基本遵循和超越性维度。⑤

《国语·越语下》："天道盈而不溢，盛而不骄，劳而不矜其功。夫圣人随时以行，是谓守时。天时不作，弗为人客；人事不起，弗为之始。今君未盈而溢，未盛而

---

① 冯时：《文明以止：上古的天文思想与制度》，中国社会科学出版社，2018，第 425 页。
② （西晋）韩康伯注、（唐）孔颖达等正义《周易正义》，卷八，（清）阮元撰《十三经注疏》，中华书局，1988，上册，第 90 页。
③ （东汉）郑玄注、（唐）孔颖达等正义《礼记正义》，卷二六，（清）阮元撰《十三经注疏》，下册，第 1453 页。
④ （东晋）王弼注《老子道德经》，第四十七章，《诸子集成》，岳麓书社，1996，第 3 册，第 21 页。
⑤ 沈文华：《璇玑玉衡：华夏天道信仰的中枢建构与其神学地位辨——以汉代为中心》，《世界宗教研究》2022 年第 9 期。

骄，不劳而矜其功，天时不作而先为人客，人事不起而创为之始，此逆于天而不和于人。"① 这种自然秩序是人间秩序的基础，它为人类活动提供了范例和规则。

老子以其深刻的智慧，发现在纷纭复杂、变动不息的事物和现象背后，存在着一个稳定地支配事物发展变化的自然法则，并倡导人们以这个法则作为观察世界、认识真理和治国修身的指导原则。老子把这个普遍法则命名为"道"。老子所说的"道"，既是自然法则和虚无理念，又是能生育长养万物之母，有与始祖神相似的功能。这个"道"指的就是天道。老子哲学视野里的天道，具有以下特性。

1. 本源超越性。"天"在中国先民的认知中属于实体性的主宰，此主宰具有鲜明的人格色彩，有意志，有情感，施行人间赏罚，为世间的绝对统治力量，也被称为"帝"或"上帝"。春秋时期，老子用"道"指代"天"，替代了既有的人格化、形象化了的"帝"。在老子看来，"道"乃非实体性的世界本源，具有先在性和始发性。就其"先在性"而言，"道"作为"天地之始"和"万物之母"，在天、地产生之前就已经存在，所谓"有物混成，先天地生，寂兮廖兮，独立而不改，周行而不殆，可以为天下母"。老子以"大象无形""无状之状""无物之象""迎之不见其首，随之不见其后""豫兮若冬涉川，犹兮若畏四邻"等比喻描述之，以示其难为感官和逻辑的语言把握。因"道"无声无形，不可得而名，故无形名之所限；"道"在语言之外，形状之先，天地之前，无所凭恃而自为自因，所以就具备了超越于具象世界的可能性。就其始发性而言，"道"作为"万物之宗"不仅自生，更能孕生、创生，老子言"道生一，一生二，二生三，三生万物"。"道"是生物之源，万有皆本于道。庄子在其《大宗师》中也以大道为宗源，《天地》篇中以"泰初有无，无有无名，一之所起，有一而未形"，说明"道"之混一自得，先于万物而在。总之，"道"自本自根，生天生地，且自因自存，世间万有皆为"道"所生、所蓄、所养，最后也将回归于"道"。

2. 具象显现性。天道无形无名，却在时空之中有具象的显现，象与道的关系表现为两个特点。其一，就"道"的实现方式而言，象以显道。"天道"作为超越于万有的本源，其非实在性使其本源作用的发挥需要通过世间的实在事物来实现。换言之，"天道"本身虽不可见，却显现于时空的具体实在之中。老子言"惚兮恍兮，其中有象；恍兮惚兮，其中有物"。直言"象"为道统摄，"象"不能脱离"道"，

---

① （吴）韦昭注《国语》，卷二一，《文渊阁四库全书》，台湾商务印书馆，1983，第406册，第180页。

"象"是"道"即生命力的彰显。在与天契合的层面上，同时以"自然"为具体表征，力图化解人与世界、人之自我与本我的二分和对立，建立与万物共在的审美性生存场域，以使人回归到与万物相与优游的整全世界。在庄子看来，"道"因其在世间的圆融性，为万物所共有，即使是在最卑微的事物中也都有"道"的存在。东郭子曾问庄子："所谓道，恶乎在？"庄子答曰"无所不在"，并举例说"在蝼蚁""在稊稗""在瓦甓"，甚至于"在屎溺"，此意便在于言说"道"之显现，就在普遍的具象世界中。

3. 多元流动性。天道以实存界具体的、多元的个体为实现前提，且这种实现并非固定的、封闭的、停滞的，而是动态的、敞开的、无停止的。"天道"并非一成不变的实体性的高高在上者，而是融贯于、内藏于实有界的个体生命发展历程中的，是动态的、过程性的显现。其变动不居，周流六虚，就在宇宙演化之中，因而是情境性的、多元化的。《道德经》中有"天地之间，其犹橐籥乎？虚而不屈，动而愈出"，即认为天地之间的空隙犹如虚空的风箱，在这风箱之中"道"在不息周流，万物由此有动而不息的生命。所谓"绵绵若存，用之不勤"，即"道"无穷无尽地存在于万事万物的生死相继之中，道之通行方有连绵不绝的生生之流。老子又言"大曰逝，逝曰远，远曰反"，所谓"反"，即是"道"之动，"道"贯穿于万物从生长到变化、再到衰朽，最后又复归于"道"的无尽过程之中。道周行不殆，于万物长、育、亭、毒、养、覆，万物才皆得以生存、生长和消亡。无论是自然，还是社会或者人的生命，本质上都是由道统贯的生生不息的能动过程。天道流行于时间无穷尽，于空间无际涯。所以"天道"是周流统贯的本源，随物而生，应物而行，无所不在，又无所固在。

在道家看来，"天道"以万物为其显现的载体，人无外乎是天道的承载者和体现者。具有生生之德的"道"独立而混沌，化育万物，成就万物，且周流不止地显现于"人道"之中。老子说"人法地，地法天，天法道，道法自然"，以示人对于天道的相契。自然指向不违本性，是本真之"道"的自在显现。"天道"化生万物，蓄养万物，其法在于使万物各适其性，各为其自身，各行其本事，且"道"功成而身退，不恃不有，不居功，不主宰。在老子看来，这是"天道"的"德"，这种"德"当是人间生存的法则和依据，所谓"道者，万物之奥，善人之宝，不善人之所保"。显然，"人道"需以"天道"为本，遵道而贵德，秉持清净，于不露不显中任运自然本性，以成就万物和自身的本然状态。

天道之本源超越性、具象显现性和多元流动性，使"人道"成为"天道"的载体和显现。同时，从空间维度而言，"道"无所不在，并非唯"人"独钟；从时间维度而言，"道"无时不在，并非停滞凝在。因此人之"唯主体性"的思维视域是狭隘的，道家则构建了万有同一的全主体性的世界体系，在这个世界体系中，"人"必须破除唯我独尊的唯主体性思维范式，而需以"天道"为根本参照，进入以"自然"为具体表征的万物共在场域。全主体性生存境域以"天道"为根本参照。老子以"天大，地大，道大，人亦大。域中有四大，而人居其一焉"肯定人是自然宇宙的一部分，且在这个世界整体里，其本源乃是"天道"。道家理想的审美生存是在人与天地万物相互交通交融的"天人合一"的浑融境域里展开的，人生而不违"道"，并以"道"为在世生存的唯一法则。

《道德经》曰："谷神不死，是为玄牝。玄牝之门，是为天下根。绵绵若存，用之不勤。"[1] 谷神就是道，谷神被视为天下根，就是道的神性表现，道是不死的，具有永生的神性。道之为物，"窈兮冥兮，其中有精，其精甚真，其中有信"[2]，信当读为神，信、伸、神古通用。言精即甚真，故精之中有神也。老子在这里不仅点明了道乃物质、精神和能量的来源，也指明了道能生成神。

德国历史学家马克斯·韦伯指出："在老子的学说里，道同神秘主义者典型的寻神联系了起来。道本身是永恒不变的，因而具有绝对的价值。道既是秩序，又是产生万物的实际理由，它是一切存在的永恒原型的完美化身。一言以蔽之，它是惟一的神圣的总体。完全如同一切冥想的神秘主义一样，一个人只有将自我绝对虚无化，摆脱世俗的利益及热情，直到完全的无所作为（无为）时，方能及于道。"[3] 英国学者、人类学之父泰勒（Edward Burnett Tylor）说："语言文献和仪式的证据，能够保留关于极为遥远时代思维方式的踪迹。中国给我们提供了在国教的最高神中的类似的神学序列。天是个人形象的上帝，或玉皇大帝，宇宙的君主。中国的书卷，把这种最高的神理想化，说他的命令就是命运，奖善而惩恶，爱护自己的人民，以征兆来表现自己，他是无所不知，无所不入的，可怕的，神圣的精灵。他是，他们还不能把对他的这种理想化形成为抽象的上帝的观念：无论是在语言上还是在历史上都仍然认为他是

---

① （东晋）王弼注《老子道德经》，第六章，《诸子集成》，第3册，第3页。
② （东晋）王弼注《老子道德经》，第二一章，《诸子集成》，第3册，第9页。
③ 〔德〕马克斯·韦伯：《儒教与道教》，洪天富译，江苏人民出版社，2003，第74~75页。

最初的他，也就是天。"①

　　道教或许与印度宗教信仰类似，是崇奉"多神"的宗教。这类宗教神学的特点，是相信在诸神之上或之前，还有一个自古就有并永久常存的宇宙创造者，或生成天地万物的虚无本源。它不仅是创生宇宙万物实体的本源，也是一切神灵和一切法理的源头。在印度宗教中它被称作"梵"（Brahman），或曰"梵天"。在中国的道教中"梵"是老子所说虚而无形的自然之道，或曰"道炁"。因此道教尊奉和礼拜的神灵，如太上道君，或三清，或玉皇，以及名号无量的天神地祇，与一神论宗教所信奉的至上神（上帝或真主）不是同一层次的概念。道教礼拜的"神"不是初始的创世者，而是道炁演化出来的次生者。它们没有上帝或真主的至上性，因此也没有作为唯一信仰主体的排他性。道炁不仅演化出无量的天神地祇，而且肉身凡人乃至动植物，也能修炼得道而成为长生不死的神仙。历史上，中国的儒教和道教都曾以其包容性的信仰，融合来自域外的宗教，从而形成了中国宗教多元一体、和谐共生的格局。无论来自何方的神灵，中国宗教徒都可以把它们接进自己的庙宇神殿，分享信众供奉的香火。②

二　祖先崇拜的神学意义

　　祖先崇拜是中国本土宗教信仰的另一个中心。祖先崇拜的特点，首先是将本族的祖先神化并对之祭拜，具有本族认同性和异族排斥性。其次是相信其祖先神灵具有神奇超凡的威力，会庇佑后代族人并与之沟通互感。最后超越了原始图腾崇拜和生殖崇拜的认识局限，不再用动植物等图腾象征或生殖象征来作为其氏族部落的标志，而代之以其氏族祖先的名字，由此使古代宗教从自然崇拜上升为人文崇拜。英国社会学家斯宾塞特别强调祖先崇拜在宗教发展史上的意义，他在其著作《社会学原理》一书中力图证明一切宗教形式都是从祖先崇拜发展而来，神灵本身也是发端于祖先崇拜。祖先崇拜是对氏族血缘关系的崇拜，人鬼的信仰是灵魂崇拜的演变，在古代社会发展到更高程度时广泛流行的天神、地祇崇拜，则是祖先崇拜和自然崇拜进一步升华并结合的一种崇拜形式。

---

① 〔英〕爱德华·泰勒：《原始文化》，连树声译，广西师范大学出版社，2005，第 607～608 页。
② 王卡：《中国本土宗教的虚神信仰》，《世界宗教研究》2016 年第 5 期。

祖先崇拜在中国宗教传统中尤为突出。从广义上讲，古代墓葬的形式、结构、葬式、头向及随葬品等，均属于原始宗教的范畴，都是原始社会中普遍存在的相信灵魂的具体表现。迄今发现的人类最早的宗教遗址正是反映灵魂观念和亡灵崇拜活动的原始墓葬，开始于旧石器时代中期，普遍化于旧石器时代晚期。我国旧石器时代晚期的山顶洞人遗址，是研究我国原始宗教和整个宗教起源问题的最宝贵的物证资料。从氏族社会起，人们的埋葬活动，都与宗教发生着直接关系。丧葬的起源问题，实质上是一个人类何以会关心尸体和安葬尸体的问题，一个生者对死者的情感问题。

对此，西方学者卡西尔指出："我们在世界各地看到的葬礼都有共同点。对死亡的恐惧，无疑是最普遍最根深蒂固的人类本能之一。人对尸体的第一个反应，本应是让它丢在那里，并且十分惊恐地逃开。但是这样的反应只有在极为罕见的情况下才能见到。它很快就被相反的态度所取代，希望能保留或恢复死者的灵魂。人种学的材料向我们揭示了这两种冲动之间的斗争。然而，通常看来占上风的恰恰是后一种冲动。诚然，我们可以看见许多防止死者的魂灵重返他的故居的做法，在灵柩被抬到墓地去时，在灵柩后面撒上灰，这样灵魂就迷路了。合上死人眼睛的习惯，一直被解释成是为了蒙住他的眼睛，不使他看见自己被抬往墓地去的道路。然而在大多数情况下，相反的倾向占了压倒的优势。生者总是尽他们的全部力量，使灵魂留住在自己身边。死者常常就被埋在作为它永久住所的宅第内。死者的精灵成了看门神，而这个家庭的生命财产就依赖于它们的帮助和恩惠。"①

北京周口店山顶洞人遗迹，属于晚期智人阶段。山顶洞分为洞口、上室、下室和下窨4部分。上室在洞穴的东半部，在地面的中间发现一堆灰烬，底部的石钟乳层面和洞壁的一部分被烧炙，说明上室是山顶洞人居住的地方。下室在洞穴的西半部稍低处，发现有3具完整的人头骨和一些躯干骨，人骨周围散布有赤铁矿的粉末及一些随葬品。在死者周围撒上红色粉末或碎石，是幻想死者可以重生。在死者周围放置生产和生活用具，也是认为人死后将到另一个世界过类似人世间的生活。这反映出他们已经有了某种灵魂观念和死后生活的观念。

山顶洞人时期出现并在仰韶文化中延续下来的在死者身上撒赤铁矿粉或涂红颜料的习俗，直到大汶口文化依然存在。山东胶县三里河大汶口文化遗址的墓葬，有5座墓的人骨上都遗留有朱红色痕迹。M14从髋骨以上至肩部有朱红色，其中有的部位

---

① 〔德〕恩斯特·卡西尔：《人论》，甘阳译，上海译文出版社，2013，第111页。

直接粘贴在骨骼上，有的部位有一层很薄的土间隔着。M125 和 M275 的手臂上有朱红色，M2101 右侧肋骨和右臂上有朱红色，M2110 左侧肋骨和左臂上有朱红色①，这种现象具有和山顶洞人一样的宗教意义。这种灵魂不死的观念，表达了人们企图永生的愿望。

随着宗教的发展，祖先的神灵也逐渐被形象化，于是产生了对祖先偶像的崇拜。从对死人的恐怖，发展为相信死者灵魂有强大的力量，这是原始人类和一切落后民族在宗教信仰发展中的反映，活人希望从这种力量中取得利益，就像从其他自然力量中取得利益一样，通过各种的祭祀、膜拜，达到让祖先的灵魂为活人服务的目的。正如同米尔恰·伊利亚德在分析古代埃及宗教观念时所指出的那样，埃及国王俄赛里斯被谋杀后成为天神，成为所有受造物的源泉和基础："无论我活着还是死了，我都是俄赛里斯；我进入你的身体，通过你重现，我在你里面衰亡，也在你里面成长……诸神话在我，因为我生在、长在滋养诸神的谷物中。我覆盖着大地，无论我是生还是死，我是大麦。我不会毁灭，我已进入秩序之中……成为秩序之主，我在秩序中显现。这是对死亡的大胆肯定，从此死亡就被当作一种肉体的升华。原先毫无意义的死亡变得有了意义。坟墓也成了人完成其蜕变的地方，因为死者变成了阿赫，即一个转变了的灵魂。对于我们来说，重要的是，俄赛里斯逐渐成为了某种范式，不仅针对统治者，同时也针对每一个人。"②

追寻宗教起源和形成的轨迹，人们会发现，它与早期人类对超出自身和超出自然界的外在力量的认识，有着密切的关系。人类在超自然的神灵观念的形成上，其思维发展大致经历了三个阶段，即从万物有灵观到原始神灵崇拜，再到后来的宗教信仰。中国宗教的起源也经历了这三个阶段，只是在原始神灵崇拜方面，则更具中国的特色。中国曾出现过对自然神的崇拜，对动植物神的崇拜，对图腾的崇拜，以及对由灵魂观念生成的祖先神的崇拜。在如此多的崇拜之中，对于中国原始宗教的形成和发展影响最大的，应该说是对祖先神的崇拜，它的潜在影响甚至绵延至今。

祖先崇拜是建立在灵魂崇拜的基础之上。随着母系氏族社会向父系氏族社会过渡，人类确立了父权制，原始家庭制度趋于明朗、稳定和完善，人们逐渐有了其父系家长或氏族中前辈长者的灵魂可以庇佑本族成员、赐福儿孙后代的观念，并开始祭

---

① 中国社会科学院考古研究所编著《胶县三里河》，文物出版社，1988。
② 〔美〕米尔恰·伊利亚德：《宗教思想史》，晏可佳、吴晓群、姚蓓琴译，上海社会科学院出版社，2004，第 87 页。

拜、祈求其祖宗亡灵的宗教活动，从此才形成严格意义上的祖先崇拜。随着母系氏族社会向父系氏族社会过渡，人的神格化的祖先也就由女性变成了男性，我们从汉字中"祖"字的构造可以找到男性祖先崇拜的证据。

祖的古体是"且"，在甲骨文、金文中都画作男性生殖器的形状。《说文解字》曰："祖，始庙也。"段玉裁注："始兼两义。新庙为始，远庙亦为始。故祔袷皆曰祖也。释诂曰：祖，始也。《诗毛传》曰：祖，为也。皆引伸之义。如初为衣始，引伸为凡始也。"① 甲骨文和西周金文中以"且"为"祖"，不从"示"。关于"且"字之造字本义，有多种说法，或云是男性生殖器之象形，或说是像神主之形，尚无定论。古文字中"祖"字是指祖先而言，凡父辈以上皆可称"祖"。《诗·大雅·生民序》："生民，尊祖也。"孔颖达疏："祖之定名，父之父耳。但祖者，始也，己所从始也，自父之父以上皆得称焉。""祖"字应当是由"且"分化出来的专用字。秦汉以后的"祖"字基本沿袭春秋文字的写法，变化不大。② 《周礼·冬官·匠人》曰："国中九经九纬，经涂九轨，左祖右社，面朝后市，市朝一夫。"③ 继父系氏族社会之后，中国进入夏、商、周的早期奴隶制阶段，男性在社会生活中处于绝对的优势地位，建立了在父系血缘之上的宗法制度，祖先崇拜始终偏重于男性。

英国社会学家斯宾塞特别强调祖先崇拜在宗教发展史上的意义，他在其著作《社会学原理》一书中力图证明一切宗教形式都是从祖先崇拜发展而来，神灵本身也是发端于祖先崇拜。他说："在这种超自然神的背后，也正如在其它一切超自然神的背后一样，我们可以找到某种属于人类特性的人格。对一切超越于普通事物的东西，野蛮人就认之为超自然的或神圣的。超群的名人也是如此。这个名人也许不过是记忆中建立部落的远祖；也许是一位以孔武有力、骁勇善战而知名的领袖；也许是一位享有盛誉的巫医；也许是某些新器物的发明者，甚至他也许并非部落的成员、但却是带来了技艺和知识的卓越的异乡人；或者也许是由于征服获胜而握有主权的优越种族的一分子。不管他是上述哪一种人物，由于其生前受人敬畏，其死后便受到更大的敬畏。对于这位鬼灵的邀宠礼，渐渐比那些不为人恐惧的鬼灵来得大，并发展为一种定为制度的崇拜。例外的情况是没有的。我们的结论是：如果按照祖先崇拜一词那个最广大的意义（作为对属于血亲或非血亲的死者的崇拜）来说，祖先崇拜就是一切宗

---

① （东汉）许慎撰、（清）段玉裁注《说文解字注》，卷一，成都古籍书店，1981，上册，第4页。
② 傅东华著、董作宾校订《字源》，艺文印书馆股份有限公司，1985，第8页。
③ （东汉）郑玄注、（唐）贾公彦疏《周礼注疏》，卷四一，（清）阮元撰《十三经注疏》，上册，第926页。

教的根源。""第一个可追溯到的超自然物的概念，就是鬼的概念。"鬼的概念转变成了神的概念，古老的和重要的祖先所崇拜的鬼怪变成了神，为了取悦死者而置于其坟墓上的食物和饮料演变为抚慰诸神的祭礼和奠酒。因此，斯宾塞得出结论："祖先崇拜是各种宗教的根源。"①

斯宾塞认识到，对鬼神的信仰构成了最早期超自然思想观念的基础。不仅如此，他还讨论了巫术与宗教之间的区别，讨论了由于知识的增长产生了从多神论向一神论的发展趋势等很多后来成为宗教社会学及人类学实质性大纲的重要概念。

斯宾塞的祖先崇拜论虽然存在一些值得深入探究的东西，且在宗教学领域中是有争论的，但他关于世界各地各民族皆存在祖先崇拜这一事实的论述是可信的。我国古代宗教制度不仅证明了上述事实的存在，而且证明了从氏族神到部落、民族和国家保护神的发展。恩斯特·卡西尔在谈到这一点时，曾经强调说："在世界上似乎没有什么民族不以这种或那种形式进行某种死亡的祭礼。生者的最高宗教义务之一就是，在父亲或母亲死后给他供奉食物和其它生活必需品，以供死者在新国度中生活下去。在很多情况下祖宗崇拜具有渗透于一切的特征，这种特征充分地反映并规定了全部的宗教和社会生活。在中国，被认可和控制的对祖宗的这种崇拜，被看成是人民普遍信仰的唯一宗教。"②

德·格鲁特在对中国宗教的叙述中说，这意味着，死者与家族联结的纽带并未中断，而且死者继续行使着他们的权威并保护着家族。他们是中国人的自然保护神，是保证中国人驱魔避邪、吉祥如意的灶君。"正是祖宗崇拜使家族成员从死者那里得到庇护从而财源隆盛。因此生者的财产实际上是死者的财产。固然这些财产都是留存于生者这里的，然而父权的和家长制权威的规矩就意味着，祖先乃是一个孩子所拥有的一切东西的物主……因此，我们不能不把对双亲和祖宗的崇拜看成是中国人宗教和社会生活的核心的核心。中国是标准的祖先崇拜的国家，在那里我们可以研究祖先崇拜的一切基本特征和一切特殊含义。"③ 这些西方学者的论断可以帮助我们认识祖先崇拜在我国古代宗教中所占的特殊重要地位。

美国伊利亚德教授指出，祖先崇拜已经充分地普遍地扎根于新石器时代了，它构成了早期农耕民族宗教系统的基础。"商朝宗教虽有断层，但是能够勾勒出它的一条

---

① 黄剑波：《宗教人类学的发展历程及学科转向》，《广西民族研究》2005 年第 2 期。
② 〔德〕恩斯特·卡西尔：《人论》，甘阳译，第 108 页。
③ 〔德〕恩斯特·卡西尔：《人论》，甘阳译，第 108～109 页。

主线，毋庸置疑，天神与祖先崇拜乃是至关重要的。与历法密不可分的祭祀系统与占卜术的复杂性，假设了存在一个神职人员——占卜者、祭司或萨满——阶层。最后，纹饰图案则表明宇宙论，同时也是救世论的符号体系的复杂联系，虽然我们尚未获得充分的理解，但这些似乎都是古代中国宗教的先声。"① 德国历史学家马克斯·韦伯亦说："在历史时期里，中国民众最根本的信仰是对于祖先——虽然并不止于自己的祖先，但特别是对自己的祖先——的神灵力量的信仰。仪式与文献证实了对于祖先神灵的信仰，祖先的神灵充当的是将子孙的愿望呈现在天灵或天帝面前的中介角色。中国民众相信，以祭品来满足神灵与赢得他们的好感，乃是绝对必要的。"②

与殷商一样，周人也把鬼神崇拜作为国家的头等大事。如《左传》成公十三年王室刘子说，"国之大事在祀与戎"。但其迷信鬼神的程度比起殷人来显然要轻得多，其原因当然与周人克殷直接有关。周初文献一方面说"皇天上帝，改厥元子，兹大国殷之命，惟王受命"；另一方面又惊呼"惟命不于常""天命靡常"，足可证明。故孔子在《礼记·表记》中曰："周人尊礼尚施，事鬼敬神而远之。"③ 这种说法与《礼记·檀弓上》所载"夏后氏用明器，示民无知也。殷人用祭器，示民有知也。周人兼用之，示民疑也"④ 的说法是一致的，因而可信。

周人认为，在神灵世界中，唯有祖先神可以信赖，上天是靠不住的。因此对祖先的祭祀，其频率、热情、虔诚，远在对天神地祇的祭祀之上。周人信赖祖先，是因为祖先为自己的部族建立了丰功伟业，使周族处于王国的中心位置："天休于宁王，兴我小邦周。"⑤ "乃穆考文王，肇国在西土。"⑥ 为了维护部族的利益，先王不厌其烦地教诲后人应该如何做，并为后人树立了楷模。诚然，祖先神也惩罚自己的后人，但其动机是维护部族利益，并不因此而改变祖先神作为部族保护神的性质。所以，部族内的人们才虔诚而热烈地讴歌先公，祭祀先王，举办各种各样的祭神活动。

① 〔美〕米尔恰·伊利亚德：《宗教思想史》，晏可佳、吴晓群、姚蓓琴译，第 465 页。
② 〔德〕马克斯·韦伯：《儒教与道教》，洪天富译，第 74 ~ 75 页。
③ （东汉）郑玄注、（唐）孔颖达等撰《礼记正义》，卷三二，（清）阮元撰《十三经注疏》，下册，第 1642 页。
④ （东汉）郑玄注、（唐）孔颖达等撰《礼记正义》，卷八，（清）阮元撰《十三经注疏》，上册，第 1290 页。
⑤ （东汉）孔安国传、（唐）孔颖达等撰《尚书正义》，卷十三，（清）阮元撰《十三经注疏》，上册，第 198 页。
⑥ （东汉）孔安国传、（唐）孔颖达等撰《尚书正义》，卷十四，（清）阮元撰《十三经注疏》，上册，第 205 页。

　　周代确定了严格的宗法制度，国王自称天子，王位由嫡长子继承，世代保持大宗的地位。《礼记·祭法》曰："天下有王，分地建国，置都立邑，设庙祧坛墠而祭之，乃为亲疏多少之数。是故王立七庙一坛一墠，曰考庙，曰王考庙，曰皇考庙，曰显考庙，曰祖考庙，皆月祭之；远庙为祧，有二祧，享尝乃止，去祧为坛，去坛为墠，坛墠有祷焉，祭之无祷乃止，去墠曰鬼。诸侯立五庙一坛一墠，曰考庙，曰王考庙，曰皇考庙，皆月祭之；显考庙，祖考庙，享尝乃止，去祖为坛，去坛为墠，坛墠有祷焉，祭之无祷乃止，去墠为鬼。大夫立三庙二坛，曰考庙，曰王考庙，曰皇考庙，享尝乃止，显考祖考，无庙有祷焉，为坛祭之，去坛为鬼。适士二庙一坛，曰考庙，曰王考庙，享尝乃止，显考无庙有祷焉，为坛祭之，去坛为鬼。官师一庙，曰考庙，王考无庙而祭之，去王考为鬼。庶士庶人无庙，死曰鬼。"① 这段文字说的就是西周祭祀祖先的宗庙制度。

　　美国伊利亚德教授认为，一般而言，周代沿袭了商朝确立的结构。"瓮棺——家居被牌位所取代，由后人将牌位安放在祠堂里，每年举行四次极其繁复的仪式，供奉熟食、谷物和各种饮料，赞颂祖先的灵魂，祖先的灵魂附身于某个家庭成员，通常是死者的孙子，他可以享用供品。"②

　　祭祖的习俗起源十分久远，肇始于夏。孔子说："夏道尊命，事鬼敬神而远之，近人而忠焉。"③ 据《尚书·甘誓》记载，大禹的儿子启在声讨有扈氏时对将士们说："用命，赏于祖。弗用命，戮于社。"④ 联系偃师二里头夏代文化的庙遗址，可见夏代已有宗庙与社所。《礼记·礼器》曰："夏立尸而卒祭。"所谓"立尸"，即以活着的人充当所祭先人的神像。疏："子事父母，就养无方，故在宗庙之中。礼主于孝，凡预助祭者，皆得告尸……夏祭乃有尸，但立犹质言尸是人，人不可久坐神坐，故尸惟饮食暂坐，若不饮食时，则尸倚立以至祭竟也。"⑤ 可见祭祖立尸之仪式盖肇于夏。

　　中国古代宗教的信仰，首先是对祖先的崇拜。在西周已确定的天神、地祇、人鬼

---

① （东汉）郑玄注、（唐）孔颖达等撰《礼记正义》，卷四六，（清）阮元撰《十三经注疏》，下册，第1589 页。

② 〔美〕米尔恰·伊利亚德：《宗教思想史》，晏可佳、吴晓群、姚蓓琴译，第 466 页。

③ （东汉）郑玄注、（唐）孔颖达等撰《礼记正义》，卷五四，（清）阮元撰《十三经注疏》，下册，第1641 页。

④ （东汉）孔安国传、（唐）孔颖达等撰《尚书正义》，卷七，（清）阮元撰《十三经注疏》，上册，第155 页。

⑤ （东汉）郑玄注、（唐）孔颖达等撰《礼记正义》，卷二四，（清）阮元撰《十三经注疏》，下册，第1439 页。

体系中，人鬼之列主要就是先祖先烈。从其思想发展的历史来说，先有人鬼的信仰，其后才有天神、地祇的信仰。刘师培先生指出："中国古初，以宗法立国，即以人鬼立教。《孝经》有言：夫孝，德之本也，教之所由生也。《礼记》有言：教之本在孝。而仓颉造书，孝文为教，此汉民最早之宗教也。厥后由人鬼教而推之，并及天神、地祇。古代圣王，以始祖配天，用行禘礼，是为祭天之典。由同族之神而祭同社之神，是为祭地之仪。故天神、地祇，其始皆基于人鬼。特皇古之初，天鬼并祀，唐虞以降，特重祀天，以天为万有之本原，凡世人善恶，天悉操监视之权。因监视而生赏罚，因赏罚而降灾祥。故人君之作事，尝自言受命于天。其所谓天者，即昊天上帝是也。与西教基督之说固甚相符。是则古代之政治，神权之政治也。古代之学术，天人表里之学术也。而政学起原，皆基于宗教。是上古之时，舍敬天明鬼而外，彼固无所为教也。"①

正如列维·布留尔所指出的那样：中国人相信存在着鬼的世界，它是人世的翻版。"人们相信，死人在自己的棺材里是活着的。""装尸体的棺材是用'寿材'或'灵柩'的名称来称呼的。"②"中国人拥有与生命和可触实体的一切互渗的影子的神秘知觉。"③"在棺材快要盖上盖的那一刻，大部分在场的人，如果他们不是至亲，都要悄悄退后几步；或者甚至退到耳房里去，因为如果一个人的影子被棺材盖盖住了，这对他的健康是十分有害的，对他的运气也有损。"④ 爱德华·泰勒说："这个仪式在文化人类学意义上可能与在中国仍然流行的一种仪式有联系，虽然很难说出它是何时以何种方式传播的。当一个中国人死的时刻，人们认为他的灵魂已经离开了他的肉体，这时可以看见一个亲属举起病人的外套，放在一根长竹竿上，通常捆绑着一只白公鸡，同时有一个巫师用咒语把离开身体的幽灵带入人外套里，以便把幽灵送还给病人。假如过一会儿竹竿在抓举者手中慢慢转动，就说明幽灵是在衣服里。"⑤

中国封建社会实行父母包办婚姻，倘若尚未成婚男方就死了，"没有过门就守寡的年轻姑娘，在得到父母和未婚夫的父母的允许后，可以永远不过夫妻生活。按规

---

① 刘师培：《刘师培儒学论集》，四川大学出版社，2000，第42页。
② 〔法〕列维·布留尔：《原始思维》，丁由译，商务印书馆，2019，第297页。
③ 〔法〕列维·布留尔：《原始思维》，丁由译，第47页。
④ 〔法〕列维·布留尔：《原始思维》，丁由译，第46页。
⑤ 〔英〕爱德华·泰勒：《原始文化》，连树声译，第358～359页。

矩，允许她住在死者的家里终老，并且与死了的未婚夫正式结婚"；等她自己死了，还要"与她结婚前死去的青年未婚夫并骨"。"舆论如此颂扬那些追随着自己的丈夫一同进坟墓的妻子的牺牲精神，这种牺牲给家庭带来无上光荣，以致未亡人常常都想去死，或者至少是愿意死，甚或被她们的家庭逼着去死。"① 在中国封建社会，"寡妇在亡夫坟上自尽的事仍然十分普遍。她们希望避免再醮或以其他什么方式失去贞操的危险。她们害怕自己会成为一个不如在他死时那样贞淑的女人在来世与丈夫再聚。这些考虑显然由来已久，其源当溯及某种部落时代"②。

十分明显，在人与人之间的各种关系中，最早为人所重视和理解的一种关系恰恰就是人与祖先的关系。中国本土宗教信仰的核心内容，诚然如人们常说的是"敬天法祖"，则中国人的祭祀观便自然地包括两个方面的内容，一则是祭祖，一则是祭天。过去许多家庭所供奉的神灵牌上所写的"天地君亲师"，就形象具体地反映了敬天法祖的全部内容。

三　敬天法祖的神学意义

敬天法祖观念起源很早。葛兆光在《中国思想史》中说："中国古代思想世界一开始就与天相关。"③ 但远古时期人们对天地祖先的崇拜，多是建立在对未知世界怀有神秘感的基础上，是一种自然崇拜。不过这一时期，人们对上天的崇拜，已经可以通过某种仪式去表达了，现代能看到的上古的墓葬中，已经有祭祀天地的玉琮出现。张光直认为："琮是天地贯通的象征，也便是贯通天地的一种手段或者法器。"④ 上古时期，沟通天人的事都是由巫来完成的。按照《说文》的说法："巫，祝也。女能事无形以降神者也，象人两袖舞形。"⑤ 所以，上古的巫多是女子，而且是靠歌舞来娱神。

到了商代，敬天法祖的观念开始与政治联系。商代的统治者多以"天命自居"，认为自己的地位是上天给予的。《尚书·盘庚》载："先王有服，恪谨天命。"⑥ 《诗

---

① 〔法〕列维·布留尔：《原始思维》，丁由译，第 297 页。
② 〔法〕列维·布留尔：《原始思维》，丁由译，第 324 页。
③ 葛兆光：《中国思想史》，第 1 卷，复旦大学出版社，2005，第 19 页。
④ 张光直：《中国青铜时代二集》，生活·读书·新知三联书店，1990，第 71 页。
⑤ （清）段玉裁撰《说文解字注》，上册，第 212 页。
⑥ （西汉）孔安国传、（唐）孔颖达疏《尚书正义》，卷九，（清）阮元撰《十三经注疏》，上册，第 168 页。

经·商颂·玄鸟》曰："天命玄鸟，降而生商。"① 这一时期的敬天法祖主要体现在两个方面：首先是巫与人王结合。巫的地位在这一时期不断地发生变化。商周时期，巫渐渐地演变成了史，而沟通天人的职责被帝王所垄断。帝王成了唯一能沟通天人的人，"王者自己虽为政治领袖，同时仍为群巫之长"，"殷代虽然巫的地位很高，但祭神的主体，究竟是王而不是巫。至周，巫演进为史，虽依然兼保有巫的职务，但在宗教行为中的独立性更减轻了"。② 其次是天神与先王相结合。商人在祭天时，已经开始配以先公先王了。"殷人的宗教生活，主要是受祖宗神的支配。他们与天、帝的关系，都是通过自己的祖宗作中介人"③。殷人有靠先祖来"宾帝"的观念。所谓宾帝，就是商代的先王在上帝左右，上帝对商王有护佑和惩戒的能力。从这里可以看出，殷商时代敬天和法祖已经开始结合在一起在政治中发生作用了。不过，此一时期宗教性质的信仰还是占主要地位。商代的祭祀，"礼"的成分还比较弱。这与周代的敬天法祖观念还是有所差别的。

周代是敬天法祖观念的成型期。周代的文献中特别强调天、帝、天命的观念。据徐复观统计，《诗经》中大约有 148 个天字④。如《诗经·周颂·我将》有："我其夙夜，畏天之威。"⑤《尚书·立政》亦有"以敬事上帝，立民长伯"⑥ 之语。张分田就认为"以德配天"是西周德治思想的宗旨⑦。徐复观也认为："周人的哲学，可以用一个'敬'字作代表。"⑧ 这里的"敬"，不只敬天，还敬先祖。周人"法祖"的观念，在此也得到了充分的发展。而且，从周人将"制礼作乐"都归功于周公，也可以看出其对祖先的重视。周代宗法制的确立，可以看作是对敬天法祖观念的运用。

从《尚书》《周礼》所载可知，儒教重视"三礼"，即祭天、祭地、祭人之礼。《周礼》载此"三礼"，为天神、地祇、人鬼之三重信仰祭祀体系。故祭天神，即祭昊天上帝与日月星辰诸神；祭地祇，即祭山河大地与国社后稷诸神；祭人鬼，即祭祖

---

① （东汉）郑玄笺、（唐）孔颖达等正义《毛诗正义》，卷二三，（清）阮元撰《十三经注疏》，上册，第622 页。

② 陈梦家：《商代的神话和巫术》，《燕京学报》1936 年第 20 期，第 35 页。

③ 陈梦家：《商代的神话和巫术》，第 15 页。

④ 徐复观：《中国人性史论》，上海三联书店，2001，第 32 页。

⑤ （东汉）郑玄笺、（唐）孔颖达等正义《毛诗正义》，卷十九，（清）阮元撰《十三经注疏》，上册，第588 页。

⑥ （西汉）孔安国传、（唐）孔颖达疏《尚书正义》，卷十七，（清）阮元撰《十三经注疏》，上册，第231 页。

⑦ 张分田：《中国帝王观念》，中国人民大学出版社，2004，第 88 页。

⑧ 徐复观：《中国人性史论》，第 21 页。

宗鬼神与圣王圣贤诸神。后荀子依此"三礼"礼意，概括出"礼三本"思想。荀子谓："天地者，生之本也；先祖者，类之本也；君师者，治之本也。故礼，上事天，下事地，尊先祖而隆君师，是礼之三本也。"①

敬天与法祖，是对原本属于自然关系的亲属制度所做的理性化政制化改造，由此而开创出儒家所谓的三代王道之治。《礼记·大传》说："人道亲亲也。亲亲故尊祖，尊祖故敬宗，敬宗故收族，收族故宗庙严，宗庙严故重社稷，重社稷故爱百姓，爱百姓故刑罚中，刑罚中故庶民安，庶民安故财用足，财用足故百志成，百志成故礼俗刑，礼俗刑然后乐。"② 宗法制度下君权是父权的放大，天则是君父形象的投影。天被认为是百物之祖，因此它也是敬奉祈祷的对象。《礼记·郊特牲》说："万物本乎天，人本乎祖。此所以配上帝也。郊之祭也，大报本反始也。"③

《明史·礼志二》所录夏言奏疏有云："敬天法祖，无二道也。《周礼》一书，朱子以为周公辅导成王，垂法后世，用意最深切。"④ 清代康熙皇帝遗诏开篇即言："从来帝王之治天下，未尝不以敬天法祖为首务。敬天法祖之实在柔远能迩、修养苍生，共四海之利为利、一天下之心为心。"⑤ 这种主流观念来自儒家思想。儒家对社会与世界有着相当独特的看法，这种看法根植于祖先崇拜，而所有人乃至万物的祖先最终都可以追溯到"天"，故所有人其实都是同一个祖先"天"的后裔，甚至万物都本于"天"。儒家所谓"民胞物与"，正是根植于这样的观念。因此，"敬天"就成了儒家思想的根基。

祖先神灵成为儒教之神，位格仅次于昊天上帝，与社稷和圣王同格，是昊天上帝的配享神灵。《礼记》曰：人本乎祖，此所以配上帝也。由此可见，儒教对于祖先神灵的重视。依儒教教义，祖先，包含民族祖先与家族祖先。民族祖先是指华夏民族的开族先王，即以黄帝为代表，包括伏羲、神农及尧、舜、禹、汤、文、武、周公在内的民族始祖及民族先王。家族祖先，则是百家姓氏的列祖列宗。荀子曰："先祖者，类之本也……无先祖，恶出？"⑥ 祖先与我们有血缘关系，对我们有生身之恩，有身体发肤的创造之恩。没有祖先，就没有我们的生命，没有我们的　切。生身之恩是大

---

① 《荀子·礼论》，《诸子集成》，第 3 册，第 255 页。
② （清）阮元撰《十三经注疏》，下册，第 1508 页。
③ （清）阮元撰《十三经注疏》，下册，第 1453 页。
④ （清）张廷玉等撰《明史》，卷四八，《二十五史》，第 8 册，第 125 页。
⑤ 王锺翰：《清圣祖遗诏考辨》，《社会科学辑刊》1987 年第 1 期。
⑥ 《荀子·礼论》，《诸子集成》，第 3 册，第 255 页。

恩，生身之德为大德。正因为人本乎祖，所以依儒教教义，人人都应该尊祖、敬祖、崇祖。

祖灵，可以通过告拜、祈祷、献祭等儒教礼仪与之感应和交通。只要我们能尊祖敬宗，虔诚地信仰神灵，做到"事死如事生"，按照儒教的礼仪事神祭神，列祖列宗在天之灵就会与我们同在，就能以他们超自然的力量保佑我们平安幸福，得遂所愿。唯有信仰能与神灵感通，唯有信仰能享神灵之德，唯有信仰能得神灵之佑。《中庸》曰："鬼神之德，其甚矣夫！视之而弗见，听之而弗闻，体物而不可遗。使天下之人齐明盛服，以承祭祀。洋洋乎！如在其上，如在其左右。"[①] 儒教自孔子以至普通圣徒，都虔诚地信仰祖先神灵。祖先崇拜是儒教重要的内容，也是儒教的本质特征。

祖先神是人格化的神秘灵体，具有超自然的巨大力量和盛德，祖先在中国人的心中永远是神圣的。数千年来，从先圣先贤到普通圣徒，从帝王将相到士农工商，无不尊祖敬祖，拜祖祭祖。帝王有宗庙明堂，百姓有宗族祠堂，家庭有祖先牌位。祖先崇拜自上而下，化民成俗，构成了儒教文明独有的特质和魅力。即便是近代以来儒教式微、儒门淡泊的境况下，祖先崇拜仍然是中国民间普遍的大众信仰。传统中国，宗族祠堂遍布天下，家家立牌位，户户承祭祀，人人拜祖先。依儒教看来，立身成名，光宗耀祖，乃行孝之本；富贵发达，事业有成，是祖先保佑，祖德玉成。祖先神灵是所有中国人心中共有的神灵，祖先崇拜是中华民族共同的信仰，从而构成了中国本土宗教最为核心的信仰之一。

---

① （清）阮元撰《十三经注疏》，下册，第 1628 页。

三教之一的"道教"概念的历史形成[*]

王皓月

摘要：何为"道教"，是一个被学界争论了数十年而至今没有统一答案的问题。如果我们借鉴概念史的研究视角，对"鬼道""五斗米道""正一盟威之道""道教"等概念的演变史进行梳理，就会得出很多新认识。比如，"五斗米道"并非宗教组织的称呼，而是道法的称呼。"正一盟威之道"是刘宋时期取代"五斗米道"的道法名称。道教的"教"的概念基于的三要素是圣人、道和经典，而这样的三教之一的"道教"概念正式确立于刘宋中期。本文讨论的角度是概念演化史，而非作为宗教的道教成立的标准和时期，这也是本文区别于前学关于道教成立史研究的地方。

关键词：六朝　道教　概念史　五斗米道　正一盟威之道

作者简介：王皓月，中国社会科学院大学副教授、硕士生导师，中国社会科学院世界宗教研究所副编审。

何为"道教"，这是一个被学界争论了数十年而至今没有统一答案的问题。按照宗教学的定义方式，将道教定为始自东汉张陵（又称张道陵）所创五斗米道的以追求长生不死为目标的宗教，是现在学术界最为常见的做法。还有观点基于宗教学的原生性宗教和创生性宗教的分类，将道教归为原生性宗教，认为缺乏道教明确的创教时间，早期以各种"道"的名称存在，所以早在春秋战国时期的各种神仙诸流也被视为早期的道教。[①] 但从根本上说，这种观点是基于现代人对于道教的理解，并不符合中国历史上作为儒、佛、道三教之一的"道教"[②] 的含

---

[*]　本文为国家社科基金青年项目"六朝道教变革史考"（项目号：17CZJ016）的阶段性研究成果。

[①]　熊铁基：《略论道教的名与实——再论道教的产生问题》，《世界宗教研究》2015年第5期。熊铁基：《重新研讨道教起源和产生问题》，《宗教学研究》2018年第1期。

[②]　本文中表示实际存在于历史之中的作为儒、佛、道三教之一的"道教"概念时，加双引号。此种限定方式由日本学者小林正美新范式道教史所提出。参见〔日〕小林正美《中国的道教》，王皓月译，齐鲁书社，2010。

义，如果我们借鉴概念史①的研究视角，会得出完全不同的认识。实际上，无论是老子的道家思想，还是东汉的太平道和五斗米道的道法，甚至晋代葛洪的神仙思想、东晋中期的上清经，都不能等同于三教之一的"道教"。因为这些思想与道法，虽然被后来的"道教"所吸收，但与儒教、佛教相并肩的"道教"在当时还不存在，信奉这些思想和道法的当事人也没有作为三教之一的"道教"的概念。

"道教"的内容来源比较广泛，但"道教"之中所出现的思想的形成时间并不等同于"道教"本身的形成时间，正如"道教"之中有很多源自巫术或佛教的内容，但不能将巫术或者佛教的开始视为"道教"的开始。如果将道教界定为作为儒、佛、道三教之一的"道教"，则该"道教"概念在中国历史上的形成时期在南朝刘宋中期。② 也就是说，如果将三教之一的"道教"限定为历史概念，而不是一个没有统一标准定义的宗教学的概念，我们完全可以明确"道教"的界限，而这也是"道教"历史研究的基础。

事实上，除了"道教"的概念，在现在的道教研究之中经常可以看到"五斗米道""天师道""正一道"等概念，其含义和用法也往往与历史资料之中的含义和用法不同，很多都掺杂了现代人的理解和诠释。而本文将借鉴概念史的研究方法，分析历史资料中的"鬼道""五斗米道""正一盟威之道""道教"等概念的形成经过，并恢复其原本的含义及历史语境。需要强调的是，本文讨论的角度是概念演化史，而非作为宗教的道教成立的标准和时期，这也是本文区别于前学关于道教成立史研究的地方。

---

① 关于本研究所谓的概念史研究，是20世纪后半叶德国兴起的史学研究范式，代表人物为科塞雷克（Reinhart Koselleck），历史研究中的"语言学的转向"（linguistic turn）提高了人们对概念史的重视。在中国，概念史以近代史研究为主，涉及近代新名词研究、历史文化语义学等。小林正美对三教之一的"道教"概念的研究即吸收了概念史的研究思路。在道教研究领域，已经有学者开始尝试观念史的研究，但尚未开始概念史的研究，二者属于不同的研究方法，一般所谓观念史为美国学者诺夫乔伊于20世纪初提出。李里峰：《概念史研究在中国：回顾与展望》，《福建论坛·人文社会科学版》2012年第5期。孙江：《概念、概念史与中国语境》，《史学月刊》2012年第9期。王中江：《道家学说的观念史研究》，中华书局，2015。程乐松：《身体、不死与神秘主义：道教信仰的观念史视角》，北京大学出版社，2017。

② 关于三教之一的"道教"的成立时间，参照〔日〕小林正美《中国的道教》，王皓月译，齐鲁书社，2010。小林正美：《东晋、南朝时期"佛教"和"道教"的称呼的确立与贵族社会》，载于小林正美《六朝佛教思想研究》，王皓月译，齐鲁书社，2013。三教之一的"道教"形成于南朝一说，目前已经开始被日本学界所接受。〔日〕横手裕：《道教の歴史》，東京山川出版社，2015，第3页。

一　"鬼道""五斗米道"概念的形成及含义

在迄今为止的道教史之中，一般关于道教的开端可以看到如下的记载。东汉晚期，汉室政权动荡，张角创立的太平道与张陵创立的五斗米道，其教团组织迅速扩张。张角的太平道于东汉中平元年（184）开始起义，但很快被镇压，从历史上销声匿迹。然而，张陵的五斗米道却被之后的张修、张衡、张鲁所继承。张鲁之时在蜀地建立了割据政权，直至降于曹操，其统治汉中的时间长达三十年。

由于上面的历史在《后汉书》《三国志》等史书之中都有相关记载，所以已经基本成为道教研究之中的定论。然而，这之中却存在一个重要的误解，即关于五斗米道的概论之中，经常将"五斗米道"解释为教团名称，说其是始于张陵的教团组织①。但实际上，"五斗米道"这个概念是道法的称呼，并非教团的称呼。本文提出的这个观点基于以下三个理由。

第一，所有历史资料之中，"五斗米道"只有作为道法称呼的用例，而没有作为教团称呼的用例。如《华阳国志》卷二《汉中志》的"其供道限出五斗米，故世谓之'米道'"②之中所供的"道"，是指代张鲁所传的道法，而不是其教团。还有，如《晋书》卷八十《王羲之传》的"王氏世事张氏五斗米道"③，《晋书》卷一百《孙恩传》记载的孙恩家"世奉五斗米道"④，《南齐书》卷五四《杜京产传》记载杜京产家"世传五斗米道"⑤ 等史书之中的奉道的"道"，也都是道法的意思，而

---

① 任继愈主编《中国道教史》（中国社会科学出版社，2001），认为"五斗米道原出于巴蜀汉中的'米巫'，是在下层民众中流行的宗教组织"（第46页）。朱越利主编《道藏说略》（燕山出版社，2009），《正一部道经说略》写道："天师道是在汉末社会危机、统治阶级和广大人民都需要摆脱困境的情况下，渊源于古代巫术、秦汉神仙思想和两汉谶纬迷信，并依托黄老关于'道'的学说作为创教指导思想而发展起来的一种宗教组织。"（第215页）因为其中的天师道被作为"五斗米道"的同义语，所以可知其也认为"五斗米道"是一种宗教组织。此外，日本的吉冈义丰认为，三张的教团称为"五斗米道"，称为"鬼道"，或者被其他人称为"米贼"，后来被称为"天师道"，吉冈义丰似乎是较早将"五斗米道"定义为三张教团的称呼的日本学者。〔日〕吉冈义丰：《吉冈义丰著作集·别卷》，東京五月書房，1990，第52页。而日本的宫川尚志认为，道教研究者将三国时期的三张教团称为"五斗米道"，其在晋代变为"天师道"，但没有解释清楚这种变化的原因。〔日〕宫川尚志：《中国宗教史研究·第一》，京都同朋舍出版，1983，第96页。

② （晋）常璩撰、刘琳校注《华阳国志》，巴蜀书社，1994，第114页。

③ 《晋书》，中华书局，1974，第2103页。

④ 《晋书》，第2631页。

⑤ 《南齐书》，中华书局，1972，第942页。

不是指代教团。

第二，与"五斗米道"概念类似的"佛道""黄老道""太平道"等概念都是指代道法，而没有指代教团的意思。在刘宋初期由徐氏编撰的《三天内解经》之中云"今有奉五斗米道者，又有奉无为幡花之道及佛道"①，可见"五斗米道"正是代表一种与"无为幡花之道"和"佛道"并列的道法。在当时，"佛道"是佛的道法的意思②，本身没有指代信奉"佛道"的教团的意思。此外，史书之中经常出现的"黄老道"的概念，亦为黄老之道法的意思，不代表特定的教团，因为历史上没有形成专门信奉黄老道的教团组织。此外，《三天内解经》也写道："无为大道、清约大道、佛道，此三道同是太上老君之法。"③认为无为大道、清约大道、佛道三道的"道"同样是法，即道法的意思。

"五斗米道"是道法的称呼，同时期出现的"太平道"的称呼也可作为旁证。如《云笈七签》卷三十九引《老君说一百八十戒并叙》写道：

> 昔周之末赧王之时，始出太平之道、太清之教。老君至琅琊授道与干君，干君受道法，遂以得道，拜为真人。又传太平经一百七十卷甲子十部。④

其中说"太平之道"是老君传授给干君的道法，就是说"太平道"是道法的称呼。由此也可知"五斗米道"作为与"太平道"类似的概念，自然同为道法的称呼。这样的话，不仅"五斗米道"没有指代教团的用例，"五斗米道"的同类语"佛道""黄老道""太平道"等概念同样全部没有指代教团的用例，由此可以明确作为历史概念的"五斗米道"就是道法的名称，而不是教团的名称。

第三，"五斗米道"的信徒将自己所属的教团组织称为"治"，整个"五斗米道"的教团组织基本分为二十八治（二十四治加上四个别治），每个治都有自己的名称，所以历史上"五斗米道"的信徒是以这些"治"的名称来称呼自己所属的教团组织，在进行上章等仪礼之时介绍自己属于某治，不是使用"五斗米道"来称呼自己所属的教团组织。

而接下来需要明确的是，自张陵直至张鲁，似乎并没有将自己信奉的道法称为

---

① 《道藏》，文物出版社、上海书店、天津古籍出版社，1988，第28册，第415页。以下版本相同。
② 参见〔日〕小林正美《东晋、南朝时期"佛教"和"道教"的称呼的确立与贵族社会》。
③ 《道藏》，第28册，第415页。
④ 《道藏》，第22册，第270页。

"五斗米道"。换言之，所谓史书记载并非教内一手资料，我们今天所广泛使用的"五斗米道"，只能说是当时外界对于张陵所创道法的俗称。①

那么，张陵及其信众是如何称呼他们信奉的道法呢？遗憾的是，史书中没有确切记载，不过可以考证的是，张鲁之时"鬼道"这个称呼十分常用，张鲁很可能是用"鬼道"称呼其信奉的道法。如《华阳国志》卷二《汉中志》写道：

> 汉末，沛国张陵学道于蜀鹤鸣山，造作道书，自称"太清玄元"，以惑百姓。陵死，子衡传其业。衡死，子鲁传其业。鲁，字公祺，以鬼道见信于益州牧刘焉。鲁母有少容，往来焉家。初平中，以鲁为督义司马，住汉中，断谷道。鲁既至行宽惠，以鬼道教。立义舍，置义米、义肉其中，行者取之，量腹而已，不得过，过多云鬼病之。其市肆贾平亦然。犯法者三原，而后行刑。学道未信者，谓之鬼卒，后乃为祭酒。巴、汉夷民多便之。其供道限出五斗米，故世谓之"米道"。②

说张陵创立的教法，被张衡与张鲁继承，而张鲁正是凭借鬼道而受到刘焉的信任。之后，张鲁阻断谷道，占领汉中，用鬼道教育人民，初学者被称为"鬼卒"，其应该是听命于鬼之卒的意思。因为信奉其道法需要献出五斗米，所以世人称其道法为"米道"。可见，当时仅称"米道"而非"五斗米道"应是比较常见的。

此外，如《三国志·魏书》卷八《张鲁传》中写道：

> 张鲁字公祺，沛国丰人也。祖父陵，客蜀，学道鹤鸣山中，造作道书以惑百姓，从受道者出五斗米，故世号米贼。……鲁遂据汉中，以鬼道教民，自号"师君"。其来学道者，初皆名"鬼卒"。受本道已信号"祭酒"。各领部众，多者为治头大祭酒。皆教以诚信不欺诈，有病自首其过，大都与黄巾相似。诸祭酒皆作义舍，如今之亭传。又置义米肉，悬于义舍，行路者量腹取足；若过多，鬼道辄病之。犯法者，三原，然后乃行刑。不置长吏，皆以祭酒为治，民夷便乐之。雄据巴、汉垂三十年。③

---

① 已经有前学指出，张鲁并不使用"五斗米道"的称呼。如卿希泰主编《中国道教史》（第一卷修订版，四川人民出版社，1996）认为，按照《华阳国志·汉中志》与《水经·沔水注》的说法，因为信奉张鲁之道者需要交五斗米，所以世人俗称其为"五斗米道"（第157页）。关于当时张鲁对其教法的自称，卿希泰《中国道教史》中认为应该是"正一道"。

② （晋）常璩撰、刘琳校注《华阳国志》，第114页。

③ 《三国志》，中华书局，1964，第263页。

其中内容与《华阳国志》卷二《汉中志》类似，说张鲁用鬼道来教育人民，并且如果人在义舍取食了过多的食物，鬼道就会让此人生病。前去张鲁之处学道者，尚未被授予教法时被称为"鬼卒"。上文所见"米贼"，是对张鲁信徒的蔑称，这与"五斗米道"的称呼一样，都不应是张鲁所使用的，所以上文之中没有使用"五斗米道"，而是使用了"鬼道"称呼张鲁所教授的道法。

此外，关于张鲁用鬼道教化百姓的情况，在其他史书中也多有记载。如《三国志·蜀书》卷一《刘焉传》记载道：

> 张鲁母始以鬼道，又有少容，常往来焉家。故焉遣鲁为督义司马，住汉中，断绝谷阁，杀害汉使。焉上书言米贼断道，不得复通。[1]

以及，《晋书》卷一百二十《李特传》写道：

> 汉末，张鲁居汉中，以鬼道教百姓。賨人敬信，巫觋多往奉之。[2]

其中说賨人（秦汉间今四川、湖南一带少数民族）敬信张鲁的鬼道，很多巫师都信奉该道法。

那么，如果张鲁彼时将自己传授的道法称为"鬼道"，为何后来"五斗米道"这个称呼反而更为普遍呢？这恐怕是因为，与张鲁的鬼道类似的道法并不少见，如太平道等，甚至张鲁之后也有类似的鬼道出现，以致张鲁的鬼道很容易与其混淆。虽然张鲁的"鬼道"也被用来称呼其他的教团所使用的道法，但要求信徒上交五斗米却是张鲁教团的特色，所以后世一般用"五斗米道"特指张鲁的鬼道。可以认为，"五斗米道"的称呼，甚至在张鲁之时就已经被世人使用。所以，即使张鲁没有使用"五斗米道"的称呼，其信众也应该逐渐接受了这个称呼。因此，下面就使用"五斗米道"这个称呼来指代张鲁使用的道法。

建安二十年（215），张鲁归降曹操，除了其教团的重要人物，还有大量的普通信徒被迁徙至关陇、洛阳等地，五斗米道也随之传入北方。入晋之后，五斗米道又向江南传播，出现了如琅琊王氏和孙氏、高平郗氏、陈郡殷氏、钱塘杜氏、会稽孔氏等

---

① 《三国志》，第867页。
② 《晋书》，第3022页。

世奉五斗米道的大家族①。

《晋书》卷八十《王羲之传》记载：

> 王氏世事张氏五斗米道，凝之弥笃。孙恩之攻会稽，僚佐请为之备。凝之不从，方入靖室请祷。出，语诸将佐曰："吾已请大道许鬼兵相助，贼自破矣。"既不设备，遂为孙恩所害。②

说王羲之一族世代信奉五斗米道，当孙恩攻打王凝之时，王凝之不做军事上的准备，而仅仅进行"五斗米道"传统的请祷，期待鬼兵的协助，结果最终被杀。因为王凝之施行"五斗米道"的道法奉请鬼兵，所以五斗米道原本就属于"鬼道"。

攻打王凝之的孙恩也是五斗米道的信徒。《晋书》卷一百《孙恩传》记载：

> 孙恩字灵秀，琅邪人，孙秀之族也。世奉五斗米道。恩叔父泰，字敬远，师事钱唐杜子恭。③

其中提到的钱塘杜子恭，也是五斗米道的信徒④。《三洞珠囊》卷一《救导品》引《道学传》称：

> 杜炅字子恭。及壮，识信精勤，宗事正一。少参天师治箓，以之化导。接济周普，行己精洁。虚心拯物，不求信施。遂立治静，广宣救护，莫不立验也。⑤

又据《南齐书》卷五四《杜京产传》记载：

> 杜京产字景齐，吴郡钱唐人，杜子恭玄孙也。祖运为刘毅卫军、参军。父道，鞠州从事、善弹棋，世传五斗米道，至京产及子栖。京产少恬静，闭意荣宦，颇涉文义，专修黄老。⑥

① 陈寅恪：《天师道与滨海地域之关系》，载于《陈寅恪史学论文选集》，上海古籍出版社，1992。
② 《晋书》，第2103页。
③ 《晋书》，第2631页。
④ 唐长孺：《钱塘杜治与三吴天师道的演变》，载于《魏晋南北朝隋唐史资料》第十二期，武汉大学出版社，1993。收入《唐长孺社会文化史论丛》，武汉大学出版社，2001。钟国发：《杜子恭与江东天师道》，载于《传统中国研究集刊》第五辑，上海人民出版社，2008，第46~63页。
⑤ 《道藏》，第25册，296页。
⑥ 《南齐书》，第942页。

说杜京产是杜子恭的玄孙，其家族世代信奉五斗米道。可知前文中杜子恭宗事的"正一"即是五斗米道。

琅琊王氏与高平郗氏素有通婚①，不难推测郗氏也是信奉五斗米道的世家。《世说新语·术解篇》记载：

> 郗愔信道甚精勤，常患腹内恶，诸医不可疗，闻于法开有名，往迎之。既来便脉，云："君侯所患，正是精进太过所致耳。"合一剂汤与之。一服即大下，去数段许纸，如拳大。剖看，乃先所服符也。②

其中饮用符水正是五斗米道的道法。可见，关于东晋很多世家的信仰，史书中没有全部明确说其是五斗米道，但可以通过其内容得知其应为五斗米道。

二 "正一盟威之道"概念的形成及含义

随着东晋的灭亡和刘宋政权的建立，原来五斗米道的信奉者面临巨大的危机。一方面的原因是，很多信奉"五斗米道"的世家都被卷入战争，甚至发生了如孙恩攻打王凝之这样的五斗米道信徒之间的战争，让很多五斗米道世家在战乱中受到严重冲击。更重要的原因是，刘宋开国皇帝刘裕正是通过镇压五斗米道信徒孙恩、卢循的起义而取得了政权，因此新建立的刘宋政权难免对五斗米道具有非常大的戒心。

正是在这种背景之下，原来作为"五斗米道"信徒的徐氏于刘宋初撰写了《三天内解经》，其中写道：

> 今有奉五斗米道者，又有奉无为幡花之道及佛道。此皆是六天故事，悉已被废。③

其中说当时有信奉五斗米道、无为幡花之道和佛道者，但这三道都是已经被废除了的"六天故事"。由此也能够确认，在《三天内解经》被撰写的刘宋初期，"五斗米道"作为道法的称呼还是存在的，但是已经处于被否定和被批判的境地。

《三天内解经》接下来写道：

---

① 据《晋书·郗鉴传》记载，王羲之娶了郗鉴之女郗璇，为郗愔的姐夫。另据《世说新语·德行篇》记载，王献之娶了郗鉴之孙女、郗昙之女郗道茂，后离婚。
② （刘宋）刘义庆撰、徐震堮著《世说新语校笺》，中华书局，2001，第383页。
③ 《道藏》，第28册，第415页。

又有奉清水道者，亦非正法。云天师有奴，不知书注，难以文化。天师应当升天，愍其敬心，敕一井水，给其使用，治病疗疾，不应杂用，澡洗饮食。承此井水，治病无不愈者，手下立效。奴后归形太阴，井水枯竭。天师以此水给奴身，后人不解，遂相承奉事者，自谓清水之道。其清明求愿之日，无有道屋、厨覆、章符、跪仪，惟向一瓷清水而烧香礼拜，谓道在水中，此皆不然也。①

而重点论述的"清水道"，其实是源自五斗米道的支流，由五斗米道的信徒孙恩和卢循所创，孙恩之所以被传为"水仙"，正是因为其宣扬了清水道的道法。② 选择迎合刘裕的《三天内解经》，当然也会积极表现出否定清水道的态度。

徐氏在否定了五斗米道、无为幡花之道、佛道、清水道等之后，提出名为"正一盟威之道"的道法才是太上传给张陵的正法。《三天内解经》写道：

（太上）付张（陵）正一盟威之道、新出老君之制，罢废六天三道时事，平正三天，洗除浮华，纳朴还真。③

以及：

天师受太上正一盟威之道三天正法，付子孙传为国师，谓当终于无穷，岂有杂错。④

《三天内解经》主张用"正一盟威之道"取代五斗米道，是不是说正一盟威之道与五斗米道是对立的呢？实际上，所谓"正一盟威之道"无疑与五斗米道同源，这通过《三天内解经》如下的内容也可以确认：

自非三天正法诸天真道，皆为故气。疾病者，但令从年七岁有识以来首谢所犯罪过，立诸跪仪章符，救疗久病困疾，医所不能治者，归首则差立二十四治，置男女官祭酒，统领三天正法，化民受户，以五斗米为信，化民百日，万户人来如云。制作科条章文万通，付子孙传世为国师。法事悉定，人鬼安帖。张遂白日

---

① 《道藏》，第 28 册，第 415 页。
② 关于孙恩、卢循所创的清水道，参见刘昭瑞《考古发现与早期道教研究》，文物出版社，2007，第九章"早期道教传播的考古学观察"之"三 孙恩、卢循事件与南朝清水道派"。
③ 《道藏》，第 28 册，第 414 页。
④ 《道藏》，第 28 册，第 415 页。

升天，亲受天师之任也。天师之子张衡、孙张鲁夫妇俱尸解升天，故有三师并夫人。①

所提出作为正法的正一盟威之道，其治病时使用思过的方法，并且教团设置有二十四治和男女祭酒，特别是将张陵、张衡、张鲁尊为三师。这些充分说明，所谓的"正一盟威之道"取代"五斗米道"，而其本质就是对原五斗米道的改革，用新的"正一盟威之道"的称呼取代旧的"五斗米道"的称呼，不过是"改头换面"，二者依然是一脉相承的。

当然，《三天内解经》对"五斗米"进行了新的解释，如：

> 自奉道不操五斗米者，便非三天正一盟威之道也。五斗米正以奉五帝，知民欲奉道之心，圣人与气合，终始无穷。故圣人不死，世人与米合命。人无米谷，则应饿死。以其所珍，奉上幽冥，非欲须此米也。②

其中说正一盟威之道也要求信奉者提供五斗米，不过理由是用来供奉五帝，五帝是儒教的五帝，这个关于五斗米的含义的解释，应该是为了迎合新政权的儒家统治思想而新提出的。

相比传统的五斗米道，正一盟威之道的特点之一就是积极寻求与儒教的融合，除了提出五斗米是为了供奉儒教祭祀的五帝以外，《三天内解经》还写道：

> 民不妄淫祀他鬼神，使鬼不饮食，师不受钱。不得淫盗，治病疗疾，不得饮酒食肉。民人唯听五腊吉日祠家亲宗祖父母，二月八月祠祀社灶。③

其中否定了民间各种形式的鬼神祭祀，而仅仅承认五腊之日对祖先的祭祀，以及二月、八月对社神、灶神的祭祀，这具有明显的迎合儒教的特点。④ 这正表明，提出"正一盟威之道"是为了整合清理当时源自五斗米道的各种分支道法，使之符合官方

---

① 《道藏》，第 28 册，第 414 页。
② 《道藏》，第 28 册，第 415 页。
③ 《道藏》，第 28 册，第 414 页。
④ 石泰安（Rolf Alfred Stein）在论文《具有宗教组织的道教与民间宗教的关系》之中指出，刘宋的《三天内解经》以及《陆先生道门科略》之中存在儒教特色明显的规定。参见 R＝A＝スタン：《宗教的な組織をもった道教と民間宗教との関係》，酒井忠夫编《道教の総合的研究》，東京国書刊行会，1977，第 73 页。

的意志。

那么，有没有五斗米道原本就被称为"正一盟威之道"的可能呢？由于早期有关五斗米道的经典几乎没有流传下来，所以不能完全解明，但通过《三天内解经》主张用"正一盟威之道"这个称呼来代替"五斗米道"的称呼来看，虽然五斗米道中有正一盟威法之说，但原来应该没有被唯一称为"正一盟威之道"，或者说"五斗米道""鬼道"等才是使用更广泛的通称。且在《三天内解经》之前，没有年代可靠的文献出现"正一盟威之道"的称呼。

五斗米道的改革派选用"正一盟威之道"作为道法的新正式名称的原因是什么呢？关于"正一盟威之道"的名称的来源，其中有两个资料值得关注。一个是《女青鬼律》卷四中写道：

> 天师稽首，敢承先王之道，制民救鬼。今当以盟威正一之气女青鬼律，役使天下邪魅妖拜。[1]

说天师以"盟威正一之气女青鬼律"来制鬼，《女青鬼律》是"盟威正一之气"，而"盟威正一"即代表五斗米道的用语。

陶弘景《登真隐诀》卷下记载的"魏传诀"的注释写道：

> 其入静章奏治病诸法，实亦明威之上典，非悠悠祭酒可使窃闻也。[2]

说魏华存所传的五斗米道的教法是"明威"的高等教法，不是一般的祭酒所知道的。这说明"明威"也是指代五斗米道的教法。

虽然五斗米道的信徒可能较早使用了"正一"与"盟威"的概念，但是在刘宋之前还没有将"正一盟威之道"作为唯一的道法正式名称，所以刘宋五斗米道的改革派一方面继承了传统的"正一"与"盟威"的概念，另一方面提出了"正一盟威之道"的名称。这也不难理解，如果提出一个与传统的道法毫无联系的名称，恐怕很难让原来的信徒们接受。

在此需要特别注意的是，迄今的研究之中，关于"五斗米道"与"正一盟威之道"的关系存在误解，即认为作为教团的"五斗米道"的道法被称为"正一盟威之

---

① 《道藏》，第18册，第246页。
② 《道藏》，第6册，第618~619页。

道"。之所以出现这样的认识上的区别，主要基于两点误解：第一个是将"五斗米道"的称呼理解为教团的称呼，而没有意识到其是道法的称呼；第二个是将"正一盟威之道"的称呼看作是五斗米道的传统称呼，而没有发现其是刘宋初期新确立的称呼。

正如前面所明确的，"五斗米道"是张道陵始创之道法的俗称，而"正一盟威之道"与"五斗米道"在本质上是一样的，都是道法的称呼。所以，《三天内解经》才会提出用"正一盟威之道"取代"五斗米道"。如果"五斗米道"是教团名称，而"正一盟威之道"是该教团所信奉道法的名称，则《三天内解经》不会否定"五斗米道"，或者提出用"正一盟威之道"取代"五斗米道"。

而认为"正一盟威之道"是张道陵教法的传统称呼的意见，一般引用相传东晋葛洪所撰《神仙传》中关于张道陵的记载：

> 《神仙传》曰：张道陵者，沛国人也。本太学书生，博通五经，晚乃叹曰：此无益于年命。遂学长生之道。得黄帝九鼎丹法，欲合之，用药须糜费钱帛。陵家素贫，欲治生营田牧畜，非己所长，乃不就。闻蜀中人多纯厚，易于教化，且多名山，乃与弟子入蜀，住鹤鸣山，著作道书二十四篇，乃精思炼要。忽有天人下，千乘万骑，金车羽盖，骖龙驾虎，不可胜数，或自称柱下史，或称东海小童，乃授陵以新出正一盟威之道。陵受之能治病，于是百姓翕然奉事以为师。（明代曹学佺撰《蜀中广记》卷七十六《神仙记·第六川北道》）[1]

说张道陵原本精通五经，但认为其对于长生无益，所以决心学习长生之道。但是，金丹之术颇耗费钱财，张道陵因家贫而无法施行。于是，进入蜀地鹤鸣山，创作道书二十四篇。忽然一天，自称柱下史（老子），或称东海小童的仙人降授张道陵"新出正一盟威之道"，张道陵用此道法治病，令百姓归服。其中的"新出正一盟威之道"是什么意思呢？是不是表明东晋葛洪时期就已经存在"正一盟威之道"的概念呢？

"新出正一盟威之道"还有一个用例。成书于刘宋末期至梁初的作为"正一盟威之道"的经典的《玄都律文》[2] 记载：

---

[1] 此据《文渊阁四库全书》版。
[2] 关于《玄都律文》的成书年代，参见〔日〕小林正美《六朝道教史研究》，李庆译，四川人民出版社，2001，第二编序章"东晋、刘宋时期的天师道"之"三、刘宋时期的天师道"。

　　律曰：于洛阳靖天师，随神仙西迁蜀郡赤城。人浊不清，世浑不平，于是攀
天柱，据天门，新出正一盟威之道，欲更清明天人，诛罪不义，养育群生，立二
十四治，署男职女职二十四职，乘玄元之施开化，后代皆悔过，及得列为真人。
一月听三贡上章表，自改悔，罪过断绝，复连消除灾害、疾病、危急。一月听三
上章也。①

　　其中也可以看到"正一盟威之道"的称呼。不过值得注意的是，与前文一样，在
"正一盟威之道"的前面，也有"新出"二字。前学的研究之中，有人认为"新出"
就是指代张道陵新创作的道书②，也有人指出"新出"应该是指代新出始于张衡的三
官手书的盟威法③，这两种观点的共通之处就是认为"新出"是东汉时期就已经存在
的说法。

　　首先，后世流传的《神仙传》的内容来源比较复杂，难以认定是东晋葛洪所撰
写的原本④，特别是关于被后世"道教"所推崇的天师张道陵，其传记很有可能被后
人修改过，明代《蜀中广记》年代过晚，不能轻易地断定"新出正一盟威之道"在
东晋就已经存在。

　　前面的论述已经提出，"正一盟威之道"是刘宋时期被新提出的用于取代"五斗米
道"等作为"六天故事"的道法的称呼，在东汉时期是不存在这个概念的。而按照
《三天内解经》的说法，"正一盟威之道"被认为是"新出老君之制"，"新出"指代
"新出老君"，"新出正一盟威之道"意思是新出老君的正一盟威之道，所以出现了前面
所见的"新出正一盟威之道"的说法。因此，在《三天内解经》提出新出老君授予张
道陵"正一盟威之道"的传说之前，"新出正一盟威之道"的概念是不可能存在的。

　　"新出老君"的概念最早由《三天内解经》提出，并且在南朝广为流传⑤。《三

---

① 《道藏》，第 3 册，第 462 页。
② 福井康顺认为，"新出正一盟威之道"，是指代张陵的"道书"（张鲁传之中的"造作道书"）的道法。
　　参见《福井康顺全集》第　卷，京都法藏馆，1987，第 42 页。
③ 大渊忍尔认为，之所以将正一盟威之道称为"新出"，是因为与传统思过法相比，新加入了三官手书的
　　盟威法。新出的正一盟威之道，即三官手书之法，既不是张陵，也不是发动叛乱的张修，而是始自张
　　衡之手。参见〔日〕大渊忍尔《初期の道教》，东京创文社，1991，第 144～149 页。
④ 关于《神仙传》的成书，参见〔日〕福井康顺《神仙伝考》，《東方宗教》创刊号，日本道教学会，
　　1952。以及〔日〕小南一郎：《〈神仙伝〉の復元》，载于入矢教授・小川教授退休纪念《中国文学語
　　学論集》，東京筑摩書房，1974。
⑤ 〔日〕小林正美：《六朝道教史研究》，李庆译，第三编第二章"刘宋时期天师道的'三天'思想及其
　　形成"。

天内解经》说，老君在不同时代使用不同的名号，而汉安元年五月一日，老君与张道陵拜访的新出现的老君的化身，即"新出太上"。事实上，《三天内解经》之中写的是"新出老君"或者"新出太上"，但原本全称可能写的是"新出老鬼太上老君"①。《三天内解经》之中，在"新出老君"的名号之前，说"太上谓世人不畏真正，而畏邪鬼"，所以使用"新出老君"之名，但是，"新出老君"之名号中并没有"鬼"字，与世人不畏真正而畏邪鬼不成为因果关系。

另一部刘宋时期的道书《大道家令戒》之中，也有如下与《三天内解经》类似的内容：

> 汉世既定，末嗣纵横。民人趣利，强弱忿争。道伤民命，一去难还。故使天授气治民，曰新出老君。言鬼者何。人但畏鬼不信道故。②

说汉世末期，道授气治民，号"新出老君"。但是，之后说之所以称"鬼"，是因为人们怕鬼而不相信道。因此，从《三天内解经》与《大道家令戒》的说法来看，"新出老君"的名号之中原本有"鬼"字，或者当时除了"新出太上老君"，还有"新出老鬼太上老君"的说法。而这个观点，出土的南朝文物完全可以证实。

"新出老鬼太上老君"的名号，在南朝齐永明三年（485）出土的刘觊镇墓文之中可以见到，其中写道：

> 齐永明三年太岁乙丑十一月甲子朔十二月乙亥，新出老鬼太上老君符敕。③

可知南朝时期的确存在包括"鬼"字的"新出老鬼太上老君"的称呼。但是，当时似乎也有不使用"老鬼"的情况，如刘宋元嘉十年（433）的徐副镇墓文之中，开头写道：

---

① 最早指出镇墓文之中"新出老鬼太上老君"这个称呼的是石泰安，但他并没有详细分析其含义，仅仅提到其中使用了"新出"一语，参见 R＝A＝スタン《宗教的な組織をもった道教と民間宗教との関係》，载于酒井忠夫编《道教の総合的研究》，東京国書刊行会，1977。另外，小林正美在论述《大道家令戒》的论文之中也提到"新出老鬼"，参见小林正美《六朝道教史研究》，李庆译，第二编第四章"《大道家令戒》"之第二节"新出老君与太上老君"。关于南北朝时期"老鬼"的使用较为系统的研究，参见刘昭瑞《考古发现与早期道教研究》第二章"从考古材料看早期道教的若干问题"第四节"论'老鬼'与南北朝时期老子的神化"。刘昭瑞认为，《大道家令戒》与《三天内解经》中的"新出老君"应该作"新出老鬼"。
② 《道藏》，第 18 册，第 236 页。
③ 引文参见刘昭瑞《"老鬼"与南北朝时期老子的神化》，《历史研究》2005 年第 2 期。

宋元嘉十年癸酉十一月丙申朔廿七日壬戌辰时，新出老君符敕。①

所以，可以推定"新出老鬼太上老君"的名号提出之后，实际中很多人更倾向使用
"新出老君"。前面已经考察过，因百姓畏惧鬼，"鬼道"是张道陵始创道法的常用称
呼，其道法内容以驱除给人带来疾病的鬼为主，所以"鬼"的概念在其道法之中一
直具有重要的意义。在刘宋初期正一盟威之道之名确立之时，"新出老鬼太上老君"
的称号也出现并流行于南朝时期。

根据《三天内解经》认为"新出老君"的概念是刘宋初期由主张信奉"正一盟
威之道"的信徒所提出，这是基于文献的一种解读。而通过南朝出土的镇墓文，则
可以证明这种解读是正确的。因为，目前出土的南朝镇墓文之中，很多可见"新出
老君"等用语②。但是，刘宋之前以及北朝的包括镇墓文在内的各种文物之中，都看
不到"新出老君"等用语。并且，在进入隋唐之后，也几乎看不到"新出老君"的
用语，这表明"新出老君"的神格使用地域与时期与南朝信奉"正一盟威之道"的
信徒的活动地域与时期一致。这种史料解读与地下文物相结合的方法，正是"二重
证据法"③，可以证明"新出老君"并非刘宋之前的信奉"五斗米道"的信徒所使用
的概念，而基于"新出老君"和"正一盟威之道"而形成的"新出正一盟威之道"
的说法，更不是葛洪所撰的《神仙传》所使用的说法。

《三天内解经》在刘宋初产生了十分广泛的影响，"正一盟威之道"这个新的道
法名迅速取代了作为旧道法名的"五斗米道"。如陆修静的《陆先生道门科略》
写道：

> 太上患其若此，故授天师正一盟威之道，禁戒律科，检示万民。逆顺祸福功
> 过，令知好恶，置二十四治，三十六靖庐，内外道士二千四百人。④

陆修静基于《三天内解经》的内容，认为太上（老君）授予天师的是正一盟威之道。

同样受《三天内解经》影响而被制作的《大道家令戒》⑤写道：

---

① 引文参见王育成《徐副地券中天师道史料考释》，《考古》1993 年第 6 期。
② 白彬、张勋燎：《中国道教考古》，线装书局，2006，第三册"吴晋南朝买地券、名刺和衣物疏的道教
考古研究"。
③ 王国维：《古史新证》，《王国维先生全集》初编第十一册，台湾大通书局，1976。
④ 《道藏》，第 24 册，第 779 页。
⑤ 关于《大道家令戒》的成书年代，参见〔日〕小林正美《六朝道教史研究》，李庆译，第二篇第四章
"《大道家令戒》"。

道以汉安元年五月一日于蜀郡临邛县渠停赤石城，造出正一盟威之道，与天地券要，立二十四治，分布玄元始气治民。①

其中说"道"（老君）于汉安元年传授正一盟威之道，建立二十四治，用玄元始三气统治人民。

刘宋时期编纂的假托天师张道陵传授赵升的《正一天师告赵升口诀》之中也说：

（天）师曰：太上有吾，吾有汝。然官契至要，难可具宣。道重理妙，不可妄传。今九天俱立，使六天出治。随世分布三道，治正转乱，不能中正。三五之气，上三天恚怒。无本父母临正，使太上老君绝世更立正一盟威之道。太上开化，不以吾轻贱小人，受吾真法为百鬼主者，使开二十四治，以应二十四气。置署职箓，以化邪俗之人。黄老赤箓，以修长生。②

据此，张道陵告诉弟子赵升说，现在是六天统治天下，分布了三道，但又陷入了混乱。上三天发怒，让太上老君用正一盟威之道治民。所以，天师张道陵接受了其真法，为百鬼的主者，并且设立二十四治，教化俗人，用黄老赤箓来获得长生。以上的内容，出现了三天和六天的对立，并且说六天统治时为三道，而三天传授了正一盟威之道，所以应该是源自《三天内解经》。

还有，由陆修静参与编纂的元始系灵宝经的《元始五老赤书玉篇真文天书经》③卷下之中写道：

正一盟威太上无为大道，道中之道。④

将正一盟威之道称赞为"道中之道"，这是因为，该经典的编纂者陆修静是信奉正一盟威之道的道士。

此外，元始系灵宝经的《太上洞玄灵宝智慧定志通微经》的投辞文之后，列举了五种信物，其中包括作为五斗米道特征的"命米五斗"，这也因为该经继承了五斗米道的传统教法，并继续被刘宋正一盟威之道的信众所传授。

---

① 《道藏》，第 18 册，第 236 页。
② 《道藏》，第 32 册，第 593 页。
③ 王皓月：《析经求真：陆修静与灵宝经关系新探》，中华书局，2017，第一编第一章"陆修静与《灵宝经》的关系——以《元始赤书真文经》的成书为中心"。
④ 《道藏》，第 1 册，第 795 页。

大约在刘宋时期成书的《太上洞渊神咒经》卷十二也写道：

> 所以然者几人居世，或见昏迷，未入正一盟威之道。①

"正一盟威之道"的名称主要被使用的时期是刘宋初期，之后的正一盟威之道将自己信仰的对象称为"道教"，赋予了其作为与儒教、佛教并肩的"三教"之一的资格。但是，由于在全真道进入"道教"之前，三教之一的"道教"就是正一盟威之道的"道教"，所以在"道教"之名确立之后，"正一盟威之道"的名称依然在"道教"之中有部分遗留。如梁代《洞玄灵宝三洞奉道科戒营始》卷四的《法次仪》写道：

> 九天破殄、九宫扞厄、都章毕印、四部禁气、六宫神符、九天都统、斩邪大符、九州社令、天灵赤官、三五契、三元将军箓。受，称某治气正一盟威弟子。
>
> 阳平治、都功版、九天真符、九天兵符、上灵召、仙灵召、七星箓、二十八宿箓、元命箓。受，称阳平治太上中气，领二十四生气，行正一盟威弟子、元命真人。
>
> 逐天地鬼神箓、紫台秘箓、金刚八牒仙箓、飞步天刚箓、统天箓、万文鬼箓、青甲赤甲箓、赤丙箓、太一无终箓、天地箓、三元宅箓、六壬式箓、式真神箓、太玄禁气千二百大章、三百六十章、正一经二十七卷、老君一百八十戒、正一斋仪、老子三部神符。受，称太玄都正一平气，系天师阳平治太上中气，二十四生气督察，二十四治三五大都功，行正一盟威、元命真人。②

其中的正一盟威弟子、正一盟威弟子元命真人、正一盟威元命真人法位，都是入"道教"之后较早被授予的法位，这说明当时的道教是正一盟威之道的"道教"。

因为三教之一的"道教"自成立以来，直至全真道并入"道教"之前，正统的道法只有"正一盟威之道"，所以"道教"一般以"正一"自称。如《南齐书·顾欢传》所引顾欢《夷夏论》之中说：

---

① 《道藏》，第 6 册，第 46 页。
② 《道藏》，第 24 册，第 757 页。

> 佛号正真，道称正一。①

用"正一"来指代与佛教相对应的"道教"，可以确认当时的道教是正一盟威之道的"道教"。

明朝时期，全真道并入"道教"，按照官方的说法，道教之中存在正一盟威之道和全真道这两个大的道法类别。如《明史》卷七十四《职官》的"僧道录司"一条写道：

> 道凡二等，曰全真，曰正一。②

据此可知，明政府所承认的"道教"之中的道法只有全真道和正一盟威之道。

时至今日，正一和全真依然是道教的两大基本派别。但必须要承认的是，古代民间实际流传的道法和道教的小流派更为多样和复杂，只是没有得到官方的认可而已，或者是打着道教旗号的民间宗教信仰。我们在说道教基本可分为正一和全真之时，必须明确这是官方的正统观点，并不完全代表民间的实际情况。

如上所见，从历史事实来看，随着刘宋政权的建立，原来东晋的五斗米道的信徒之中出现的改革派，提出用"正一盟威之道"之名取代"五斗米道"之名，而正一盟威之道随后又被称呼为"道教"。也就是说，正一盟威之道成为中国历史上三教之一的"道教"，并且在全真道进入"道教"之前，是"道教"之中唯一统摄全体的道法。

三　三教之一的"道教"概念的形成及其含义

目前学界已经普遍认可，中国历史上的儒、佛、道三教的"教"不等同于现代宗教学中的"宗教"的概念。所以，在讨论"道教"概念的形成之前，有必要先看一下中国历史上是如何理解和定义"教"的概念。

在汉语之中，"教"字的字义如汉许慎撰《说文解字》卷三下所载：

> 教，上所施下所效也。从攴，从孝。③

---

① 《南齐书》，第932页。
② 《明史》，中华书局，1974，第1818页。
③ 《说文解字》，九州出版社，2001，第183页。

说教就是，上面施行的由下面所效仿。还有，南唐徐锴的《说文系传》写道：

> 教（原文为篆字），上所施下所效也。从攴，孝。凡教之属，皆从教。臣锴
> 曰：攴所执，以教道人也。孝音教，效也。
>
> 教（原文为篆字），古文教。臣锴曰：古言字，以言教之。①

其中记载了包含古言字的古教字，徐锴解释说其表示以言相教。

还有，《广韵》卷四百三十六"效"一条写道：

> 教，古孝切。教，训也，又法也，语也。《元命包》云：天垂文象，人行其
> 事，谓之教。教之为言，效也。②

其中也说"教"有作为训导、语和言的意思。引用西汉末年谶纬《春秋元命苞》的
说法，指出人按照天象行事，就是教。

以上是汉字"教"的基本意思，而中国古代的人在谈论"教"的时候，一般包
含三个基本要素：第一是圣人，第二是道，第三是经。

第一个要素是圣人，意味着"教"必须由圣人所设立，普通人没有资格设立
"教"。第二个要素是道，因为"教"所依据的是道，圣人创立"教"也是基于道。
第三个要素是经典，因为圣人创立的"教"是教说，其言必须记录在经典之中才能
传给后世。历史资料中"教"的概念，正体现了这三个要素。

《易·观卦》，其中写道：

> 观天之神道，而四时不忒。圣人以神道设教，而天下服矣。③

其中说圣人观察天的神道，并用神道来设教，天下归服其"教"。值得注意的是，这
里提出的是"圣人设教"说，而不是"神道设教"说④，因为原文中设立"教"的
主语是圣人，"以神道"是状语，而"神道设教"说法之中主语缺失，违背了原文的
意思。

---

① 此据《文渊阁四库全书》版。
② 《广韵校本》，中华书局，2004，第417页。
③ 《十三经注疏》，北京大学出版社，1999，第97页。
④ "圣人以神道设教"这句经常被断章取义为"神道设教"，其意图是突出神道的重要性，强调中国古代
的"教"的概念的宗教性。关于"神道设教"说，参见李申《儒教、孔教、圣教、三教称名说》，北
京图书馆出版社，2009。

"圣人设教"之说法在史书中也可见，如《后汉书》卷十《马皇后纪》写道：

> 太后闻之曰：圣人设教，各有其方，知人情性莫能齐也。[1]

其中太后说圣人所设之"教"，是按照人民的性情的不同而有所不同。

北宋张君房主编的《云笈七签》卷三《道教序》之中写道：

> 教者，告也。有言、有理、有义、有授、有传。言则宣，教则告。……立教者，圣人救世愍物之心也。[2]

说教是一种宣告，圣人立教是为了救世。

"教"是圣人所设，而圣人之言以经典的形式被记录流传。如唐代陆德明撰《经典释文》卷一的"次第"一条写道：

> 五经六籍，圣人设教，训诱机要，宁有短长。然时有浇淳，随病投药，不相沿袭，岂无先后。所以次第互有不同。[3]

其中将五经六籍看作为圣人所设之"教"的内容。还有，通过唐代李肇《东林寺经藏碑》如下内容也能明确：

> 释迦者，流有十二部经，由儒之《易》《诗》《书》《礼乐》《春秋》，皆立言垂教之本。儒无文字，则天下久已大坏。三藏之说不行，西方圣人之教几乎息矣。[4]

其中，说释迦流传有十二部经，与儒教的《易》《诗》《书》《礼乐》《春秋》这五经相当，都是宣教的依据。如果儒教没有文字，即没有五经传世的话，则天下的秩序无法维持。如果佛教的三藏经典不流传的话，作为西方圣人的释迦牟尼的"教"也会消失。其中值得注意的是，将释迦牟尼称为西方圣人，而这由来于《列子·仲尼第四》如下内容：

---

① 《后汉书》，中华书局，1973，第413页。
② 《道藏》第22册，第12页。
③ 《经典释文》，中华书局，1983，第3页。
④ 《文苑英华》，中华书局，1982，第4566页。

　　　孔子动容有间，曰："西方之人有圣者焉。不治而不乱，不言而自信，不化
　而自行，荡荡乎民无能名焉。"①

其中孔子所说的西方圣人，后来经常被解释为佛。如《元史》一百七十六写道：

　　　佛本西方圣人，以慈悲方便为教。②

　　　明代张萱撰《疑耀》卷二的"西方圣人辨"一条写道：

　　　列子述孔子，西方有圣人之语，林希逸谓即佛也。至今学者皆然其说。③

由此可知人们普遍认为孔子所说的西方圣人就是指代佛。用中国的圣人的概念来称呼
释迦，因为中国认为只有具备圣人的资格才可以设立"教"，所以中国人接受了佛
教，也就相应地认为释迦是圣人。

　　　经典的内容即圣人的教说，如张载《学大原下》写道：

　　　圣人设教，便是人人可以至此。"人皆可以为尧舜。"若是言且要设教，在
　人有所不可到，则圣人之语虚设耳。④

说圣人设立"教"，是让人人都可以成为尧舜，如果不行，则圣人之语都是虚设。因
为"教"是以圣人之语的形式存在，所以表达"教"是虚设的时候，是说圣人之语
虚设。

　　　还有，元代孔思明在《监利县学重建大成殿记》中写道：

　　　夫道之大源，本乎天。道统之传，本乎圣人。圣人设教，本乎学。学也者，
　有国之大典也。明人伦，美教化，移风俗，治隆平，皆道也。由学以行之。⑤

说道以天为本，传道以圣人为本，圣人设教以学为本，而学就是指经典。

　　　如上所见，历史文献之中"教"的概念有圣人、道、经三个基本要素，而这是儒、

---

① 景中译注《列子》，中华书局，2008，第110页。
② 《元史》，中华书局，1976，第4102页。
③ 《文渊阁四库全书》本。
④ 张锡琛点校《张载集》，中华书局，1985，第283页。
⑤ 《湖广通志》卷一百七《艺文志》所收，《文渊阁四库全书》本。

佛、道三教所共同拥有的。虽然现在学者往往基于宗教学的方法论，从神格体系或者教团组织以及超验的教理等角度考察三教，但对于古代中国来说，在讨论"教"的时候上述问题并没有受到关注。因为，按照概念史的方法论来解释历史资料之中"教"的含义的话，中国历史上的"教"就是指代被记录于经典的圣人依照道所设的教说。

那么，"道教"一语在历史上有怎样的含义呢？正如前面所说，"教"是圣人依据道而设立的，所以很早二者就组成"道教"一词出现，其含义是基于道的教说。在历史文献之中，"道教"一词在用于指代三教之一的"道教"之前，常常被用来指代儒教和佛教。

道也是儒教尊崇的概念，如孔子就曾说"朝闻道，夕死可矣"（《论语·里仁第四》），儒家所崇尚的道具体为先王（圣人）之道。关于"道教"一语被用来指代儒家先王（圣人）之道的教说的用例，如战国《墨子·非儒篇下》中写道：

> 议曰：寿夭贫富，安危治乱，固有天命，不可损益。穷达赏罚，幸否有极，人之知力，不能为焉。群吏信之，则怠于分职，庶人信之，则怠于从事，不治则乱，农事缓则贫。贫且乱政之本，而儒者以为道教。是贱天下之人者也。①

其中批判了对天命的过分信仰，认为如果官吏和百姓过于相信天命则不会尽力工作，从而导致国家混乱，但是儒者却将这种对天命的信仰看作是道教。这里的儒者所说的道教，应该就是基于圣人之道的儒家的教说。

还有，三国吴的牟子《理惑论》也写道：

> 问曰：何谓之为道，道何也。牟子曰：道之言，导也。②

有人问道是什么，牟子回答说，道就是对其说，进行引导。随后又写道：

> 问曰：孔子以五经为道教，可拱而诵，履而行。今子说道虚无恍惚不见，其意不指其事，何与圣人言异乎。③

其中问者说，孔子将五经作为道教，可以诵读奉行，而你说道是虚无的，是不是与圣

---

① 吴毓江撰、孙启治点校《墨子校注》，中华书局，1993，第437页。
② 梁代僧祐《弘明集》卷一所收，《大正新修大藏经》，第52册，第2页。
③ 梁代僧祐《弘明集》卷一所收，《大正新修大藏经》，第52册，第2页。

人的说法不同呢？因为五经被认为记载了圣人之道，所以孔子将其视为道教，即圣人之道的教说。

还有，葛洪《抱朴子·外篇·诘鲍篇》中写道：

> 三五迭兴，道教遂隆。①

其中的三五是指代三皇五帝，而所谓道教具体指代儒家的基于圣人三皇五帝之道的教说。

佛教之中，同样经常使用"道教"一词来指代基于佛陀之道的教说。如西晋竺法护译《正法华经》卷五写道：

> 还归乡里家室迎者，谓十方人来受道教。升楼执珠向八方上下，谓得佛道。②

其中的道教与佛道（佛陀之道）就是同义语。还有，西晋竺法护译《普曜经》卷八十八变品第二十五写道：

> 时城门神。即谓王言，快无不利，王往前世与八万四千王，治寺起塔，誓于来世一时见佛谘受道教。③

东晋僧伽提婆译《增一阿含经》卷三写道：

> 兴招提僧，所谓小陀罗婆摩罗比丘是；贵豪种族，出家学道，所谓罗吒婆罗比丘是；善分别义，敷演道教，所谓大迦旃延比丘是。④

其中说小陀罗婆摩罗比丘兴招提僧，罗吒婆罗比丘出家学道，而大迦旃延比丘则是敷演道教。

自不必说，以上所见的指代儒教的圣人之道和佛教的佛陀之道的"道教"一词，其含义与作为儒、佛、道三教之一的"道教"是不同的。之所以道教还被用来指儒教的圣人之道和佛教的佛陀之道，是因为在当时还不存在一个与儒教和佛教相并列的"道教"。

---

① 《道藏》，第 28 册，第 331 页。
② 《大正新修大藏经》，第 9 册，第 95 页。
③ 《大正新修大藏经》，第 3 册，第 532 页。
④ 《大正新修大藏经》，第 2 册，第 557 页。

直到刘宋初期，还没有形成作为三教之一的"道教"的概念。《三天内解经》之中将信奉的对象称为"正一盟威之道"，而不是"道教"。《陆先生道门科略》之中，也没有提出作为三教之一的"道教"的概念，而是尊崇"正一盟威之道"。因为，刘宋初期的"正一盟威之道"的信徒还只有作为道法的"道"的概念，而没有"教"的概念。

此外，大约在东晋末期成书的《玄妙内篇》① 中，讨论的也是上清、清约、佛三道，而看不到道教等三教的概念：

> 《玄妙内篇》云：吾布气罢废上清、清约、佛三道，下及干吉太平支散之气、百官之神、天地水月三官不正之气，贪浊受钱饮食之鬼，营传庙符一切骆驿分罢。夫假称上清，受及佛、干，支离偏见，执着自是，华炫之耶，皆应摆弃，况号俗神者乎。拾（舍）俗神及诸诈文，求真宜寻本旨，案上清、清约无为、佛道众圣大师，各有本经。（敦煌文书 S.4226《太平部卷二》所引）

值得注意的是，灵宝经的《太上洞玄灵宝真一劝诫法轮妙经》之中有儒教的概念：

> 儒教则有三坟五典、八索九丘，皆以师训。②

这里的儒教基于三坟五典、八索九丘等经典，但尚未与"道教"相对比，所以无法认为灵宝经之中已经存在与儒教相并列的"道教"的概念。但是，从儒教被认为是基于三坟五典、八索九丘等经典可知，经典是作为"教"的标志之一。

经典是构成"教"的三个要素之一，而佛教在传入中国的初期，没有被称呼为"佛教"，而是被称为"佛道"，直到东晋时期还是以"佛道"的称呼为主。因为，最初中国人把佛教理解为佛的道法。如三国吴牟子的《理惑论》之中写道：

> 问曰："汉地始闻佛道。其所从出邪。"牟子曰："昔孝明皇帝梦见神人，身有日光，飞在殿前，欣然悦之。明日博问群臣：'此为何神。'有通人傅毅曰：

---

① 小林正美指出，《玄妙内篇》大约成书于东晋末期，其作者是对上清派、佛教、天师道、太平道都持有批判立场的葛氏道的人物。另有刘屹对之前的《玄妙内篇》的研究有较详细的介绍，指出《玄妙内篇》的"旧本"与"新本"的差别。刘屹：《〈玄妙内篇〉考——六朝至唐初道典文本变化之一例》，载于《敦煌文献论集》，辽宁教育出版社，2001。

② 《道藏》，第 6 册，第 171 页。

'臣闻天竺有得道者，号之曰佛，飞行虚空，身有日光，殆将其神也。'"①

以及东晋袁宏的《后汉纪》卷十《孝明皇帝纪下》中作"西域天竺有佛道焉"②，都记载了当时人们认为印度存在名为"佛道"的道法。

进入东晋时期，出现了与"周孔之教"相提并论的"佛教"的概念。如东晋前期的孙绰《喻道论》（《弘明集》卷三所收）写道：

> 周、孔即佛，佛即周、孔。盖外内名之耳。故在皇为皇，在王为王。佛者梵语，晋训觉也。觉之为义，悟物之谓。犹孟轲以圣人为先觉，其旨一也。……周、孔救极弊。佛教明其本耳。③

其中认为佛是先觉，而孟子说圣人也是先觉，就是说佛即圣人。这样的话，所谓"佛教"与"周孔之教"都是圣人之"教"。

还有，东晋庐山的慧远（334～416）也使用了"佛教"的概念。如《高僧传》卷二《昙摩流支》记载的慧远之书信中可见"佛教之兴，先行上国。自分流以来，四百余年"④，以及《沙门袒服论》（《弘明集》卷五所收）中云"或问曰：沙门袒服，出自佛教"⑤。到了刘宋时期，"佛教"的概念似乎已经开始被一般使用，如元嘉十二年（435）五月五日的《何令尚之答宋文皇帝赞扬佛教事》（《弘明集》卷十一所收）的题目之中可见"佛教"的概念。

南朝时期所一般使用的"佛教"的意思是佛的教说，其基本构成是作为说教者的佛与记录其教说的十二部经。最早使用"佛教"概念的孙绰的《喻道论》中，就提到"佛有十二部经"，即"佛教"信奉者的信奉对象是佛所说的经典。而与此相对的是，北朝盛行佛法，崇拜佛的咒力，盛行佛的祭祀，创作了大量的佛像，但却轻视经典的讲义。因为北朝没有形成基于经典的"佛教"的概念，也没有认识到理解佛经的重要性，所以依然停留在信奉作为道法的佛法的层次。

"道教"概念的形成，其直接的背景是东晋、南朝时期佛教的称呼的确立。正如《三天内解经》所见，"正一盟威之道"的信徒将佛道作为自己的对手，而随着南朝

---

① 梁代僧祐《弘明集》卷一所收，《大正新修大藏经》，第52册，第4页。
② 《后汉纪》，中华书局，2002，第187页。
③ 《大正新修大藏经》，第52册，第17页。
④ 《大正新修大藏经》，第50册，第333页。
⑤ 《大正新修大藏经》，第52册，第32页。

时期佛教的称呼取代佛道的称呼，"正一盟威之道"的信徒开始将自己信仰的对象称呼为"道教"。

　　"正一盟威之道"的信徒将自己信奉的对象称呼为"道教"，最早的资料见于刘宋泰始三年（467）顾欢（420～483）所著的《夷夏论》中。《南齐书》卷五十四《顾欢传》所引顾欢《夷夏论》说：

　　　　佛教文而博，道教质而精。①

在这里，"道教"已经与佛教相对比。因为与佛教对比的"道教"的称呼最早在佛、道的论战中出现，从这点可确认三教之一的"道教"的称呼是受佛教的称呼的启发而被创造的。在《夷夏论》中，关于"道教"的道与佛教的佛，有如下内容：

　　　　道则佛也。佛则道也。其圣则符，其迹则反。②

这里的"道"，被认为与佛（佛陀）同样为神格，而"道教"即神格"道"的教说。在《夷夏论》中还有：

　　　　佛号正真，道称正一。③

说的是佛（佛陀）宣扬无上正真之道，与此相对，"道"宣扬正一盟威之道，而这里"道"被看成是与佛陀一样的神格。同样的用法，还可在下文中看到：

　　　　佛言华而引，道言实而抑。抑则明者独进，引则昧者竞前。④

用"道言"与"佛言"相对比，如果这里的"道"不是与"佛"同类的神格的话，则无法发言。

　　作为三教之一的"道教"的概念之中的"道"，不是抽象的道，"道教"也不是关于道的教说，而是神格"道"的教说⑤。当然，将"道"视为神格的情况早已存

----

① 《南齐书》，第 932 页。
② 《南齐书》，第 931 页。
③ 《南齐书》，第 932 页。
④ 《南齐书》，第 932 页。
⑤ 参见〔日〕小林正美《中国的道教》，王皓月译，序章"'道教'的构造"。

在，在东晋的五斗米道的经典《女青鬼律》中，以"道曰"开始，其中的"道"是指代太上大道。而灵宝经也常以"道曰"开头，这种情况的"道"被解释为太上道君。

随着"道教"概念的确立，儒、佛、道"三教"的概念在中国历史上正式形成，南朝的梁代和北周的资料中，已经可以看到儒、佛、道"三教"的概念。如梁武帝有《会三教诗》与《和会三教诗》（《艺文类聚》卷七十六），其所见的"三教"的概念，就是梁代存在的儒教、佛教、道教的总称。

还有，《梁书》卷四十一《王规传》说王规之子王褒（约513~576）在《幼训》中写道：

> 儒家则尊卑等差，吉凶降杀，君南面而臣北面，天地之义也。鼎俎奇而笾豆
> 偶，阴阳之义也。道家则堕支体，黜聪明，弃义绝仁，离形去智。释氏之义，见
> 苦断习，证灭循道，明因辨果，偶凡成圣。斯虽为教等差，而义归汲引。吾始乎
> 幼学，及于知命，既崇周孔之教，兼循老释之谈。[1]

其中对比了儒家、道家和释氏之义，应该就是在讨论儒、佛、道三教。而最后说既推崇周孔之教，也兼修老释之谈，因为老释之谈与周孔之教对应，所以老释之谈就是指代道教和佛教。

而北朝开始使用指代"儒教""佛教""道教"的称呼，是在北周武帝之时。《周书》卷四十五《沈重传》中写道：

> 天和中，复于紫极殿讲三教义。朝士、儒生、桑门、道士至者二千余人。[2]

记载天和年间进行了关于儒教、佛教、道教的讨论。

而道宣《广弘明集》卷八的《周灭佛法集道俗议事》中记载了北周武帝天和年间进行的对三教的排序，其中写道：

> 至天和四年，岁在己丑三月十五日，敕召有德众僧、名儒、道士、文武百官
> 二千余人。帝御正殿量述三教，以儒教为先，佛教为后，道教为最上。以出于无

---

① 《梁书》，中华书局，1973，第583~584页。
② 《周书》，中华书局，1974，第810页。

名之前，超于天地之表故也。①

据此，周武帝对三教进行排序应该是在天和四年（569）三月十五日，结论是道教是第一位，儒教是第二位，佛教是第三位。在周武帝对三教进行排序之后翌年的天和五年（570），道安献上的《二教论》（《广弘明集》卷八所收）中，认为"教"只有儒教和佛教，所谓"道教"不能算作为"教"。《二教论》的题目是在否定三教的说法，所以推测当时三教的说法已经确立。

三教先后的问题似乎在北周是一个非常重要的问题，《周书》卷五《武帝上》记载说：

> （建德二年）十二月癸巳，集群臣及沙门道士等。帝升高座，辨释三教先后，以儒教为先，道教为次，佛教为后。②

北周武帝于建德二年（573）再次召开了决定三教先后次序的会议，这次将儒教放在第一位，道教放在第二位，佛教还是第三位。

此外，《周书》卷三十一《韦敻传》中写道：

> 武帝又以佛道儒三教不同，诏敻辨其优劣。敻以三教虽殊，同归于善，其迹似有深浅，其致理殆无等级。乃著三教序奏之。③

据此，北周武帝曾经让韦敻论述三教的优劣，于是韦敻写出了《三教序》上奏武帝。武帝让韦敻论述三教的优劣，是为决定三教的先后。

四　结语

在当代学者基于宗教学观点作出道教定义之后，对作为历史概念的"道教"进行循名责实绝非多余之举。一个理论体系基于作为构成要素的观点，而观点的立足点是概念。如果基本概念的运用出现偏差，尽管只是差之毫厘，那最终构建起来的体系也必然谬以千里。所以，我们有必要从历史语境中分析"道教"这个概念的形成、

---

① 《大正新修大藏经》，第52册，第316页。
② 《周书》，第83页。
③ 《周书》，第545页。

所指和变化，避免简单地用现代的道教认识去理解历史上的道教。

事实上，已经有宗教学者用类似概念史的研究方法分析"宗教"这个概念的形成和在不同文化历史语境下的不同意义。正如加拿大宗教学者史密斯的宗教理论所指出的，很多学者穷其一生追求宗教的本质和定义，而没有意识到"宗教"这个概念本身就已经存在误用，原本存在于内心的"宗教"观念，被教团组织、经典等实体化的宗教所取代。① 同样，人们将原本作为道法的"五斗米道"理解为宗教组织，也是一种不合适的物化过程。我们应该意识到，所谓的中国古代历史上的道教，在今天是作为概念存在的，而非实体存在的。无论是德国的概念史，还是史密斯的宗教理论，虽然其产生的学术背景和研究对象与中国古代道教研究有所不同，但都为我们理解三教之一的"道教"概念的形成提供了重要的启发。

从"五斗米道"的概念开始，各种历史的名词被重新赋予了现代的含义，这也将我们同史料的历史语境隔绝，学术著作中的各种叙述因此脱离了历史文脉。最终，我们无视历史语境之中所见的"道教"，反而虚构出了一个历史上所不存在的道教，将一些道教的思想来源误认为是"道教"本身。因此，如果能够厘清三教之一的"道教"概念的嬗变过程，那么道教史必然会变得更加清晰和明确。

---

① 史密斯指出，宗教的概念存在被物化的情况，即"在精神或观念上使宗教变成一种事物，并逐渐地将它理解、构想成为一种客观的体系性的实在或实体"。参见〔加〕威尔弗雷德·坎特韦尔·史密斯（Wilfred Cantwell Smith）著《宗教的意义与终结》，董江阳译，中国人民大学出版社，2005，第122页。李林：《信仰的内在超越与多元统一——史密斯宗教学思想研究》，社会科学文献出版社，2015，第140~173页。

朱熹论堪舆、鬼神与感通

刘芝庆

摘要： 本文从感通出发，指出朱熹的鬼神观，并非眼见为凭的有无问题，也不是轮回因果的判断，而是在气化中，在感通历程里，如在存有而显现，是造化的神奇。而天之阴阳，呈现为山川地貌谷岸平原，万般事物，都能有造化的痕迹，也是气化的屈伸往来。于是观风水看地理，在幽明相交处，测阴阳，查鬼神，验祸福，朱熹因而钻研堪舆相地之术，也是题中之义，顺理成章了。因此，神鬼的存有、堪舆的有效性、卜筮的灵验，只有在理气自持、爱敬之心、诚意正心的"感通"中，才有意义与价值可言。

关键词： 朱熹　堪舆　鬼神　感通　理学

作者简介： 刘芝庆，文学博士，湖北经济学院中文系副教授，中国传统文化与哲学研究中心副主任。

　　目前学界对于朱熹的研究，说理气、探经世、讲礼学、述历史世界、分析格物致知，胜义妙谛，新见频出，累积成果自然极多。而朱熹论鬼神部分，也有许多学者探讨，钱穆《朱子新学案》，专列《朱子论鬼神》一节，罗列史料，论鬼神，又兼及魂魄，从祭祖先推到天地山川圣贤，分析按语精辟，要言不烦，为此论题立下规模。日本学者子安宣邦《鬼神论：神与祭祀ディスクール》，则是探讨儒家诸多鬼神言论的发生学，朱子也是该书中的重要部分。不过主要是从历史环境、祭祀背景、知识场域等方面探讨，较少宗教学的部分。另外，秦家懿（Julia Ching）《朱熹的宗教思想》（*The Religious Thought of Chu His*）一书，虽以宗教思想为名，讨论太极、理气的形上学、与鬼神交流、宗教仪式等，其实真正与宗教鬼神有关的部分，并不太多。田浩（Hoyt C. Tillman）《朱熹的思维世界》的增订版，多了《朱熹的祈祷文与道统观》一文，其中联系道统与鬼神、祈祷文的关系，新意迭出。朱熹对于学术传承、社会关怀、政治理想的使命感，也在祈祷文的诸多面向中具体呈现。

其他诸如贾德讷（Daniel K. Gardner）、金永植（Yung Sik Kim）、黄莹暖、孙致文、傅锡洪等人，或分析朱熹对于神灵定义与性质，或是从理气哲学、祭祀观的角度，认为朱熹内在理路可能有矛盾冲突之处；又是说朱熹可能重在经世，方论鬼神，而非针对鬼神本身。本文的出发点，即是在上述研究基础上，更进一步追问：朱熹论鬼神，固然如吴展良所言，朱熹虽不否认其存有，实则强调其自然义，既非西方之有神论，又非无神论。不是唯物论，当然也不会是唯心论，乃至心物二元论。或与万物有灵论（animism）或泛神论（pantheism）相较，朱熹纳神异于平常之气化，也与前二者重视灵魂（anima，soul）、神（theos，god）或精神（spirit）的态度，颇有不同。即便如此，朱熹以诚意正心出发，重在"感通"，或祭神如神在，或冥契遥接，调适而上遂，与上帝鬼神相交，更反映在他对于堪舆与风水的看法中。不过，对于这些事物，朱熹并非单纯地讲"感通"而已，也重视相关知识的观察获取，两者之间，不离不杂，不可顾此而忽彼。本文的研究，即是从朱熹论鬼神，谈及堪舆，并论证这些得以成立，都必须取决于诚意的感通。学界目前仍未注意于此，殊为可惜，是以本文即将处理这些问题。

一　鬼神与感通

朱熹论鬼神，言论散见各处。不过《朱子语类》，皇皇一百四十卷，理气为第一、鬼神为第二，鬼神一卷，还排在性理、为学之方、《大学》、《论语》、《孟子》之前，可见其重要性。

朱熹论鬼神，事实上与宋代重风水的社会氛围，以及当时日常生活中的卜算命理与鬼怪文化，甚至是佛教的因果、道教的承负，乃至于社会上水陆法会、符箓丹法、斋醮科仪等等风气，是分不开的。正因为鬼神或实或虚，难以捉摸，说祂存在，没有明确证据，即便他人论之凿凿，却又言人人殊；说祂没有，则冥冥之中，多般巧合，诸多意外，那些似乎无形无声之事物，却又时而出现。在传言中，在耳闻里，甚至在许多人亲身经历中，眼见为凭，似乎难以否认。有鉴于此，当朱熹批判佛道或是民间的迷信风俗时，往往也是以鬼神为例：

> 风俗尚鬼，如新安等处，朝夕如在鬼窟。某一番归乡里，有所谓五通庙，最

灵怪。众人捧拥，谓祸福立见。①

五通庙，能致祸福，号称灵验，② 所以有了惯例习俗，居民出门，或带着纸片入庙，祈祝而后行；士人更是必须带着名片，拜码头，问安请示。朱熹偏不信邪，拒不照办，结果当晚身体有恙，五内翻腾，别人都以为这是他不遵守宗教规矩所致。朱熹摆明不信，认为这不过是吃坏肚子，饮食不洁罢了。有人劝他不妨从众从俗，他也不同意，觉得太荒谬了，硬把不相干的事情过度联想，以至于鬼影幢幢，都是自己骗自己。

所以他有时又说："鬼神死生之理，定不如释家所云，世俗所见。然又有其事昭昭，不可以理推者，此等处且莫要理会。"③ 莫要理会，他人或是不语怪力乱神，或是六合之外避而不谈的，不过朱熹并非如此，反而是要大谈特谈，将鬼神之事说清楚、讲明白。反而是上述等无理之事，或是难以索解，一时间不能解释解决，莫要理会，不要硬扯瞎谈罢了。这也是朱熹认为鬼神为"第二著"的原因，众理若能看得渐明，则鬼神之惑，才能看得明，才能心安理得。不能如此，不过愈来愈迷惘罢了，"人且理会合当理会底事，其理会未得底，且推向一边。待日用常行处理会得透，则鬼神之理将自见得，乃所以为知也"④。

因此，若修身工夫不稳，格物致知不熟，贸然谈鬼神，讲这些不可知、难测情事，实在有害。《朱子语类》卷二的《鬼神》，便与许多弟子谈及鬼神之事，例如鬼神有无、神怪事、薛士龙家见鬼、伯有变为厉鬼之事等，朱熹苦口婆心解说再三，都是希望导人为正，不要沉迷于冥冥的神灵世界，因而好鬼好怪好奇才好。

其实，鬼神不是有无的问题，而是气与"屈伸往来"相感通的问题。⑤ 大体而言，就《朱子语类》的编者看来，朱熹所论鬼神，可分为三种，其说虽异，为鬼神则同：

> 鬼神，其别有三：在天之鬼神，阴阳造化是也；在人之鬼神，人死为鬼是也；祭祀之鬼神，神示、祖考是也。三者虽异，其所以为鬼神者则同。知其异，

---

① 黎靖德编《朱子语类》，第一册卷三，中华书局，2007，第53页。
② 参见黄东阳《利益算计下的崇奉——由〈夷坚志〉考述南宋五通信仰之生成及内容》，《新世纪宗教研究》第9卷第4期，2011。
③ 《朱子语类》，第一册卷三，第35页。
④ 《朱子语类》，第一册卷三，第33页。
⑤ 《朱子语类》，第一册卷三，第39页。

又知其同，斯可以语鬼神之道矣，故合为一卷。①

对此说法，吴展良所言，极为精辟。他指出在天之鬼神，即是天之阴阳造化，这个说法最为亲切，却又蕴含深义，为朱熹承继程颐的看法，又有发挥，可谓朱熹鬼神论中的广义说法。而人死之后，化为鬼神，"在人之鬼神"，属于狭义之鬼神。此外又有祭祀之鬼神，如神示，即是天地山川之神灵，以及有功于国于民之鬼。祖考则为已死之祖先，亦属人死之鬼，只是与其家族一系传承繁衍，更是息息相关。②

其实，鬼神之所以能在"理气"的祭祀中出现，都是因为感通之故。朱熹说："禘之意最深长。如祖考与自家身心未相辽绝，祭祀之理，亦自易理会。至如郊天祀地，犹有天地之显然者，不敢不尽其心。"朱熹以阴阳二气说鬼神，就他看来，人之生，有阴阳之气，也有屈伸之用。人死之后，阴阳之气离散，转为魂气魄形。魂气归于天，形魄归于地，热气上出，所谓魂升也；下体渐冷，所谓魄降。③而神鬼，则是魂气魄形的尚未散尽，但不管是人或是鬼，相较于气而言，都是无常，不是永恒性存在。④而神鬼等祖考，因为一气相接，悬而未绝，若能诚心感之，自能与后人遥契呼应。

不过，如前所言，神鬼既有祖考，也能有神示。有人问："'祭神如神在'，何神也？"朱熹答曰："如天地、山川、社稷、五祀之类。"⑤ 学者接着又提出，心诚就能够体验鬼神了吗？朱熹说诚实最重要，有诚便有实，反之亦然："有诚则凡事都有，无诚则凡事都无。如祭祀有诚意，则幽明便交；无诚意，便都不相接了。"⑥

有诚有心，亲身浸润其中，方能在祭祀中，凭借气化流传，"然非有一物积于空虚之中，以待子孙之求也。但主祭祀者既是他一气之流传，则尽其诚敬感格之时，此气固寓此也"⑦。于是冥契体知，幽冥相交，这便是"如在"："祭先如在，祭外神亦如神在。爱敬虽不同，而如在之诚则一。"若依唐君毅之说，则是存有论的意义，"如在"即是思念与祭祀之礼中，为我们感通所及，故凡感通者，既是存有，便是存

① 《朱子语类》，第一册，第28页。
② 吴展良：《朱子之鬼神论述义》，《汉学研究》2013年第31卷第4期，第117～118页。
③ 《朱子语类》，第一册卷三，第38页。
④ 杜保瑞：《从朱熹鬼神观谈三教辨正问题的儒学理论建构》，《东吴哲学学报》第10期，第117～118页。
⑤ 《朱子语类》，第三册卷二十五，第620页。
⑥ 《朱子语类》，第三册卷二十五，第620页。
⑦ 《朱子语类》，第一册卷三，第50页。

在。① 教民返古复始，不忘其所由生，爱敬虽不同，如在之诚，感而遂通。又有人问朱熹，直系血亲，祖考或可如此，妻属与外亲，也是由气相感吗？朱熹回答，当然也是，"但所祭者，其精神魂魄，无不感通，盖本从一源中流出，初无间隔，虽天地山川鬼神亦然也"。于是精神魂魄，无不感通，表现在祭祀的神鬼中，当然也可以在命理的灵验之中，朱熹说：

> 又如卜筮，自伏羲尧舜以来皆用之，是有此理矣。今人若于事有疑，敬以卜筮决之，有何不可？如义理合当做底事，却又疑惑，只管去问于卜筮，亦不能远也。

敬以卜筮决之，自古以来，古圣先贤皆用之，是有其理的。鬼神能知往来，卜卦亦有此效用，都是因为自身工夫能参赞造化，故能得神妙先机。《周易本义》就说："明天道，故知神物之可兴；察民故，故知其用之不可不有以开其先。是以作为卜筮以教人，而于此焉。斋戒以考其占，使其心神明不测，如鬼神之能知来也。"② 类似的看法，也出现在陆象山的言论中，他奉劝两位转行为命理师的儒生，说算命是不是不好，重点在根基要稳。德艺先后，不要本末倒置，废其本业了：

> 德成而上，艺成而下。生占辞论理，称道经史，未见抵牾，乃独业相人之术艺。艺虽精，下矣！
>
> 番阳汪君彦常，狭太乙数游诸公间，实有其验。然汪君本知书，一旦以老人之言，废其业，从受此数，今又以其效验自喜。吾观汪君精神，有不宜止于是者。后日过我，当与汪君究其说。③

太乙与奇门、六壬，并称三式，宋代对此讨论不少，西夏景宗李元昊，就很推崇《太乙金鉴》。陆象山说汪彦常本知书，自然指的是儒学儒书。二人沉迷术数相法，就陆象山看来，不过是艺而已，若不能"学苟知本"与"学有本领"，求血脉，时时刻刻系着"本心"；不能收拾精神，自作主宰，有所感通，然后万物皆备于我，即便算法再精妙，结果再灵验，终究徒劳。

---

① 唐君毅：《中国哲学原论·原道篇》，学生书局，1984，第 132、140 页。
② 朱熹：《周易本义》，中华书局，2009，第 240 页。
③ 陆九渊：《陆九渊集》，中华书局，2009，第 246、248 页。

不过，朱陆二人的观点看似合辙，重感通，讲诚心；而在他们自己看来，其心不同，其理有异，差别还是挺大的。例如陆象山《荆门军上元设厅皇极讲义》，陆象山在荆门以讲义代醮，为民讲《洪范·皇极》的做法，就曾引起朱熹的批评。除了二人对皇极的解释不同之外，朱熹更认为陆象山以心学讲感通，太过简单。以善心善行故有善报之说，也可能误导民众。而稽疑、征庶、五福等事，都被他讲得太过粗略。况且陆象山读书不精，粗心大胆，抓住一些意思，通盘附会解释，这种情况的感通，是很可疑的、是靠不住的。①

在气化宇宙中，感而遂通，鬼神如此，祭祀如此，卜卦如此。而宋代大盛的风水之说，到了朱熹手上，也顺着这样的脉络，逐渐走向理学化、儒化。

二　堪舆与风水

前已言及，朱熹论鬼神，从狭义层面来看，人死为鬼，而到了祭祀之时，又有神示、祖考。至于作为尽孝"人子须知"的地理风水、安葬先人、择地看时显然也是子孙与祖先可能的感应方式。此外，就广义来看，天之阴阳造化，呈现为山川地貌谷岸平原，于是观风水看地理，在幽明相交处，测阴阳，探不测，察鬼神，验祸福，朱熹因而钻研堪舆相地之术，格物而致知，也是题中之义，顺理成章了。毕竟堪舆与风水、鬼神与感通，彼此如几束芦，互倚不倒。

众所皆知，受到学脉传承、社会文化等诸多因素影响，朱熹精通堪舆，特别是对"五音地理"的批判，不遗余力，他的学生兼好友蔡元定，更是当时有名的风水师，时相过从。据刘祥光的研究，宋代是中国风水文化发展的关键时期，在此之前，风水只是指气候、天气、环境或风景。宋代才有了堪舆形势、地脉地理、相地之术的概念，理学家又把儒学与风水相结合，程朱便是代表。其中又以朱熹为最特殊，就像他的理学思想，虽说渊源于二程（自然以程颐为最多），却自有发展，不可能全同，其风水观也是如此。②

按照《周礼》《礼记》等说，儒家其实并不支持改葬，不过宋代改葬之举，例如石介、曾巩之祖曾致尧、张汝士、晁补之、别之杰……时有所闻。③ 而朱熹曾为父亲

---

① 刘芝庆：《心学经世陆象山》，《解释世界与改变世界：中国思想史中的知识信仰与人间情怀》，武汉大学出版社，2019，第84~90页。
② 刘祥光：《风水文化的发展》，《宋代日常生活中的卜算与鬼怪》，政大出版社，2013。
③ 张端：《朱熹风水思想的历史研究》，山东大学历史文化学院博士学位论文，2014，第二章第三节。

改葬、母亲分葬。其中，朱熹并没有把母亲葬到父亲身边，而是葬在离父亲大概百里的地方，即是建宁府建阳县后山铺东的寒泉坞，此地风水甚佳，朱熹有《云谷记》一文："盖此山自西北横出，以其脊为崇安、建阳南北之境，环数百里之山，未有高焉者也。此谷自下而上，得五之四，其旷然者可望，其奥然者可居。"① 可见寒泉坞、云谷山的形势，朱熹《云谷二十六咏》："山高泽气通，石窦飞灵液。"② "疏泉下石潏，种树满烟谷。时登北原上，一骋千里目。云物下逶迤，冈峦远重复。"③

由诗观地，由文想景，有高山也有平地，中间又有湖水，山地围绕，如开口，如两手掬水，正是风水堪舆所说的仰天湖格，徐善继、徐善述的《地理人子须知》就称赞朱熹的选址："（朱熹）母祝氏夫人，墓在建阳崇泰里〔寒泉岭，鄱（仰）天湖形〕。"④ 即窝穴中的仰天湖格，仰天湖格，因高山多，穴厂中心圆处微有凹窝之穴，故又称开口穴，"窝穴，即廖氏开口穴也，亦曰窟穴。《葬书》云'形如燕窠，法葬其窝，胙土分茅'是也。凡曰鸡窝、锅底、掌心、旋螺、金盆、铜锣等形，皆窝穴之异名耳。乃穴星开口生两掬者也。平地高山皆有之，而高山为多（高山以窟为真，平地以突为真，故高山多。俗亦名仰天湖格）。"⑤ 徐氏兄弟以赵志皇祖坟为例，如图1所示。⑥

徐氏兄弟说赵家先祖有人善堪舆之学，从衢州兰溪给两位妻子各卜一处，安排身后事，后人或贵或富，"今二房子孙贵者少富，富者少贵，果皆如其言"。贵者穴场呈飞凤冲霄形，富者即是仰天湖形，可致富但不贵："分明一穴仰天湖，仓库重重又秀孤。粟陈贯朽房房有，若要求官半个无。"⑦ 其后朱熹也为了自己与妻子，参考蔡元定的意见，选了风水宝地⑧，"文公墓在建阳嘉禾里（九峰山下，风吹罗带形）"⑨。风吹罗带形，为乐山证穴法之一，脉形则像风吹拂之罗带，蔡元定说有优势也有缺点，如图2："此地融会包缠，无可言者。但两胁随龙水，太直而长，主脱产，

---

① 曾枣庄、刘琳编《全宋文》，上海辞书出版社，2006，第252册卷5653，第127938页。

② 朱熹：《云谷二十六咏》，北京大学古文献研究所编《全宋诗》，第44册卷2388，北京大学出版社，1998，第27586页。

③ 朱熹：《云谷二十六咏》，北京大学古文献研究所编《全宋诗》，第44册卷2388，第27584~27585页。

④ （明）徐善继、徐善述：《地理人子须知》，世界知识出版社，2010，第31页。

⑤ （明）徐善继、徐善述：《地理人子须知》，第308页。

⑥ （明）徐善继、徐善述：《地理人子须知》，第119页。

⑦ （明）徐善继、徐善述：《地理人子须知》，第120页。

⑧ 参见〔美〕田浩（Hoyt C. Tillman）《朱熹的思维世界》。

⑨ （明）徐善继、徐善述：《地理人子须知》，第31页。

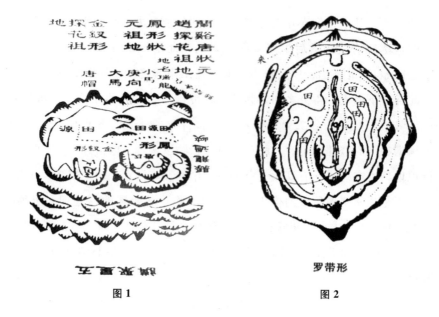

图1　　　　　　　　　　　　　　　　图2

罗带形（图2）

不甚高大长久。然亦主宗族蕃衍绵远，此盛则彼衰，彼兴则此替，循环起废，不出一姓之应也，仕宦固是不绝……"①

不过，为何不找个十全十美之地？蔡元定说这就是世俗之见了，他强调："大抵天下之地，本无十全，若一家求备于一地，则世无此。今固有富贵之家，祖龙上观其已尘之迹。若非巨富之地，而其家乃至巨富；若非大贵之局，而其家乃至大贵，于是俗见不能证之。以术之定法，往往迁就，反以其地求合于此，于其真有凶处亦指为吉，真有欠缺非富贵格局处亦指为富贵格局。殊不知发迹之家，自高曾祖考，皆得吉地，此地欠于此，则彼地补于彼，互相补助，合为纯粹。或此地不当富，而他地当富；或今葬不当贵，而前葬当贵。故富贵之家，当遍观其地，而后可见。若只于一地，强求吉凶祸福之验，而谓美恶皆出一地，遂将作风水格范，则后来之误多矣。"②不可能在一地之中，样样皆备，全部都好。世俗偏见如此，于是指鹿为马，不当贵的硬要说成是可贵的，于是骗财诈欺，无所不为。所以要认清正途，从头做起，由祖先之风水，到自己身后吉地，挪移腾用，以此观彼，多退少补，朱熹等相关人等的墓地安排，从仰天湖格的"富但不贵""若要求官半个无"，到罗带形的"仕宦固是不绝"，本地助于彼，互补相衬，原因在此。

---

① 《地理玉髓真经》，内蒙古人民出版社，2010，第320页。
② 《地理玉髓真经》，第320~321页。

朱熹长子朱塾，英年早逝，朱熹悲恸不已，给陈亮的信中说道："亡子卜葬已得地，但阴阳家说须明年夏乃可窆，今且殡在坟庵。其妇子却且同在建阳寓舍。"① 卜葬择时，即便在建阳挑好了风水好地，其妻其子都在此落户，还不能下葬，因为风水师说明年夏天才可以进行。可见朱熹对风水堪舆的重视。

关于朱熹父母不合葬，甚至自己与妻子后事的问题，理学与风水的关系，朱熹思想与堪舆的牵扯，讨论甚多。后人的讨论，或批判或开脱。朱熹同时人的韩元吉、吕祖谦、张栻、明代项乔《风水辨》等，多有分辨。据张瑞的研究，朱熹如此热衷于风水的原因还有其中一个因素：风水宝地，显然是朱熹从众的原因②，或欲拒还迎，或思路调整。当然，对于风水，朱熹有自己的标准，即学界所谓的为风水理学化或儒化。③

朱熹从鬼神、葬礼、感通的角度，深信此道，甚为明显。④ 当然，朱熹的观点，有对错误理解风水的批判，也有世俗惯例，并且付诸实践，不过也不是每个朋友都认同朱熹的做法，例如妻子刘氏病逝，朱熹择地建墓、看风水，所花时间，有点久了。吕祖谦还劝他："……葬地已有定卜，安厝莫须有期，莫若随分蚤了为善。……"⑤

由上可见，久葬、分葬、择地、看风水、讲究地脉，除此之外，朱熹不同意深埋，学生问他，盗墓常有，就是因为埋得太浅，如果深些就没问题了，古礼也讲深埋。朱熹说不对，"深葬有水"⑥，其因正是讲究风水之故。不过，朱熹的主张，还是有个人观察的："尝见兴化漳泉间坟墓甚高。问之，则曰，棺只浮在土上，深者仅有一半入地，半在地上，所以不得不高其封。后来见福州人举移旧坟稍深者，无不有水，方知兴化漳泉浅葬者，盖防水尔。北方地土深厚，深葬不妨。岂可同也？"⑦ 南北情况，土厚土浅，窀穸高低，各有差异，但深葬有水，为了防水的堪舆说法，显然朱熹是认同的。

家人亲属的身后之事，已是如此看重。朱熹对待重要人物，更是如此，他有

---

① 《全宋文》，第 250 册卷 5604，第 127091 页。
② 张瑞：《朱熹风水思想的历史研究》，第 97～103、126～134 页。
③ 廖咸惠：《墓葬と风水：宋代における地理师の社会的位置》，《都市文化研究》第 10 期，第 99～101 页。刘祥光：《风水文化的发展》，《宋代日常生活中的卜算与鬼怪》，第 134～141 页。
④ 《玉髓真经》收有宋代张榰《岳麓问答》，记朱熹与陆象山在岳麓书院论学，张榰时侍教在旁，多与朱熹请益《玉髓经》的地理风水，谈及五星、龙穴、析水、子午针法，于是有《岳麓问答》的编纂。此书真伪，言人人殊，日人河田罴《静嘉堂秘籍志》认为有所理据，并非凭空臆造，可能正是朱熹笃信而论者。
⑤ 《吕祖谦全集》第 1 册，浙江古籍出版社，2008，第 398 页。
⑥ 《朱子语类》，第六册卷 89，第 2286 页。
⑦ 《朱子语类》，第六册卷 89，第 2286～2287 页。

《山陵议状》，反对五音葬法。朱熹指出："葬之为言藏也，所以藏其祖考之遗体也。以子孙而藏其祖考之遗体，则必致其谨重诚敬之心，以为安固久远之计。使其形体全而神灵得安，则其子孙盛而祭祀不绝，此自然之理也。"已明言葬礼、葬地、葬事的重要性，所以古人对于葬地，卜筮以决，近来卜筮法虽废，但是择地之说犹存，朱熹编纂的《家礼》就说："古者，葬地藏日皆决于卜筮。今人不晓占法，且从俗择之可也。"① 所谓的从俗，在《山陵议状》中的讲法，显然与一般风水师不同。真正的从俗，他认为：

> 士庶稍有财力之家，欲葬其先者，无不广招术士，博访名山，参互比较，择其善之尤者，然后用之。其或择之不精，地之不吉，则必有水泉、蝼蚁、地风之属以贼其内，使其形神不安，而子孙亦有死亡绝灭之忧，甚可畏也。其或虽得吉地，而葬之不厚，藏之不深，则兵戈乱离之际，无不遭罹发掘暴露之变，此又其所当虑之大者也。至于穿凿已多之处，地气已泄，虽有吉地，亦有全力。而祖茔之侧，数兴土工，以致惊动，亦能挺灾。此维术家之说，然亦不为无理。②

于是稍有财力，稍有知识明理的人，都知道墓葬选地的重要性。人死之后，更要广招专业人士，请他们看地择地，多比较，找一块风水宝地。若是误信术士，选了不好的地，则有水泉、蝼蚁、地风之患，先人不得安宁，对后世子孙有害。又或是葬之不厚，藏之不深，则容易暴露尸骨。至于祖茔之周围，或植树或建丘，陵寝旁的拱卫、环抱、朝揖等势头，更是要多加注意，即便有大兴土木之讥，于情于理，也应该要做。

　　由此可见，孝宗墓地的选定，过于草率，专信台史、官方风水师的说法，以五音为主流，实在偏宕至极。导致几个问题：以位论，坐南向北，反背阳而向阴，其一；以术说，五音尽类群姓，强调冢宅向背，各有所宜，实乃大误，其二；以地言，朱熹详考赵彦逾、荆大声所言，新穴相比旧穴，只高一尺一寸五分，新穴要开至六尺一寸五分，才能与旧穴五尺之下有水石处高低方堪齐等。试问，新定东头之穴，又该如何可开至九尺，而其下二尺八寸五分而无水石？③

　　而纵观以往历史，上下古今谈，朱熹往往也从风水的角度来看：

---

① 〔日〕吾妻重二汇校《朱子家礼宋本汇校》，上海古籍出版社，2020，第 111 页。
② 《全宋文》，第 243 册卷 5434，第 124912 页。
③ 《全宋文》，第 243 册卷 5434，第 124912 页。

冀都是正天地中间,好个风水。山脉从云中发来,云中正高脊处。自脊以西之水,则西流入于龙门西河;自脊以东之水,则东流入于海。前面一条黄河环绕,右畔是华山耸立,为虎。自华来至中,为嵩山,是为前案。遂过去为泰山,耸于左,是为龙。淮南诸山是第二重案。江南诸山及五岭,又为第三四重案。①

泰山耸于左,为龙右畔华山耸立,为虎,此为风水格局中的龙虎边,而淮南、江南诸山、五岭为二三四重朝案,或称案外山,赵与旹《宾退录》记载:"朱文公尝与客谈世俗风水之说,因曰:'冀州好一风水。'云中诸山,来龙也;岱岳,青龙也;华山,白虎也;嵩山,案也;淮南诸山,案外山也。"② 若根据蔡元定所述:"在地则有青龙为左卫,名为青者,东方属木之象也,贵高茂翁郁,乃应东方之气。蜿蜒回环,乃得青龙之体。白虎为右翼,名为白者,西方属金之象也,贵严密整肃,乃应西方之气。委曲蟠踞,乃得白虎之体。朱雀为前朝,以朱名者,南方属火之象也,贵光明开畅,乃应南方之气。朝挹翔舞,乃得朱雀之体。玄武为后龙,主传入穴,以玄名者,北方属水之象也。贵深厚藏蔽,乃应北方之气,起伏滔涌,乃得玄武之体。"③

北为黄河环绕,左是泰山,右为华山。嵩山为前案、为前朝,就是风水中的案山,又或称迎砂,嵩高维岳,峻极于天,嵩山分为两部分:少室山和太室山,最高峰连天峰高达1512米,峻极峰则是1491米。风水格局中,"案山"忌讳突兀粗丑、臃肿庞恶、斜飞突怒,而以宽阔气宽,如笔架眠弓,悠远绵长为佳,此正蔡元定所谓"光明开畅"。朱熹与蔡元定所说,颇有符合。由地理条件可知,所谓冀都,其实就是《尚书·禹贡》所说的冀州之地、尧舜所都的中原,也是唐代的河中府,左右拱护,前后朝揖,更可见朱熹认定的"且太行山自西北发脉来为天下之脊,此是中国大形势"④,可谓后世龙脉说的滥觞。⑤ 而东西南北,青龙白虎朱雀玄武云云,正是以

① 《朱子语类》,第一册卷2,第29页。
② 《宾退录》卷2,上海古籍出版社,1983,第11页。
③ 《地理玉髓真经》,第398页。
④ 《朱子语类》,第六册卷79,第2025页。
⑤ 参见段志强《经学、政治与堪舆:中国龙脉理论的形成》,《历史研究》2021年第2期。龙脉之说,非堪舆家专利,段志强所论甚善,他认为明清三大龙脉说的产生,来自河洛纬书的神话地理学、经学传统的《禹贡》注疏,以及地理空间观念,当然也包括实际的测量知识等等。又以朱熹为开风气者,朱熹的天地风水系统,不光是地理解释而已,背后更有实际的人世关怀的政治理想,再经过元明等后世论者的接引与改造,逐渐演变为以皇权为重心的三大龙脉说。影响所及,从政治到社会,从官宦到民间,风水的龙脉观念,除了知识阶层,一般百姓也是日用而不自知,渗透到生活中,不过段志强所论为龙脉的历史发展,对于朱熹与堪舆之术的联系,并未有太多说明。

二十八宿为据。东方七宿为角、亢、氐、房、心、尾、箕；北方七宿为斗、牛、女、虚、危、室、壁；西方七宿为奎、娄、胃、昴、毕、觜、参；南方七宿为井、鬼、柳、星、张、翼、轸，也正符合朱熹所说："真武非是有一个神披发，只是玄武。所谓'青龙、朱雀、白虎、玄武'，亦非是有四个恁地物事。以角星为角，心星为心，尾星为尾，是为青龙。虚危星如龟。腾蛇在虚危度之下，故为玄武。真宗时讳玄字，改玄字为真字，故曰真武。参星有四只脚如虎，故为白虎。翼星如翼，轸如项下嗉，井为冠，故为朱雀。卢仝诗曰：头戴井冠。扬子云言龙、虎、鸟、龟，正是如此。"

此外，朱熹也是郭璞《葬书》（或称《葬经》）的支持者，他的好友兼学生蔡元定还曾注解过此书。朱熹对山川形势之说，龙、穴、砂、水、向；对形家所言，山环水抱、华表捍门、藏风聚气，颇信之深，用功精进，勤勉不已。朱熹对此道过于热衷，连杨万里都曾写信，委婉规劝："然景纯《葬书》，东汉以前无有也，老先生岂亦微信其奇怪乎？景纯忠义以死，大节固卓然也，然岂不前知其故，而逆善其先人之窀穸乎？己既无验，于人何有。某平生最不信此，因闲及之，一笑。"① 《朱子语类》也曾记载：

> 如漳州一件公事：妇杀夫，密埋之。后为祟，事才发觉，当时便不为祟。

吴展良认为横死或被人所杀者，因为含恨之气难散，容易成为鬼祟。甚至人马之血，也因含恨之气，化为鬼火或鬼灵，如朱熹说："鬼火皆是未散之物，如马血，人战斗而死，被兵之地皆有之。某人夜行淮甸间，忽见明灭之火横过来当路头。其人颇勇，直冲过去，见其皆似人形，仿佛如庙社泥塑未装饰者。亦未散之气，不足畏。"② 皆是此例。本文要再指出的是，其实还有一个重点，尚未被人提及，"密埋之"。因为谋杀，不欲人知，掩饰己罪，自然不能择葬地，这也是属于"墓不乱葬"的风水大忌，其后为祟、为厉鬼、为妖孽，也是由此缘故。

可是，这些天文地理风水，难道只是单纯的知识，或是冥冥难知的祸福而已吗？若然如此，则朱熹又如何能觉得堪舆之道，真有其事呢？有人问他，你说人禀天地五行之气，可是我们明明是父母所生，气到底如何而来？朱熹回答："便是这气须从人身上过来。今以五行枝干推算人命，与夫地理家推择山林向背，皆是此理。"③ 这与

---

① 《全宋文》，第 238 册卷 5308，第 123160 页。
② 《朱子语类》，第四册卷 63，第 1545~1546 页。
③ 《朱子语类》，第一册卷 4，第 76 页。

上节谈到阴阳造化，形诸天地，而气之流传，人由感通而生而悟而明理，观天地即是窥造化，都是同样的思维。

换言之，非感通，不能明造化之理，则是迷信无知，便是淫祠，误中世俗"鬼计"而已。如此则风水堪舆亦无用，不必信，也不必从。《朱子语类》记载："问：'尝问紫姑神'云云。曰：'是我心中有，故应得。应不得者，是心中亦不知曲折也。'"心中有，故应得，有所感通，心诚则灵，即是此意。"问：'祭祀之理，还是有其诚则有其神，无其诚则无其神否？'曰：'鬼神之理，即是此心之理。'"① 此与上段所言，五行推算命运，以及地理家推择山林向背，都是类似的说法。不过，即便是感通，也不是完全正心诚意便可，还是要有相关知识，或知地理环境，或明山川气候，或懂土壤水质，所以朱熹也重视堪舆风水等观测。他对宋孝宗身后埋骨之地，大为不满，他对亲属墓葬的择地与规格的重视，也是这个缘故。

因此，朱子的鬼神观，既非有神论，也非无神论，更非不可知论者，而是观神奇，造化所至，鬼神存焉，又明于人心之感通处。他在注解《论语》的"怪力乱神"中就说："鬼神，造化之迹，虽非不正，然非穷理之至，有未易明者，故不轻以语人也。"② 可见其态度，并非不谈，而是得有些条件、能力与底蕴才好。

三　结语

本文从感通出发，指出朱熹的鬼神观，并非眼见为凭的有无问题，也不是轮回因果的判断，而是在气化中，在感通历程里，望反诸幽，如在存有而显现，求诸鬼神之道，实乃造化神奇。不过，就朱熹看来，"万物职职，其生不穷。孰其尸之？造化为工"③。天地山川，万般事物，或花开又花落，或不逐四时凋，都能有造化的痕迹，也是气化的屈伸往来。人若能有感应的工夫，则观天地风水，堪舆地理，能通鬼神，知不测，究天人，也是理有必至，应该之事。因此，神鬼的存有、堪舆的有效性、卜筮的灵验，只有在理气自持、爱敬之心、诚意正心的"感通"中，才有意义与价值可言。

而朱熹的说法，即批判的佛道的轮回地狱、承负超度等说，与柏拉图将真与俗视

---

① 《朱子语类》，第一册卷3，第50页。
② 朱熹：《四书章句集注》，中华书局，2012，第98页。
③ 《全宋文》，第252册卷5660，第128046页。

为二元，或者是基督教的一神论，以及《古兰经》对于经中的意象、叙述都视为迹象（ayah），或译为奇迹、预言，此等对待来世、此岸与彼岸的态度，都有差异。[1] 朱熹透过修持工夫，参赞造化，把神鬼在理气的视野中，不住来世不居彼岸，没有阴森森的地狱冥府，劝人从善；没有光明发皇的天堂，十八具足；更没有虚空的无何有乡，不知有汉，无论魏晋。朱熹透过修身，理礼双彰，工夫尽处，鬼神可见，或在历史传承中，精神永存，彼此召唤。

最后，我们不妨借用元末明初的郑谧在《刘江东家藏善本葬书》中，对相传为郭璞所著《葬书》的注解，来说明朱子的感通于神鬼、风水之道，在气化世界中，我们彼此感通渗透，"对宇宙创化流衍的信念，实际上也就是对人的创造能力的信念"[2]，人心自灵，此处即彼方：

> 呜呼，非葬骨也，乃葬人之心也；非山川之灵，亦人心自灵耳！[3]

---

[1]　Arthur Lovejoy, *The Great Chain of Being*（Cambridge, Mass. : Harvard University Press, 1978），cp. 1.

[2]　郭齐勇：《从场有哲学的视域看中国哲学的特性》，《中国哲学的特色》，商务印书馆，2020，第 20 页。

[3]　〔日〕水口拓寿：《"非葬骨也，乃葬人之心也！"论〈刘江东家藏善本葬书〉明初郑谧注之风水理论》，《武藏大学人文学会雑志》第 46 卷第 2 号（2014 年 12 月），第 353 页。

南北朝唱导与佛教的中国化

韩焕忠

摘要： 南北朝时期，佛教唱导开始盛行起来，形成了非常明确的专业化发展趋势。释慧皎《高僧传》记录了南北朝时期涌现的一大批擅长唱导、以唱导闻名于世的高僧大德，还对南北朝时期的唱导进行了理论化的总结和概括。南北朝时期逐渐走向专业化的佛教唱导一经在中土各地开展和传播起来，在形式和内容两个方面促进了佛教的中国化。

关键词： 南北朝　释慧皎　唱导　佛教中国化

作者简介： 韩焕忠，苏州大学宗教研究所教授。

声（音乐，如佛教之唱导、基督教之唱诗等声乐艺术）色（雕塑、绘画、建筑等形体艺术）之入人心，常使人在不知不觉之间洽肌沦髓，其作为教化的方式和手段，具有理论说教所无法比拟的优越性和方便性，可以收到令人全身心投入其中的效果。此在佛教梵呗的教化作用上有充分体现。中国佛教梵呗，传说起源于陈思王曹植的鱼山梵呗，但其为僧史所重，则是从释慧皎《高僧传》所记南北朝唱导开始的。这也表明，至迟在南北朝时期，佛教唱导就开始盛行起来。梁释慧皎《高僧传》以十科纪僧，其末篇即为"唱导"，正传十人，附见七人，我们据此可以概见南北朝时期佛教唱导的专业化发展趋向，考察当时的唱导对于佛教中国化所产生的巨大促进作用。

一　唱导的专业化趋向

作为一名僧人，如果仅是吐音嘹亮，发声清越，是很难成为高僧的。但既然身列《高僧传》的"唱导"一科，其唱导的工夫肯定也是名震当世的。南北朝时期涌现了一大批擅长唱导，以唱导闻名于世的高僧大德，预示着佛教的唱导开始形成了非常明确的专业化发展趋势。

南北朝时期以唱导著名的高僧大德，在精通经教义理甚至兼善内外学的基础上，将唱导作为自己的专业或者专长，并以此知名于当时及后世。如宋京师祇洹寺释道照"少善尺牍，兼博经史。十八出家，止京师祇洹寺，披览群典"，但没有被列入"义解"一科，是因为他"以唱导为业"①。宋长干寺释昙颖"诵经十余万言"，没有被列入"诵经"一科，是因为他"属意宣唱，天然独绝"。② 宋瓦官寺释慧璩"读览经论，涉猎书史，众技多闲"，但由于"尤善唱导"而被列入了"唱导"一科。③ 释昙宗"少而好学，博通众典"，但由于"唱说之功，独步当时"而被列入了"唱导"一科。④ 宋灵味寺释昙光"性意嗜五经诗赋，及算数卜筮，无不贯解"⑤，他在荆州衡阳王刘义季麾下弘法时，因斋会中乏人唱导，他便"回心习唱，制造忏文，每执炉处众，辄道俗倾仰"⑥。本以义学闻名于世的释昙光由此厕身于"唱导"之列。齐兴福寺释慧芬内学外典，并皆精通，时御史中丞袁悯孙"先问三乘四谛之理，却辩老庄儒墨之要。芬既素善经书，又音吐流便。自旦至夕，袁不能穷"⑦。这里"音吐流便"四字反映出他有卓越的唱导之功，由此成为"唱导"一科的高僧。齐瓦官寺释慧重在俗时即"每率众斋会，常自为唱导"，奉敕出家后更是"专当唱说"。⑧ 这些在义理或者经教方面颇有造诣的高僧大德，由于偶然的机缘，或者出于自己的爱好和专长，成为唱导方面的行家里手。实际上，南北朝时期唱导发展的专业化趋向也是梁僧释慧皎在《高僧传》中设立"唱导"一科的现实依据。

我们从僧传中很容易看到，南北朝时期那些善于唱导的高僧大德都普遍具有非常扎实的经典知识和内外学素养，从而为他们的唱导提供了非常丰富的文化滋养，这保证了他们的唱导既有正确的佛法信仰，又有深厚的文化内涵，同时还能通过声乐的表现给信众们带来听觉上的美妙享受。这一方面表明唱导的专业化是从义解、诵经等行当中分化出来的结果，另一方面也意味着唱导的高层次发展必须以深厚的佛学思想义

① （梁）释慧皎：《高僧传》卷十三，中华书局，1992，第510页。
② （梁）释慧皎：《高僧传》卷十三，第511页。
③ （梁）释慧皎：《高僧传》卷十三，第512页。
④ （梁）释慧皎：《高僧传》卷十三，第513页。
⑤ （梁）释慧皎：《高僧传》卷十三，第513页。
⑥ （梁）释慧皎：《高僧传》卷十三，第514页。
⑦ （梁）释慧皎：《高僧传》卷十三，第515页。
⑧ （梁）释慧皎：《高僧传》卷十三，第516页。

理和内外学文化知识为基础。现在有些地方在培养唱导方面的僧才时，特别强调声乐方面的专业化，却忽视了佛法经教及弘化能力方面的训练，虽可以解决唱导一时乏人的窘境，但从长远来看却是非常不利于佛教的健康发展。这也是梁僧释慧皎在《高僧传》中设立唱导一科，为后世积累下来的宝贵的历史经验。

当时南北对峙，交通不便，信息难通，唱导作为一种声乐活动，在当时又没有保存的手段。释慧皎居住金陵，因此他所记载的唱导高僧，其活动范围主要限于金陵地区。但一叶知秋，管中窥豹，我们从这十几位高僧可以大致推知南北朝时期中国佛教唱导已经为时所重的基本状况。

二　唱导的素质与功效

释慧皎不仅记录了十几位以唱导为专业的高僧大德简略的生平事迹，还对南北朝时期的唱导进行了理论化的总结和概括。

首先，释慧皎追溯了唱导的最初形态。他说："唱导者，盖以宣唱法理，开导众心也。昔佛法初传，于是斋集，止宣唱佛名，依文致礼。至中宵疲极，事资启悟，乃别请宿德，升座说法。或杂序因缘，或傍引譬喻。其后庐山释慧远，道业贞华，风采秀发。每至斋集，辄自升高座，躬为导首。先明三世因果，却辩一斋大意。后代传受，遂成永则。故道照、昙颖等十有余人，并骈次相师，各擅名当世。"[①] 所谓唱导，就是以宣唱的方式讲解佛法道理，开导信众信心，其最初的形态，只是在斋集时依据所修经典宣唱佛的名号，用以表达对佛的尊敬。有时修道进行到半夜时分，大众都已非常疲劳，为了启悟大众，鼓舞精进，就邀请一位平时很有德望的大德高僧升座说一些佛菩萨的故事。后来庐山的释慧远不仅个人才华卓越，而且修行很受大众的信服，他在每一次的斋集上都亲自领唱，上文中提及的道照、昙颖等人的唱导就是直接或间接向释慧远学习的。从这一段文字中我们可以了解到，庐山释慧远对唱导实具有发凡创例之功，但因为他在义解上的成就太大，贡献太突出，以至于无法将他纳入"唱导"一科之中。

其次，释慧皎总结了唱导必须具备的基本素质。他说："夫唱导所贵，其事四焉：谓声辩才博。非声则无以警众，非辩则无以适时，非才则言无可采，非博则语无

---

① （梁）释慧皎：《高僧传》卷十三，第521页。

依据。"① 也就是说，做好唱导必须具备嗓子、口才、文采、学问四个方面的基本素质，要求做到嗓音洪亮、歌喉婉转、辩才无碍、出语成章而且还能够引经据典，因为嗓音不够洪亮就无法警醒和吸引大众，口才不好就没有办法适应时代的要求，文采不好就会语言乏味，学问不广博也会使自己的语言缺乏经典上的依据。嗓音洪亮自然是有赖于个人的天赋，但歌喉婉转则是天赋和辛苦训练相结合的产物，辩才无碍还必须加上随机应变的灵活能力，出口成章、引经据典则是其对经教义理深刻领会和把握的结果。应当说，唱导这一行当对从业者的素质要求还是非常高的，这可能也是历代高僧传中唱导一科人数都不是很多的一个主要原因吧。

再次，释慧皎还展现了唱导在佛法弘扬中的功能和作用。如果一位法师具备声、辩、才、博四个方面的良好素质，那么他在弘扬佛法方面所具有的优势是显而易见的。"至若响韵钟鼓，则四众惊心，声之为用也。辞吐后法，适会无差，辩之为用也。绮制雕华，文缛横逸，才之为用也。商榷经论，采摄书史，博之为用也。若能善兹四事，而适以人时。如为出家五众，则须切语无常，苦陈忏悔。若为君王长者，则须兼引俗典，绮综成辞。若为悠悠凡庶，则须指事造形，直谈闻见。若为山民野处，则须近局言辞，陈斥罪目。凡此变态，与事而兴，又能善说。虽然故以恳切感人，倾诚动物，此其上也。"② 声腔好，就可以在钟鼓的伴奏之下，使僧俗大众的心理保持高度的专注；口才好，就可以为听众提供可以依之而行的格言警句，发言符合听众的心理需求；文采好，自然就会妙语连珠，说得天花乱坠；学问广博，讲话自然就会引经据典，理据充分。为出家人说法要切身体会到诸行无常的道理，陈述内心的真实忏悔；为君王长者说法就必须引用世俗的经典，并要讲究一下辞令；为普通大众说法，就要求讲那些具体的事例，特别是那些直接闻见的事情；为山野村民讲法，就要多说一些哪些事是绝对不能做的。如此之类，都不过是依据说法教化对象的差异，随时变化说法的内容和方法，以求达到理想的弘法效果。

复次，释慧皎还谈到了高素质唱导的良好弘法效果。佛教中那些具备了声辩才博等多方面素质的高僧，也确实极好地发挥了唱导的教化作用，受到了佛教界的重视，因此《高僧传》才增列了唱导等科。释慧皎描述其弘法效果云："至如八关初夕，旋绕行周，烟盖停氛，灯惟靖耀，四众专心，又指缄默。尔时导师则擎炉慷慨，含吐抑

---

① （梁）释慧皎：《高僧传》卷十三，第521页。
② （梁）释慧皎：《高僧传》卷十三，第521页。

扬，辩出不穷，言应无尽。谈无常，则令心形战栗；语地狱，则使怖泪交零。征夕因，则如见往业；核当果，则已示来报。谈怡乐，则情抱畅悦；叙哀戚，则洒泪含酸。于是合众倾心，举堂恻怆。五体轮席，碎首陈哀。各各弹指，人人唱佛。爰及中宵后夜，钟漏将罢，则言星河易转，胜集难留。又使人迫怀抱，载盈恋慕。当尔之时，导师之为用也。"① 此处所谓的"导师"，就是指法会活动中主持唱导的法师，素质较高的唱导师，以唱导的形式谈论无常、地狱、因果等佛理，可以深深地打动听众的内心，不仅可以使听众产生信仰，还可以使听众保持对佛法的强烈兴趣。

最后，释慧皎也提到低素质唱导在弘法中的不如人意。如果唱导法师素质不高，其弘法效果就要大打折扣了。释慧皎指出："若夫综习未广，谙究不长，既无临时捷辩，必应适用旧本。然才非己出，制自他成，吐纳宫商，动见纰谬。其中传写讹误，亦皆依而唱习，致使鱼鲁淆乱，鼠璞相疑。或时礼拜中间，忏疏忽至，既无宿蓄，耻欲屈头，临时抽造，窘棘难辩。意虑慌忙，心口乖越，前言既久，后语未就。抽衣謦咳，示延时节，列席寒心，观途启齿。施主失应时之福，众僧乖古佛之教。既绝生善之萌，祇增戏论之惑。始获滥吹之讥，终致代匠之咎。若然，岂高僧之谓耶？"② 这里释慧皎特别强调唱导内容的原创性，认为素质不高的唱导师由于无法开展具有原创性内容的唱导，将会错谬百出，不仅达不到弘法的效果，还会影响信众布施的功效甚至对佛教的信心，因此这样的人是绝对不能称之为高僧的。

历史学家的理论概括，往往是对历史经验和教训的高度总结。释慧皎作为著名的律学高僧和僧史家，他看到了唱导在弘法中的重要作用，因而对走向专业化的唱导提出声、辩、才、学等方面的素质要求，这对于我们今天如何培养高素质的唱导人才仍然具有很大的启发作用和借鉴价值。

三　对佛教中国化的重大促进作用

南北朝时期逐渐走向专业化的佛教唱导虽然具有印度佛教赞偈的渊源，但一经在中土各地开展和传播起来，自然就会在形式和内容两个方面促进佛教的中国化。

---

① （梁）释慧皎：《高僧传》卷十三，第 521~522 页。
② （梁）释慧皎：《高僧传》卷十三，第 522 页。

就形式而言，中国佛教唱导是对印度佛教赞偈唱经的中国化。印度自古就是一个能歌善舞的民族，其俗相传，见尊贵之人，当右绕三匝，头面礼足，却住一面，唱偈以赞其德业智慧，可谓极尽赞美称扬之能事。中土之人含蓄内敛，喜怒不轻易形之于色，当面歌颂，有似阿谀，或遭佞幸之讥，故而当面唱偈赞叹，事碍难行。然而中土亦有十五国风及楚辞等歌咏赞叹以表情达意的方式。我们从释慧皎对唱导高僧的记载可以看出，这些高僧的唱导都不是为了赞颂帝王将相或大德高僧，而是为了警醒众心，宣说佛理。为了使唱导获得预期效果，唱导高僧不仅要将深奥的佛理在表述上予以高度的通俗化，还要尽可能使其为当地听众所喜闻乐见，从而实现高度的本土化，这种对适时和适地的强调，自然会使佛教唱导呈现出浓郁的本地风光、本土特色，从而实现自身形态的中国化。由于中国地域极其辽阔，各地的风土人情、风俗习惯差异极大，佛教唱导由此在各地区、各族群表现出极大的差异性和多样性，这也是佛教中国化深入发展的体现。

从内容来说，唱导有力地促进了佛教与中土固有思想观念的相互融合。如宋灵味寺释昙宗，"尝为孝武帝唱导，行菩萨五法礼竟，帝乃笑谓宗曰：'朕有何罪？而为忏悔。'宗曰：'昔虞舜至圣，犹云予违尔弼。汤武亦云万姓有罪，在予一人。圣王引咎，盖以轨世。陛下德迈往代，齐圣虞殷，履道思冲，宁得独异？'帝大悦。后殷淑仪薨，三七设会，悉请宗。宗始叹世道浮伪，恩爱必离。嗟殷氏淑德，荣幸未畅，而灭实当年，收芳今日，发言凄至。帝泫怆良久，赏异弥深"[1]。这里释昙宗将佛教运用唱导引发人忏悔心理，与圣帝明王如虞舜、殷汤的善于自我反省和勇于承担责任联系起来，说服了宋孝武帝对佛教唱导的接受，从而将佛教唱导与中土修心自省观念融合起来。后来他又以唱导的方式安慰宋孝武帝失去爱妃的悲痛之心，也收到了良好的效果，这样唱导又与中土的追念亡灵、寄托哀思融合起来。释慧皎在谈到唱导必须具备声辩才学四种素质时也主张，凡为君王长者唱导之时，应当引用世书外典。这是释慧皎有见于君王长者往往都具有良好的文化素养，比较熟悉儒道等世书外典，因此在唱导时结合世书外典可以收到良好的弘法效果，自然也会促成佛教与儒道两家思想观念的融合，从而有力促进佛教的中国化。

南北朝时期的唱导就是今日梵呗的先声，这意味着唱导在中国佛教界一直都有独立的传承。但我们也应该看到，中国佛教的唱导同时也促进了中国民间说唱艺术的发

---

① （梁）释慧皎：《高僧传》卷十三，第513页。

展，在此后的变文、俗讲、宝卷、道情、大鼓书、弟子书甚至杂剧戏曲传奇等艺术形式中都有唱导的基本因素的存在和延续。佛教唱导的独立传承固然是佛教中国化的体现，而其基本因素在民间说唱和表演艺术中的存在和延续既是佛教对中国思想观念和艺术形式的丰富和发展，也是佛教中国化的另一种表现形式——向民情风俗和日常话语之中的渗透，从而最终融入中国人的文化血液之中，成为中国人文化基因的重要内涵。

经典解读

明代周思得道派道士派字、墓志书写等问题初识[*]

——明代北京地区出土道士墓志研究之一

侯海洋

摘要： 明代高道周思得道派发展出的道士群体，曾长期以北京大德显灵宫为中心活动。通过孙道玉、昌道亨、陈应褵、李云嵱、阮永清五位道士墓志志文相关内容分析，其派字基本按照《白云观志·诸真总簿》"思道应云正"等字谱顺序排列；通过封赠制度，许多周思得道派道士的父母获得相应赠官与封号，这一制度也可看作出家道徒与其原生家庭之间保存关系的一条重要纽带；透过墓志志文，还可发现明代周思得道派道士墓志存在一定的模式性书写，如墓主的出生神迹、道职升迁过程、临终时的辞世颂书写等。

关键词： 周思得道派　墓志　派字　墓志书写

作者简介： 侯海洋，北京市文物局综合事务中心副研究馆员。

一　选题缘起与研究对象

大约十年前，道教史学者张广保先生曾指出，明代道教的研究，当务之急是应该将关注"重点放在个案、专题等细节性的研究主题上"[①]。长期以来，学界对明代道教研究已经从各种宏观角度产出大量成果，但专题的、个案的研究选题仍较为稀见。这就要求我们应当最大限度地扩充明代道教史研究的取材范围，并对新获得的史料做细致入微的考察，从而由新材料引出新问题。综观近年明代道教史呈现的各类研究成果，仍主要集中于地方教派活动与发展、道教文学艺术、世俗化等方面，而明代道士

---

[*] 本文为北京市文物局重点课题"北京市文物局综合事务中心藏明代北京墓志拓片若干问题研究"的阶段性研究成果。

① 张广保：《明代国家宫观与国家祭典》，《全真道研究》第2辑，齐鲁书社，2011，第3页。

生平、社会交往以及与宫廷关系等问题尚有诸多方面不为我们所了解。

北京市文物局藏有早年出土的大德显灵宫相关道士墓志拓片共四份。墓主分别为周思得嫡传弟子孙道玉与昌道亨、昌道亨弟子陈应禰及其嫡传弟子李云崿。据笔者管见，除李云崿墓志拓片亦藏于北京大学图书馆外，其他馆藏信息皆无[①]。昌道亨、孙道玉、陈应禰、李云崿四道士墓志，除陈应禰墓志可能来自民国学者周肇祥旧藏外，其余三方来源情况均不详。以上四道士名讳皆符合后门桥火神庙正乙派字谱排列师徒关系，此外，我们在库藏中还偶然发现一套道士阮永清的诰命碑、谕祭碑与墓表的拓片资料，可以窥见周祖之后清微派弟子的派字传承衍生情况。虽然阮永清的诰命碑与谕祭碑的拓片在《北京图书馆藏中国历代石刻拓本汇编》中收录，但诰命碑碑阴的墓表并未见任何出版物公布。如此，我们目前共得到五位周思得道派道士的墓志（表）拓片。

阮永清墓表，20世纪中期仍立于今海淀区万寿寺东北部，法华寺以南，中央社会主义学院以北的原阮永清墓址。墓表刻于阮永清诰命碑碑阴。碑阴篆书"明故阐教真人墓表碑"。碑高2.25米，宽0.8米，厚0.2米。尽管早年文物工作者在登记档案时称墓表剥蚀不可读，但笔者根据拓片，仍识读出八百余字的信息。诰命碑碑首篆书"奉天诰命"，碑阳内容大致为成化二十年（1484），诰封道录司左正一阮永清为"悟玄志道静修守素葆和光范湛虚凝诚阐教真人"一事。墓表（诰命碑）旁边还有一方阮永清谕祭碑，碑首篆书"谕祭碑文"。碑阳内容为弘治四年（1491）十月，遣礼部官员谕祭阮永清逝世一事；碑阴为"御制《山水图歌》，赐阐教真人阮永清"。因此，本文将五道士墓志（表）信息作为研究对象，就此展开讨论。

二 以往相关研究与墓志录文

（一）前人重要的相关研究成果

以往研究北京地区古代道教的学者，对大德显灵宫的关注远不如对朝天宫、洪恩灵济宫、大慈延福宫为多。大德显灵宫今已无存，故址大致位于今北京市西城区鲜明胡同一带。北京石刻艺术博物馆藏有嘉靖三年（1524）礼部尚书夏言撰文《大德显

---

① 北京大学图书馆金石组：《北京大学图书馆藏历代墓志拓片目录》，上海古籍出版社，2013，第939页。有文献记载李云崿墓志原石曾暂存地安门外火神庙内，后由交通队宣传科移交至文物部门。

灵宫营建碑》与《大德显灵宫奉安诸神碑》①。该宫观由永乐年间的天将庙,提升为宣德年间的大德观,再营建为成化年间的大德显灵宫,与朝天宫、灵济宫等明代顶级道教宫观地位相近。丁煌《台北藏明宣德本〈上清灵宝济度大成金书〉初研》长文中,对周思得所居大德观予以研究,特别是对王灵官传说进行了详考②,但由于大德显灵宫早已不存,对其研究至今尚显薄弱。

与本题相关的代表性成果主要有:澳籍学者柳存仁、旅日学者杨启樵对明代前中期帝王与道士关系做了开创性的研究。柳、杨两位先生分别从明代道徒运用玄术对皇权以及整个社会风气的影响,进行了较为深入的阐发。中国台湾学者庄宏谊根据《皇明恩命世录》与《龙虎山志》等资料,通过罗列"明代帝王命天师斋醮一览表",总结了正一派(包括大德显灵宫系)的主要斋醮活动③。中国大陆方面,卿希泰《中国道教史》第三卷第十章"道教在明中叶以前的发展和贵盛"中,谈及明代中期大量传升朝天宫、大德显灵宫等道官的情况,但具体对周思得及其后辈的内容则语焉不详④。进入 20 世纪 90 年代,曾召南⑤对明代嘉靖帝之前诸帝宠幸道士的现象进行了研究。近年成果中,与本文研究对象关系密切者主要有张泽洪对于周思得与道教灵官法的讨论⑥;当然,一些综合性的论著中,也鲜有关于大德显灵宫系统道徒活动的阐述研究。以《道教与北京宫观文化》一书为例,书中所列明代道教宫观与高道人物就没有关于大德显灵宫的信息,甚为遗憾。近年与本文研究方向最接近的成果当属陈文龙、郑衡泌根据白云观《诸真宗派总簿》中的记载,对周思得道派中的七个分支所进行的初步考察。他们认为周思得之后存在后门火神庙正乙派与平谷丫髻山两派的分野。此外,陈、郑二位学者还根据《明实录》与《诸真宗派总簿》整理出与周思得道派相关的清微派与周祖铁冠派等五个分支⑦。本文将结合尚未公布的几位道士墓志内容以及地方志等资料,对周思得道派诸道士反映的派字问题以及他们生平与原生家庭问题予以初步考察。

---

① 闫霞:《美石美刻:北京石刻艺术博物馆导赏》,华文出版社,2018,第 386~388 页。

② 丁煌:《汉唐道教论集》,中华书局,2009,第 267~271 页。

③ 前者有《明儒与道教》《补明史佞幸陶仲文传》,收入《和风堂文集》,上海古籍出版社,1991;后者主要为《明代诸帝崇尚玄术及其影响》,收入氏著《明清皇室与方术》,上海书店出版社,2010。庄宏谊:《明代道教正一派》,台湾学生书局,1986,第 162~165 页。

④ 卿希泰:《中国道教史》(修订本),四川人民出版社,1996。

⑤ 曾召南:《明代前中期诸帝崇道浅析》,《四川大学学报》1991 年第 4 期。

⑥ 张泽洪:《明代道士周思得与灵官法》,《中国道教》2006 年第 3 期。

⑦ 陈文龙、郑衡泌:《周思得道派与明代道录司》,《世界宗教研究》2015 年第 4 期。

（二）关于五方道士墓志的录文（见文后附录）

三　墓志所见周思得道派中的分支与派字

前揭《周思得道派与明代道录司》一文，已经根据《明实录》、《诸真宗派总簿》、"御制大德显灵宫碑"等史料对此前学界罕有关注的周思得法脉分支与派字情况做了基础性研究。周思得道派主要集中在后门火神庙正乙派、清微派与周祖铁冠派。孙道玉、昌道亨、陈应褚、李云嵂四道士严格按照周祖正乙派的传承发展。这里再补充一些清微派的情况。

关于清微派的派字与传承情况，《阮永清墓表》载："嗣脉高弟道录司右演法景德……继□祀事者则道录司右玄义于德润、尚德溜。孙徒刘时泉、□时昱、张时良、马时昂、陈时□、郭时宽、刘时□、张时钦。曾孙徒□□新、刘自□……表……生□□。"

注意，这份阮永清后学的名讳列举，反映的是弘治五年（1492）阮永清羽化时的情况。根据五方墓志（表）提供的周思得法脉诸道士名讳，另参稽《明实录》《留青日札》《南宫奏稿》等史料，可梳理出如下师承脉络关系：

周思得→孙道玉→王应褚

　　　→昌道亨→陈应褚→李云嵂、邓云庆等→魏正珊、金正瑜等→王一清、周一濛、聂一然等

　　　　　　？→阮永清→尚德溜、景德暹等→刘时泉、张时良、马时昂等→刘自□等

从上图可知，在弘治初年，"思""道"两个派字之后都已经发展至末期，很明显出现了周祖正乙派与清微派的分野。一组为"思道应云正"；另一组则为"思道永德时自"。这与《诸真宗派总簿》给出的派字顺序和周祖法脉从第三代开始分派的现象是一致的①。要之，这些道士在未进入周思得道派之前，都有俗家所取名讳。对于这一点，我们所知非常有限。但结合传世史料仍然可以窥见一二。如李云嵂的俗名可

---

① 〔日〕小柳司气太著、刘莹整理《白云观志》（附《东岳庙志》），北京联合出版公司，2019，第128、131页。

能为李躍住，周一濮俗名可能为周伴儿，马时明的俗名可能是马福寿，等等①。

陈文龙、郑衡泌指出，之所以会出现道派早分与晚分的情况，可能是“后辈记忆的原因”。笔者同意二位学者的观点。他们猜测阮永清“出身大德显灵宫，可能是周氏弟子”。根据《阮永清墓表》可知，阮氏为周思得道派在“思、道”之后分野的清微派弟子，其师虽不知何人，但一定是“道”字辈，且与他的叔叔尚膳监阮太监有关。所以阮永清可视为周思得的再传弟子。

四　五道士的生平及其原生家庭情况

1. 孙道玉与昌道亨

孙、昌二人为同一师门下的道徒，而且他们似乎为周思得最重要的弟子。志文显示，孙道玉生于永乐十年（1412），籍贯为江苏句容。据明人王僖《弘治句容县志》记述，孙道玉、陈应禇等恩宠隆厚的道士，将生父追封为太常博士、母亲追封为安人②。关于孙道玉的出家原因，墓志言其因罹患微疾，“医弗效”，周思得以符水治之，即愈。正统七年（1442），周思得正式退隐，并将孙道玉举荐给明英宗。此后，孙氏屡屡参与宫廷祈雨、祓除等宗教活动。可见，在周思得之后，孙道玉完全取代了周思得在显灵宫系中的地位，成为“嗣师”。同时，孙道玉作为继周思得之后的大德显灵宫第二代住持，另外，天顺元年（1457），“以慕道者多”，孙氏在今地安门外烟袋斜街创立广福观，安置道流。孙道玉在周思得道派第二代弟子中，即在“道”字辈诸道友中年望最高。他不仅出任大德显灵宫第二代住持，且具有掌门人身份，其墓志称，“弘道昌真人道亨、敷教戚真人道玠……皆以兄事真人”。孙道玉墓志中对其嗣徒传承几乎没有交代，但志文中“命道录左正一王应裿，偕真人从孙右玄义显宗，请吏部验封……”一句，结合派字顺序，似乎暗示了王应裿袭承了孙的位置。

笔者所录五方墓志中，昌道亨墓志志文最短，信息量相对也少。昌道亨生于永乐二十年（1422），比孙道玉年纪小十岁。据昌氏墓志，其父名叫许继宗，母亲孙氏，父母均被封赠为太常寺丞与安人。明代朝廷对高道父母的封赠似乎并不著录于祀典。道亨八岁辞亲入道，他八岁之前为太监昌盛所收养。昌盛是明代永、宣时期著名的神

---

① （明）田艺蘅著、朱碧莲点校《留青日札》卷二十七“朱正增”条，浙江古籍出版社，2012，第417页。

② （明）王僖：《弘治句容县志》卷七，苏州大学出版社，2018，第143～144页。

宫监太监，曾出使朝鲜。昌盛墓志早年在京出土。据其志文，他原籍贵州都匀①。昌道亨墓志表彰其"孝于二亲，报昌太监之恩无间存没"，看来他虽出家，但对原生家庭与鞠养的恩公还存在一定联系。其实，正统三年（1438）昌道亨十六岁时，昌盛就去世了，昌盛并未活到昌道亨封为真人之日。昌道亨二十三岁，任显灵宫书记，总掌金箓斋醮科范。成化元年（1465），四十三岁升任显灵宫住持。大概在次年，因施用五雷法，祈雨除旱，又建福国裕民斋醮，产生祥瑞，获得真人封号。

周、昌二人的师徒关系甚笃，《西湖游览志余》卷二十一"北山分脉城内胜迹"，追记了周思得与大德显灵宫的关系以及昌道亨在乃师墓左营观一事：

> 皇明永乐间，道士周思得者，仁和人，操行雅洁，精五雷法，成祖闻其名，召试称旨，建天将庙居之。扈从北征，累著功绩。仁宗建玉虚延恩殿，宣宗建弥罗宝阁、崇玄演法殿，改庙额为"大德观"。……成化间，其徒昌道亨得宠宪宗，诏徙玄元庵于思得墓左。而改其故居为宝极观。②

关于成化年间昌道亨为其师周思得修墓徙观一事，不见于他本人墓志，却见于其徒陈应褍墓志。志云："奉敕如杭，修通灵真人周公墓，以永享祀。有司给其缗。真人袖手，不日而功成复命。"可见，这次奉敕修墓行动是一次值得标榜且宪宗非常重视的任务。此外，周思得墓址的问题，还存在更深层次的问题，待笔者另文讨论。

2. 陈应褍与李云嵝

陈、李二人为师徒关系。陈应褍家世亦见于程敏政"演范真人陈公先茔碑"（以下简称"先茔碑"）。该碑文收入清代陆龙腾等所修安徽《巢县志》中。其祖上大概是本文研究显灵宫系道士中最为显赫的："永乐间，显祖以武功扈驾都燕。父忠介，义弗仕，乐施与。""幼时与群儿嬉戏，效作禹步。以瓦擢地，召将感雷声隐隐。父知其不凡，命礼城西大德显灵宫弘道真人昌公为师。"这与"先茔碑"中"爰自童卯往侍昌公"相吻合。

与孙道玉父母被分别追赠太常博士与安人同样，陈应褍父母也得到这一殊荣。北京海淀镇曾出土明成化二十一年（1485）《明赠太常寺博士陈（忠）公合葬墓志铭》。该墓志出土时间不详。墓主陈忠正是陈应褍之父，陈应褍在其三子中排行第二。志文云："冲和志道弘悟高士陈应褍，自道录玄义进是秩，得赐敕进其考为太常寺博

---

① 刘之光主编《馆藏石刻目》，今日中国出版社，1996，第135页。
② （明）田汝成著、尹晓宁点校《西湖游览志余》，上海古籍出版社，2017，第193页。

士。……公讳忠，字本孝，姓陈氏，世为庐之巢邑人。考昺，以才艺名于其乡。"①
除乃父陈忠墓志外，目前没有陈应褿家族其他成员的墓志出土。有学者指出，海淀镇
北曾出土一方成化年间墓志，志文云"墓在太平里海店村之原"②。此句正出自陈应
褿之父陈忠与其母刘氏合葬墓志。可见，陈忠父母墓地在其畏吾村墓地西北数里之
远。这也表明方外之人是不会再葬入家族茔地的。

由以上史料分析可知陈氏家族自陈应褿之祖、陈忠之父陈昺开始，便不再葬于巢
湖桑梓之地。"先茔碑"还述及他的父亲封赠太常博士，母亲兄弟也获得太孺人、锦
衣、鸿胪序班等封号职位，"俱以应褿故，仰沐渥恩"③。程敏政是今安徽休宁人，大
概因与陈氏有桑梓之谊，故而为其撰写了先茔碑记。陈忠墓志出土地虽在北京，但具
体地点不详。且从程敏政给陈氏家族先茔作碑文的情况看，陈氏可能北迁后也存在聚
族而葬的情况。

另外，《千顷堂书目》中有陈应褿所作《玄林群玉集》，书名后附八个小字介绍
陈应褿，"弘治中道士，任真人"④。此书内容不详，似乎已经亡佚。

李云嵝，除墓志信息以外，此人资料较为乏见。他祖籍金陵，永乐年间扈从来
燕。李七岁即入宫随侍陈应褿。武宗时拜为真人。值得一提的是，李云嵝，曾用名李
躐住，因与朱（穆）正增、周一濛、聂一然等徒子徒孙辈道士攀附"八虎"之一魏
彬及其师陈应褿等权奸，而遭到朝臣弹劾，"以赃充军"⑤。这一"丑事"在李云嵝墓
志中只字不提，这也符合墓志作为一种"虚美掩恶"文本的缺陷性。此外，因地安
门外后门桥火神庙曾是周思得正乙派的重要据点，所以李云嵝墓志出土后，作为周祖
道派早期遗物存放该庙也是顺理成章的⑥。

3. 阮永清

阮氏的情况更具新的特点。首先，他来自明代属国交南。其次，他是跟随叔父尚
膳监太监阮某来到明宫廷，然后在后者支持下成为方外之人的。再次，根据墓表，此
人去世后葬于由广西籍宦官韦芳创建的都城西香山乡广源闸朝真观侧，这与《诸真

---

① 《太常寺博士陈公孺人刘氏合葬墓志铭》，《新中国出土墓志》（北京卷），文物出版社，2003，第107页。
② 张宝章：《海淀镇》，北京出版社，2020，第7页。
③ （清）陆龙腾等著、巢湖地方志办公室整理《巢县志·巢湖志》卷十八《艺文中》，黄山书社，2017，第385页。
④ 明人徐渤《徐氏红雨楼书目》称该书成于成化、弘治年间。
⑤ （明）田艺蘅著、朱碧莲点校《留青日札》卷二十七"朱正增"条，浙江古籍出版社，2012，第147页。
⑥ 上揭《北京大学图书馆藏历代墓志拓片目录》中称李氏墓志于"海淀区魏公村静虚观出土，曾置于西城区地安门外大街192号"，这点正与火神庙存该墓志一事相吻合。

宗派总簿》第三十九所记，后门火神庙正乙派字谱道士葬于显灵宫下院畏吾村静虚观，是有一定差别的。关于这一点，待日后再进一步研究。最后，阮永清及其徒子徒孙派字的发现正是明代中期周思得道派发展过程中，"思、道"之后发生分派现象的证明。

《明宪宗实录》对阮永清升迁有些许记载：

> 升道录司胡守信为高士，右正一聂彦良、左演法昌道亨为左正一。灵济宫道士来弘善，大德显灵宫道士吴道然、阮永清俱为左玄义。[1]

这段道职升迁记录的时间发生在成化十一年（1475）。根据阮永清墓志："乙未，冬十一月，钦升道录司左玄义。"所以，文献与墓志记载的内容相吻合。

关于御赐《山水图歌》问题。有明一代最著名的帝王御赐《山水图歌》事件，为明宣宗宣德七年（1432）御赐长春真人刘渊然《山水图歌》一事。这在《明史》中的刘渊然本传以及《金陵玄观志》中均有记载。而阮永清被宪宗钦赐《山水图歌》一事发生在成化二十年（1484）十一月，并刻立于谕祭碑之阴，作为圣上荣宠的恩典：

> 阐教真人阮永清，恬淡乃心，敬慎乃行。悟玄妙之深机，得清虚之佳趣。凝真抱道于兹有年，勤恪精专诚可嘉尚。因绘山水图题诗以赐焉：
>
> 蓬莱仙山渺何许，弱水东流三万里。忆曾飞梦作仙游，翠削芙蓉半天起。彩云深处列仙家，□□万树烝红霞。琳宫贝阙跨鳌极，丹光绕□飞金华。山中习静人踪少，短鬓飘萧颜不老。幽然门境绕清流，松阴轻覆茅屋小。手握玄机运化筹，壶中日月自春秋。……

无独有偶，同日，另有两位道士普济真人喻道纯、敷教真人杨志真也获得了明宪宗的御制《山水图歌》[2]。其墓表云："甲辰夏……虚凝诚阐教真人图书。"甲辰年，即御赐《山水图歌》的成化二十年，正是该年阮永清获赐了阐教真人称号。无论如何阮永清获赐的《山水图歌》，属于朝廷集中向高道御赐的行为，虽然也是一种殊荣，但显然与刘渊然获赐的情况相比打了折扣。再者，这份御制图歌中的图像部分虽佚，但透过文字，我们可以想见其中应该绘有阮永清"短鬓飘萧"的仙风形象，以及深山里耿耿月光下松荫掩映中的茅屋等景象。

---

① 《明宪宗实录》卷一百四十七"成化十一年十一月丙午朔"，台北中研院史语所，1962，第2961页。
② （明）葛寅亮：《南京玄观志》，南京出版社，2011，第9~11页。

五　关于明代道士墓志的书写问题

近年关于中国古代墓志文本书写的问题，越来越受到学者们的关注。墓志书写的研究，具体分为两类。有的学者关注个案，有的学者则从某一时期某一类特殊人群的墓志文本入手，总结归纳出这类文本书写的时代与族群特点、应用方式与范围以及形成的某种社会风气等等①。明代道士墓志书写，有其规律性存在。一般的模式包括讣闻、籍贯家庭、出生神迹、入道缘由、升迁、举行斋醮并获赏赐、辞世颂、葬事等几个要素。但由于每一墓志撰者的不同，并非所有墓志都严格按照上述诸项予以交代。下面，笔者列表显示五方道士墓志中相近内容，并予以比较分析（见表1）。

表1　孙道玉等道士墓志相关信息摘录

	籍贯与家庭	出生神迹	入道缘由	升迁过程	遗言（辞世颂）	葬事
孙道玉	江苏句容，父德祥赠太常寺丞、母沈氏赠安人	安人一夕梦龙凤立左肩，寤而产真人	自幼言动不凡……感微疾迎医。医弗效。……周真人以符水治之，即愈	正统壬戌……拜道录右玄义……景泰间，累升至左正一。（成化初）赐诰号洞微体顺凝诚养默致虚守静光范悟法弘道真人，掌道教事	临终留语诀别，曰：七十一年如大梦，纷纭世事总成空。于今撒手归元去，只在先天太极中	朝廷遣太监李珍赍赐白金彩币、宝钞香烛诸物，且敕工部营葬恤典优渥，前此鲜伦。而内之貂珰，外之………
昌道亨	籍贯不详，父许继宗赠太常寺丞、母孙氏赠安人	无	为人诚孝，酷慕玄学，八岁辞亲，入道师周真人	正统乙丑，荐为本宫书记……成化改元，升道录司右玄义兼住持。未几，升右至灵，督造道教诸天圣像。又升左演法……又升左正一……（成化二年），进冲虚渊然凝神守素翊化演教广济普应弘道真人，领道教事	无	赐白金彩币甚厚，遣礼部堂上官谕祭，命太监张公轩、王公琚、李公珍总理丧事。陈公贵督工部官往都城西香山营葬域

---

① 近年关于明代墓志书写方面的研究主要有：张雨：《死生有命与病不服药：明代墓志中的老年人却药书写》，《历史教学》（下半月刊）2018年第11期；黄开军：《明清时期商贾墓志铭的书写与士商关系》，《学术研究》2019年第11期。

续表

	籍贯与家庭	出生神迹	入道缘由	升迁过程	遗言（辞世颂）	葬事
陈应襠	庐州巢县人，父陈忠赠太常博士、母刘氏赠安人	母刘氏，尝梦一道者，袖出一巨桃，啖之，觉而有娠。始生，气骨清润，面有黑子如斗交	幼时与群儿嬉戏，效作禹步。以瓦擿地，召将感雷声隐隐。父知其不凡，命礼城西大德显灵宫弘道真人昌公为师	不详	道非法用，无以及物；法非道体，无以存心。道外无法，身外无将。尔等其识之	不详
阮永清	南交，叔父为尚膳监太监阮某，父母不详	无	（阮）太监以公志趣不凡，性好冲澹，命从老氏	成化十一年十一月，升道录司左玄义。成化十三年冬，升右至灵。十六年冬，升左至灵。十八年秋，进右正一。十九年夏……上因赐静守谷神图书。进官左正一。是岁□□雪，守素葆和光范湛虚凝诚阐教真人。二十年夏，……虚凝诚阐教真人图书。弘治改元，公谢□□职号止右正一	呼童具纸笔书一绝曰："七十二年华清心，乐烟霞天边……"	命御马监太监□公赍□□白金彩币……营葬，仍遣礼部官谕祭
李云嶧	金陵人，父李源、母陈氏	母陈氏，梦一人鹤发羽衣，悠然绝俗，揖而求舍焉。母许诺，已而娠，遂诞真人，俨然梦中所见也	年甫七岁，即遣入显灵宫，师事演范陈真人	孝庙时……进阶至灵。武宗即位，拜真人	吾以羽士荷上宠渥至厚，殆无以报。惟愿百穀用登，民生饶裕。祈圣寿于乔松。庶尽吾报德之万一也	上闻之甚悼，赐谕祭及楮币银两，一用演范例以葬。复赐白金六十两、表里六袭，盖特恩也

第一，关于道士们仙逝的时间、地点与谕祭情况，在墓志文本中由作者灵活把握。具体到籍贯与家庭则是必不可少的内容，这在其他人群中，如宦官、官僚、士人、女性等都是不可或缺的，是延续世俗社会中墓志书写的传统。本文所论周思得道派道士中，出生神迹与入道缘由则是方外人士墓志中特有的部分。孙道玉、陈应襠和

李云嵝三位道人的志文中皆叙述到出生神迹，而且这种神迹都与其母临盆时的梦境有关。

第二，以往学者多关注道教著名列仙们的入道缘由，而对普通道士，特别是明代一般道士的情况措意无多。这五位周思得道派道士均在冲龄即拜师入道。如昌道亨"八岁辞亲"，李云嵝"年甫七岁，即遣入显灵宫"。墓志作者们对这部分书写时，多言道士们"幼好道""酷慕玄学""志趣不凡"，多少掺杂着成人按照自己的价值观对这些已故道士早年经历的"模塑"①。特别是昌道亨、阮永清两位被宦官鞠养的道士，或许在一定程度上会被熏染上养父的思想与信仰。

第三，升迁与受赏过程。一如数量众多的世俗官僚墓志所书写的"记账"式经过，周思得道派五道士墓志中也遵循着这种传统的模式，即时间—所任道职。但除了记录升任相应等第的道官外，还有被帝王赏赐法物、加封真人与高士等描写。这是世俗人士墓志所没有的部分。周思得道派墓志与世俗官僚墓志在升迁部分的书写高度一致性，究其原因，乃源自周思得开创的大德显灵宫道派特有的皇家道士团性质，即他们始终是服务于皇家和宫廷的道士群体。

第四，遗言或者辞世颂也是多见于周思得道派道士墓志书写组成部分的一环。高道临终时将徒子徒孙唤至榻侧，或吟诗一首总结一生作为、行止；或祈求国祚永隆、社稷安稳。因为道教并非来世宗教，重视现世的修行与贡献。遗言虽然在古代世俗人士的墓志中也经常占有一定篇幅，但孙道玉等为庙堂服务的宫廷道士们的墓志中的遗言部分，更添一分道教义理色彩。辞世颂，并非明代道教正一派的专利，早在金元时期就有许多高道羽化前留下这种文体。②

第五，关于葬事问题，孙道玉、昌道亨、阮永清等人羽化后均有太监受命赍物致祭，陈应褚与李云嵝师徒墓志虽然没有明确写到皇帝遣太监参与葬事，但应该也有着相似情形，因为这与他们作为宫廷宗教服务人员的身份是分不开的。其中，孙道玉和昌道亨两人的葬事活动都由一位名叫李珍的太监负责。

总之，我们透过北京出土的这五方明代道士墓志，可以看到墓志作者在道士墓志书写上与世俗墓志书写的差异性。此外，也能感受到明代道士墓志与前朝墓志书写的差异。由于皇家宫观的地位，积极执行皇帝安排的各种祈雨、除灾活动，大兴斋醮，

---

① 于赓哲：《严肃的儿童》，《历史学家茶座》第三辑，山东人民出版社，2006，第154~159页。
② 参见吴光正《试论金元全真高道辞世颂的史学价值和文学价值》，《武汉大学学报》（人文科学版）2017年第3期。

建坛祈禳，这些都促使孙道玉等"皇家道士"位高势尊，且与朝臣交往密切。所以，在墓志书写方面，孙道玉等人墓志的官方干预色彩比较浓厚。此外，与本文所研究的五道士墓志同时的非周思得道派道士刘渊然、陈宗然等人在墓志书写风格上，也表现出一些近似之处①。这反映了明代"皇家道士"的墓志书写在父母家庭、入道缘由、道职升迁、葬事办理方面的共同特征。

六　结语

本文对目前尚未公布的几份明代北京道士墓志做了初步的研究。首先，根据墓志拓片内容进行了录文工作。基于录文中提到的师承关系，在前人研究基础上，笔者增补并验证了周思得道派派字及"思、道"之后的分派情况。其次，逐一介绍了道士的生平履历，包括父母受到封赠的情况。最后，根据志文内容，从墓志书写者的角度出发，分别从诸道士的籍贯家庭、出生神迹、入道缘由、升迁经历、辞世颂与葬事等因素，揭示明代周思得道派道士墓志撰写的某些文本特点。

本文只是从墓志入手探讨明代道士生平及其与宫廷关系的一次初步尝试。由于写作过程仓促，不恰不周之处，尚需广大学界同人予以批评指正。接下来，笔者将继续借由墓志文本出发，从更深层次研讨明代中期活动于庙堂与宫观之间的周思得道派的道士群体。

附录：李云嵝、陈应褔、昌道亨、孙道玉、阮永清五道士墓志录文

1. 皇明封冲虚守一抱朴安恬修真悟法履和宁凝素敷教真人景严李公墓志铭

赐进士第文林郎大理寺左寺副堂邑龚治撰

特进荣禄大夫柱国定西侯江都蒋传书并篆

嘉靖乙未，秋七月，敷教真人景岩李公奉上命往迎致一真人于龙虎山。道过天津，觉弗豫，亟归而厌世。其徒魏正珊奉其遗蜕还葬于畏吾村静虚观。且介乡进士杨

① 刘渊然墓志内容参见岳涌《明长春真人刘渊然墓志考》，《中国道教》2012 年第 2 期；陈宗然墓志参见王福梅《灵济道派在北京的活动及其遗迹考察》，《北京宗教研究》第三辑。

永锡状来徵予铭。乌虖！真人盖有道者也。予其敢辞！按状，真人讳云嶓，字景岩，中和其别号也。世为金陵人，祖讳贵，隐德弗耀。父讳源，永乐间扈从文皇，因家于京师。母陈氏，梦一人鹤发羽衣，悠然绝俗，揖而求舍焉。母许诺，已而娠，遂诞真人，俨然梦中所见也。母奇之，年甫七岁，即遣入显灵宫，师事演范陈真人。凡金书琳扎，睹若夙契。时演范有重名，独器重真人。尝曰："异日得吾道者必某也。"孝庙时，入建醮事。仪闲音畅，特为上所赏，进阶至灵。武宗即位，拜真人，赐玉带、银章。命扈北狩，真人力辞，复赐霞帔、宝冠。既而谢事。今上改元，崇尚玄教。闻真人名，特复旧职。八年，奉诏祈雨有感，赐金冠法服。十年，入建祈嗣醮事班列，委任与元老大臣并事竣，赐冠服、珮笏、表里。十一年，钦承简命，偕皇亲太子太保玉田伯蒋荣，往祈嗣于岱宗。归赐蟒衣表里及牙印，办理金箓科仪。上手书问斋法玄奥，真人以一诚对。上悦，赐锦绣四季法服。凡有国醮，若朝天、显灵、灵济、延福、灵明、东岳等宫，俱真人主其事。真人既受上知，日蒙恩礼，凡时鲜珍果，紫薪纨扇之赐无虚月。然真人为人惇厚简朴，主于不欺，事上接下，敬而有礼，尤邃于沉默。无为之道，刀圭变化，坚冰淖泥，五色五仓之术，不学而能。始，真人之师演范真人上宾时，召真人谕之曰："道非法用，无以及物；法非道体，无以存心。道外无法，身外无将。尔等其识之。"遂以手作圆像而逝。及真人觉有异，亦语其徒曰："吾以羽士荷上宠渥至厚，殆无以报。惟愿百榖用登，民生饶裕。祈圣寿于乔松。庶尽吾报德之万一也。"遂瞑目。玉柱双垂，就视之，形神离矣。嘻！异矣！圆像之作，玉柱之垂，较若一致。岂诚得演范之道者邪？真人生于成化丙戌二十有五日，解于乙未八月十日，计寓形于宇内者七十年。上闻之甚悼，赐谕祭及楮币银两，一用演范例以葬。复赐白金六十两、表里六袭，盖特恩也。其徒长即正册，前为玄义，克承师训；次金正瑜，次许正滨，若王一清、周一濛、叶一旺、一端、一迎，皆其徒孙。卜九月三日葬。正册复来告及期，乃铭。铭曰：

　　物有不朽，人维至灵。孰叶异梦，以范尔形。峻标完气，物表□亭。历事三朝，终始一诚。蟒衣玉带，烨烨帝庭。骑龙驭日，下上太清。孰寿孰夭，孰死孰生。畏吾之墟，静虚之坪，掩玉韫珍，聊顺世情。千秋华表，□然长鸣。公乎归来，尚有感于斯铭。

嗣徒道录司右玄义魏正册等泣血立石

2. 皇明封清微冲静葆和凝素崇玄悟法真修养默演范真人虚白陈公墓志铭

诰授清微妙济守静修真凝玄衍范志默秉诚致一真人邵元节撰

奉敕提督神机营兼督十二团营诸军事总兵官掌左军都督府印前节制陕西等处
地方兵马太子太傅惠安伯张伟篆

承务郎通政使司经历司知事前鸿胪寺左少卿古燕仝钎书

按状，真人陈姓，应裿名，虚白其赐号也。其先庐州巢县人。永乐间，显祖以武功扈驾都燕。父忠，介义弗仕，乐施与。母刘氏，尝梦一道者，袖出一巨桃，啖之，觉而有娠。始生，气骨清润，面有黑子如斗交。幼时与群儿嬉戏，效作禹步。以瓦擢地，召将感雷声隐隐。父知其不凡，命礼城西大德显灵宫弘道真人昌公为师。昌为通灵真人周公高第。周公在文庙时随师征虏，载王天将木主行，屡符大功。周盖参紫极田君，得灵宝宗旨，故皆绳绳相承，显耀其西河之宗，而穹赫其后先者也。成化间宪庙时已彰英誉，授道箓玄义。未几，奉敕如杭，修通灵真人周公墓，以永享祀。有司给其缗。真人袖手，不日而功成复命。上嘉其绩，升左街演法。岁辛卯，京师旱，诏祷于宫之昭应雷殿，雷雨应声而作。进高士三品爵，赐虚白先生。牙大刻其篆二曰"弘悟高士"曰"心与道参"，并赐白金楮币。自是奉命掌理皇坛诸斋醮，辄有异应。岁丁未，入冬京师少雪，诏祷于玉虚善应坛。是夕达旦，雪深三尺。上益宠渥甚，授清微冲静葆和凝素崇玄悟法真修养默演范真人，领道教事。礼部铸以银章。大学士褒其华诰，声动朝野。孝宗践祚，有妖凭人，诏移檄以祓。有雷自玄天祠霹至日精门出，妖遂寝。命修醮以谢。赐大金缕冠，饬以宝石。弘治戊午，诏修金箓斋于钦安殿七昼夜。有白鹤翔空，紫云弥室。赐玉带、白金、法服、冠珮、盂剑及弟子与醮一百三十余人，皆赏赉有差。仍赐牙笏二，曰演范真人，曰养素含真。自是，各镇治来进时鲜珍果，诸物之赉，岁无虚月。弘治乙丑，太皇太后崩逝。上哀恸甚。命修玉箓斋于内庭。焚燎之际有紫云护升天台，冉冉而举。上视久嗟叹，欲赠以礼部宗伯之职。是岁，龙御上巡，真人亦解组矣。武宗即位，尝御便殿诏问治生之道。对曰："治生无他，道清静无为是已。"上悦，赐蟒衣三袭、玉带、金冠，辉耀倍徙。遣代祀泰山，建保国裕民大斋，有天乐鸣空鸾鹤数日，官吏仰视，咸啧啧焉。中贵以闻，宸旒为之喜。动建灵宝传度坛于玄天祠。上亲受道，授其弟子为真人者六、高士者一。曰翊教真人刘云峰、崇谦高士钱云嵘、曰弘教真人邓云庆，皆真人袭庆之高第（弟）也。曰崇正真人杨正璠，为真人之孙，皆先卒。曰敷教真人李云峪、曰普教真人杨正坊、曰体道真人穆正增。及加道录官者，廿有余人。鲸铿鳌答，响应后先，岂非真人庭训之有方者耶？自我朝开国以来，玄教于斯为盛。真人喟然叹曰："功成名遂身退乃天下之道。吾太上之遗言也，吾岂不体而循之乎？"乃谢世。日与诸门人讲道，演法如玉京山之朝仪。至是，演范之制益验矣。今上龙飞，嘉其老弥康而道愈笃。再起仍真人之旧，玉带银章，宠渥有加于昔。虽然日益杜门，颐养天和，上日遣中贵存问，凡元腊之庆，白金珍果之赐无虚。嘉靖己丑腊月二十五日，盥浴加服横带，召门人李云嶅等谕之曰："道非法用，无以及物；法非道体，无以存心。道外无法，身外无将。尔等其识之。吾仙期已及矣。"遂以手作圆像而逝。呜呼！珠怀渊而川媚，玉蕴石而崖润，眉山三苏生而草木枯。信哉是言也！真人未宾云前一日寒云惨淡，风气栗烈。宫之树皆挂白，宫之外余伐木俱如故。是岂非真人之正气泛乎？辽廓者乎？真人生正统戊辰六月十六日，及是，享年八十有二。前嘉靖甲申，真人鸠工伐石于城西畏吾村，营建寿藏。至此，嗣徒敷教真人李云嶅等是卜嘉靖九年二月十一日奉真人冠剑瘗于寿丘。请予文以志之。盖以予与真人相与善，且久知真人颠末道行之实。予弗辞乃为之铭。铭曰：

天将昌吾道兮，啖公母以巨桃。公将大吾教兮，策上勋以来。天子之崇褒蟒蟠肩兮，而翊四朝之景运，带悬玉兮而为百世之英豪。福愈集而禄愈厚；德弥邵而年弥高。八十有二，谢时闲劳。天帝有诏，复而仙曹。畏吾之村，维公贞玉之是韬，子孙亿劫，振振羽毛。

嗣徒敷教真人李云嶅等泣血立石

3. 大明故真人昌公墓志铭

光禄大夫柱国太子太保户部尚书兼谨身殿大学士知制诰经筵官
兼修国史玉牒青齐刘珝撰
光禄大夫柱国太子太保吏部尚书济南尹旻书
奉天翊卫推诚宣力武臣特进荣禄大夫柱国前征夷将军五军营总兵官
掌后军都督府事太子太保襄城侯历城李瑾篆

鸿惟我皇上统一寰宇，亨隆景运，百灵扶翊，庶徵协应，凡人有负一才一艺者，罔弗汇晋，俾各得自致祠，其功祀祷，禬禳之事，属语玄教，亦兼用焉。成化十九年九月十七日，真人昌公卒于大德显灵宫。上悼惜，至再赐白金彩币甚厚，遣礼部堂上官谕祭，命太监张公轩、王公琚、李公珍总理丧事。陈公贵督工部官往都城西香山营葬域，又推赠其考许继宗为太常寺丞，妣为孙氏安人。东宫亦遣内臣致奠。下及道家者流，咸恸哭吊祭。计其寿才六十有二。以永乐壬寅六月六日生。呜呼盛哉！是虽死而无遗憾矣。乃高弟高士王应禚、左正一陈应楯、左演法蔡应祯，卜十月五日竟公窆厔之制，徵铭于余。按倪学士状，公本姓许，幼子于太监昌公盛，遂因之，讳道亨。坚白其号也。滁阳人。为人诚孝，酷慕玄学，八岁辞亲，入道师周真人。精勤弗懈，得其秘传诸法。而于祷祠檜著灵应。正统乙丑，荐为本宫书记。嗣是金箓斋醮科范，公皆总之。成化改元，升道录司右玄义兼住持。未几，升右至灵，督造道教诸天圣像。又升左演法，奉旨书符有验，于便殿奏对惬上意，大荷奖谕。又升左正一，值旱，命公祈祷，公即宫建坛檄召风雷，霖雨如注，远近沾足。又升清修衍范玄靖高士。明年，上以公效劳岁久，进冲虚渊然凝神守素翊化演教广济普应弘道真人，领道教事。壬寅，建福国裕民斋醮，殿楹产灵芝一茎，老稚聚观以为瑞。上闻，诏问之，公对曰："臣无他能，惟秉一诚耳"。上益重其不妄。后又有鸾鹤飞绕于醮坛之上。上悦，赐真人诰命。并前后所赐银印一、图书三、玉圭三、宝冠十二。金玉带各一、法剑五、水盂五，金彩币法衣诸物时时赍俞，官其侄阳为锦衣千户，校余二十人从公出入。又特赐公号曰"养素"，迹公平生遭遇，盖近代绝无而仅有也。公虽寄迹方外，而孝于二亲，报昌太监之恩无间存没，事周真人之诚不异所生。至于分内玄教所行，出于寻常万万膺朝暮顾之至，顾无自而然哉。铭曰：

於维真人，逢时之隆，结知当宁，丕阐玄风。诸法悉迪，大道斯从。或阳或雨，克副渊衷。或祈或禳，克致灵通，祝釐有验。裕国有功，时人祈慕，羽士攸宗。穹阶美号，不忝上公。芳名休闻，遐匹仙翁。六旬而化，神游崆峒。天恩浩浩，赉锡重重。香山吉壤，若堂相对。勒铭泉室，垂耀无穷。

4. 洞微体顺凝诚养默致虚守静光范悟法弘教真人掌道教事大德显灵宫第二代住持孙公墓志铭

赐进士出身、通议大夫、詹事府詹事兼翰林院学士经筵讲官

同修国史安成彭华撰文

微仕郎、中书舍人、直内阁预修国史永嘉黄璨书丹

赐进士翰林院侍讲、修国史、经筵官长沙李东阳篆盖

有为老氏之教者，曰孙真人，寓世七十有一年，以成化十七年十一月十七日辞世。讣闻，朝廷遣太监李珍赍赐白金彩币、宝钞香烛诸物，且敕工部营葬恤典优渥，

前此鲜伦。而内之貂珰，外之缙绅，走吊而祭者无虚日，将以十二月九日葬宛平县香山乡静虚观之侧。于是弘道昌真人道亨、敷教戚真人道珩、衍法王真人道昌，皆以兄事真人者，皆相与谋，所以寿其名于不朽。命道录左正一王应祎，偕真人从孙右玄义显宗，请吏部验封，刘员外淳状其行，遂介员外来丐铭于余。余辞不获，乃序而铭之。序曰：真人讳道玉，别号顺庵，姓孙氏，句容县崇德乡巨族。父讳德祥，赠太常寺丞。母沈氏，赠安人。安人一夕梦龙凤立左肩，寤而产真人。永乐壬辰十一月二十二日也。真人自幼言动不凡，不与群儿嬉戏。太常蚤卒，安人遣从乡先生学。盖其天性然也。宣德丙午，有役于京师，从其兄及母俱行。明年，事竣还乡，感微疾迎医。医弗效。得弘道崇教阐法通灵周真人以符水治之，即愈。安人因遣从周真人游，且曰："汝幼好道，今非真人几不生，殆夙缘也。其尽心所学，毋辱前人。"真人佩服，唯谨事师。执弟子礼甚恭。癸丑，得给牒。周真人器重之。悉受以所事仙圣珍藏秘书法诀，真人精心行持不怠，名业已彰彰。宣宗皇帝数召命祈祷，每致奇应。正统壬戌，周真人以老乞休，荐真人于朝，拜道录右玄义。明年，夏四月不雨。英宗皇帝斋沐衮冕，诣朝天宫祈雨，命真人行法事。翌日，大雨，京畿皆沾足。上喜，赐法衣道服、鹤氅彩段。又明年正月，郊祀。先期命真人诣斋宫祓除。景泰间，累升至左正一。天顺丁丑，以慕道者多，别作观居其徒。赐额曰广福。庚辰夏五月大旱，诏于御用监建醮，且顾问曰："旱既甚矣，雨在何时？"真人奏曰："在今夕。"是夕大雨。明旦，有宝剑之赐。今上嗣位，赐太虚秋月图书，雷霆宝玺。未几，赐诰号洞微体顺凝诚养默致虚守静光范悟法弘道真人，掌道教事。成化丁亥郊，特命分献风云雷雨。戊子，赐金带，寻又赐玉带。甲午，推恩赠其父若母云。真人为人小心谨慎恬淡寡嗜欲，平居衣不过布褐，食不过蔬菜。荷列圣知遇。至今上宠眷益深，位号益隆。而心恒歉然若不足，与人交无问贵贱富贫，无不尽其诚。宾客至款洽终日不厌。治具必丰腆，待童仆有恩，不见其疾言遽色。见人有善行，则称扬之不置。饥寒穷迫者，往往周恤之唯恐后。遇桥梁倾圮，视力所及修葺之以便行者。至于草木花卉亦未尝轻折。所得恩赐宝剑，及宝盂宝冠及蔬果品物不可胜计，可珍藏者谨藏之不敢亵。可分惠者，即日给其徒，曰："我何能独享耶？"尝谕诸徒："吾老矣，无能为朝廷报，愿汝曹宅心诚敬。遇事勤谨，上祝国釐，下延民福。庶少罄万兮一。"临终留语诀别，曰：七十一年如大梦，纷纭世事总成空。于今撒手归元去，只在先天太极中。观此可以知其所养矣。铭曰：

於维真人，出入帝所。麾叱风庭，雨泽下土。帝曰休哉，骈蕃赐予。七十一年，脱屣尘滓。遨游八极，神其不□。□遗蜕骨，永藏于此。我铭昭之，百世毋毁。

5. 大明故阐教真人阮公墓表（省略号为因碑文漫漶而无法录出部分）

……翰林院国史修撰、承务郎华亭钱福　撰

……事、提督十二营兼十二营总兵官、太子太保、定西侯蒋琬书丹

……奉政大夫、资□□□山西提刑按察司事、奉敕提督屯田兼守兵备、

前刑部员外郎姑苏郑正篆额

……掌天下道教事道录司左正一阮公终于大德显灵宫。讣闻……命御马监太监□公赍□□白金彩币……营葬，仍遣礼部官谕祭。其徒道录司□□义、于德润等追念真人。蒙荷圣朝恩宠。……无文以□徽言表……其字□号无为子。世家南交。宣德癸丑，随季父尚膳监太监阮□民至京。太监以公志趣不凡，性好冲澹，命从老氏。教师……蚤夜弗殆，悉以清微灵宝诸阶符法混元五雷天罡，秘旨授之。正统间，云游方外又得异人授以玄默修养之道……道行益者。天顺己卯，众□□充道录司掌籍。甲申，充都监。成化丙戌，转副宫，清修养浩法师，司本宫常住事。甲午，□至内廷修金箓……有验。乙未，冬十一月，钦升道录司左玄义。丁酉冬，升右至灵。公善饮水，宪庙一日询其故，对曰："……止……能尔。"……庚子冬，升左至灵。壬寅秋，进右正一。癸卯夏……上因赐静守谷神图书。进官左正一。是岁□□雪，守素葆和光范湛虚凝诚阐教真人。甲辰夏……虚凝诚阐教真人图书。弘治改元，公谢□□职号止右正一。己酉冬，建金箓大醮……庚□秋□福□□斋醮，公亦主之，而致鸾鹤之祥。辛亥夏……机妙道图书各一，诸色法服十五，金银各□道□六，法剑、水盂各一，象笏二、九阳巾一、雷巾一、玉佩……领天下道教事。及是秋八月□亥忽语诸徒曰，□□□□矣。乃呼童具纸笔书一绝曰："七十二年华清心，乐烟霞天边……"壬子夏五月……皇上忽焉追思，□命中贵赍敕白金□□□□敕令修斋三昼夜……恩出于寻常万万也。公生平为人醇厚□默，不□货利，好善乐施。尝自叹曰："……宠渥其覆载文恩无以报称，惟日孜孜砣砣，国□以祈圣寿。尽吾职，□之当为而已。"众皆曰："此其所以报也，复何为哉？"嗣脉高弟道录司右演法景德……继□祀事者则道录司右玄义于德润、尚德溜。孙徒刘时泉、□时昱、张时良、马时昂、陈时□、郭时宽、刘时□、张时钦。曾孙徒□□新、刘自□……表……生□□。庚子十有一月九日，寿七十有二。终之岁十有一日甲申，遵遗命以都城西香山乡广源闸，敕赐

朝真观 为栖真之所。□公素乐恬澹，议论出入玄范，蕴于□控。清风流于当世。其修养炼度之验，济□利物之诚，不可具述。□□□□□之为。铭曰：於维真人，老氏是遵；□□□隐，□□白银。□□玄范，□□帝宸；召至□陛，论道贞纯。荐升□品，□□惟□；春秋八九，□□□□。讣闻丹陛，哀悼尤频。□□□□，灵妥朝真。生荣死哀……

弘治五年岁次壬子五月吉日

明代北京广福观住持孙道玉史料数则[*]

汪桂平

摘要： 本文整理了明代北京广福观及其创建者孙道玉相关的原始资料共四则：一是天顺四年孙道玉敕命；二是成化元年孙道玉诰命；三是成化四年大明诰敕碑阴之记；四是成化十年敕封真人孙道玉父母共二道。其中"大明诰敕碑阴之记"的文字属首次发布，这些资料对于研究明代道教和道官制度具有重要意义。

关键词： 广福观　孙道玉　诰命　真人　道教

作者简介： 汪桂平，中国社会科学院大学教授、博士生导师，中国社会科学院世界宗教研究所研究员，中国宗教学会道教研究专业委员会主任。

北京广福观位于北京市西城区烟袋斜街 37 号和 51 号，是明代天顺初年掌道录司事、著名道士孙道玉创建的道院，明宪宗皇帝赐名广福观。现为北京市文物保护单位，地属西城区什刹海历史风貌保护区内。广福观东院现为什刹海历史文化展览馆，广福观西院现为北京市西城区道教协会所在地。

北京广福观虽然历史悠久，影响深远，但是历代记载广福观的史料却比较零散、简单，甚至有不少讹误、臆断，笔者曾写过一篇《北京广福观明代史事考论》^① 的论文，主要以新发现的广福观碑记为依据，结合其他文献史料，考证了广福观的明代史事，认为北京广福观创建于明代天顺元年，而非天顺三年；广福观是孙道玉别院，而非明代道录司址；广福观的名称一直未变，与大德观是两个不同的宫观。但由于篇幅所限，这篇论文所用的重要碑记资料，未能全文发表。鉴于这篇碑记非常重要，前人从未提及和发表过，对于研究明代广福观和高道孙道玉，以及明代太监传奉制度和道

---

* 本文为国家社科基金重点课题"清代道教史研究"（项目号：19AZJ003）的阶段性研究成果。
① 汪桂平：《北京广福观明代史事考论》，《北京社会科学》2020 年第 9 期。

官制度等，都有非常重要的史料价值，故根据碑刻照片①进行录文，经过反复校读，现将抄录整理后的碑刻全文公布于众，以供学界同人参考。另外，同一碑刻的碑阳是敕赠孙道玉的两封诰敕，尽管有碑文拓片，前人也进行过整理②，但大家查找还是不易，为了资料的完整性，本文也将这两封诰敕一并整理发表。同时，在《（弘治）句容县志》里，收录有赐封孙道玉父母的敕命二道，也是研究明代道教和孙道玉的重要资料，故一并收录。另外非常可喜的是，北京市文物局的侯海洋博士正在整理明代五位道士的墓碑拓片，他写的一篇论文《明代周思得道派道士派字、墓志书写等问题初识》，即将在《中国本土宗教研究》第七辑发表，其中正好有一篇孙道玉的墓碑碑文，所以借着侯博士文章发表的时机，笔者亦将关于广福观和孙道玉的几篇资料整理刊发，与侯博士的论文一起，形成明代广福观创立者孙道玉及其道派的完整原始资料。

本文整理的关于明代广福观及孙道玉的原始资料包括以下四种：一为天顺四年（1460）孙道玉敕命；二为成化元年（1465）孙道玉诰命；三为成化四年（1468）大明诰敕碑阴之记；四为成化十年（1474）敕封真人孙道玉父母共二道。

一　天顺四年（1460）孙道玉敕命

按：该敕命文字来自北京广福观现存碑刻，参考国家图书馆馆藏拓片（拓片号：京508），以及《北京图书馆藏中国历代石刻拓本汇编》（第52卷45页）。该碑现立于北京广福观东院院内。根据拓片尺寸，碑身高231厘米，宽80厘米。碑阳额题"大明诰敕"四字。碑阳正文刻有孙道玉诰封二道，分为上下两段，其上段为天顺四年孙道玉敕命，下段是成化元年孙道玉诰命。根据明代的诰封制度，皇帝封赠文武官员时，有诰命与敕命之分，五品以上授诰命，称诰封；六品以下授敕命，称敕封。天顺四年孙道玉的职衔是道录司左正一，正六品，故这次皇帝褒封文书称敕命。

奉天承运，皇帝敕曰：道家之教，惟正惟一。持正所以得道之精，守一所以体道

---

① 用于录文的碑刻照片，来自笔者拍摄，以及广福观文化中心工作人员薛文龙先生提供。
② 碑阳名"大明诰敕碑"，拓片见《北京图书馆藏中国历代石刻拓本汇编》第52册，中州古籍出版社，1997，第45页；录文参见〔法〕吕敏（Marianne Bujard）主编《北京内城寺庙碑刻志》第三卷，国家图书馆出版社，2013，第186页。

之纯。苟非凝神净虑专气致柔者，安能迥出风尘之表，而达无宗无上之妙哉。尔道录司左正一兼大德观住持孙道玉，盙游方外，聿追清净之风；久视域中，深悟玄中之旨。为道流之领袖，绪前哲之箕裘。修炼愈勤，精神愈振。是用锡之敕命，以示旌褒。尔尚益坚素志，务竭丹诚，赞治化于无为，葆冲和于有□。勉□宠训，予则汝嘉。钦哉。

天顺四年九月初四日。

二　成化元年（1465）孙道玉诰命

按：该诰命文字来自北京广福观现存碑刻，参考国家图书馆馆藏拓片（拓片号：京508），以及《北京图书馆藏中国历代石刻拓本汇编》（第52卷45页）。该碑现立于北京广福观东院院内。碑阳正文刻有孙道玉诰封二道，分为上下两段，其上段为天顺四年孙道玉敕命，下段是成化元年孙道玉诰命。根据明代的诰封制度，皇帝封赠文武官员时，有诰命与敕命之分，五品以上授诰命，称诰封；六品以下授敕命，称敕封。成化元年孙道玉被封为真人，真人品秩为二品①，故这次皇帝褒封文书称诰命。又，《（弘治）句容县志》②也收录了这通孙道玉诰命，题"诰封真人孙道玉"，除个别异体字外，其内容与碑刻相同。

奉天承运③，皇帝制曰：朕惟道教崇清虚之本，极功化之妙，上以阴翊皇度，下以福庇生民，今古攸同，其来尚矣。咨尔道录司左正一孙道玉，赋性通敏，凝志静冲。寄迹黄流，已造真玄之境；游心物表，恒存利济之诚。上参无为，导迎景贶。昔先帝之临御，承恩宠以非常，显神明不测之功，运灵机至道之实。尝屡优于眷待，尚未惬于褒嘉。今特封尔为洞微体顺凝诚养默致虚守静光范悟法弘教真人，掌道教事。锡之诰命，以为尔荣。于戏！惟精白可以体道，惟寅清可以祝釐，达悃诚于上穹，庇群生于斯世。尚其慎服，永赞鸿休。钦哉。

成化元年三月初五日。

---

① 据"大明诰敕碑阴之记"载，"冬十月，遂蒙恩进洞微体顺凝诚养默致虚守静光范悟法弘教真人，复赐二品诰并银章一"，可见孙道玉真人的品秩为二品。
② 参见明王僖修，程文、王韶纂《（弘治）句容县志》卷七，第二十九页，明弘治九年刻本。收录于1981年上海古籍书店影印的《天一阁藏明代方志选刊》第11册。
③ "奉天承运"四字，《（弘治）句容县志》无。

三　成化四年（1468）碑阴之记

按：该碑现立于北京广福观东院院内。其碑阳刻有孙道玉诰封二道，已见上文。碑阴额题"大明诰敕碑阴之记"①，碑阴正文有一千余字，记载了孙道玉的生平事迹、广福观修建缘起、历代帝王赏赐之实等。碑阴无拓片，亦未见其他文字记载。以下录文根据原碑照片整理。

大明诰敕碑阴 之记②

臣道玉以庸懦之资，卤莽之学，肤谫之才，少获侍奉先师阐教通灵真人周公思得，过蒙奖励，谓可指教。凡玄言奥典，玉检琅函，仙圣所珍，世代所秘，天律所不轻泄者，亲相付授，同遗□□。故得□心灌炼，一志进修，乃今窃其绪余，拾其□□，□其藩篱，以□□□事，间以行持，数致奇应。宣庙时，凡内廷醮祭，必预赞扬，继英宗睿皇帝□□□□余，今皇上眷顾之重，恩宠稠叠，锡赉骈萃。自顾凡庸，奚以为报？未有以勒之金石，传之笔□，无以昭□庆施于无穷，示吾徒于永久。故敢即其实而纪之，以告方来云。

道玉家世为句曲人，宣德初始脱俗，从先师攻犹龙氏之学。正统壬戌（1442），先师见其颇能悟入，乃荐□之，遂擢道录右阶玄义。明年四月，英庙以天久不雨，命致祷于朝天宫，上及群臣斋戒旬日，中□禁屠杀。至日备法驾临幸宫庭，上具衮冕十二章，澡雪从事，时臣道玉举扬祭酒法事。事竣，驾还。翌日，甘雨应期。上大喜，特升左阶正一，复兼大德观住持。又明年正月，上将有事南郊。先期命臣道玉率道士凡廿有五人诣斋宫，被除氛祲，而赐锦衣骑从以行，岁以为常。

天顺改元（1457），即诏臣道玉握章苑司事。未几司设，太监彭□得舍其居第在日中坊者，为道玉别院。乃以赐赍并善人居士所施，予创为殿宇，轮奂一新。既成，赐额广福观。嗣孙杨应祜领春官榭住持之。明年戊寅（1458）夏五，道玉偶婴疾疹，英庙即遣太监王定偕御医吴敏、黄瑞来诊视之。翌日，复遣定赐锭三千缗，白秔三

---

① 碑阴额题文字，难以辨识，感谢薛文龙先生提供的照片和辨认推断，最终确认为"大明诰敕碑阴之记"。

② 碑阴正文首行标题，漫漶不清，只能认出"之记"二字，兹根据额题文字，定为"大明诰敕碑阴 之记"。另，笔者在论文《北京广福观明代史事考论》中所拟标题"广福观碑 记"应为有误，特此订正。

斛，及嘉蔬珍品。寻遣太监傅 恭赐范铜镀金七宝帝像及侍臣诸像。太监李良复赍赐金织纹法胀一，宝相金冠一，镀金宝相银剑一，水盂一。又明年己卯（1459），复颁彩绘三界神像，凡如干轴。庚辰（1460）夏五，诏建醮于内御用监，玉音顾谓臣道玉曰：旱既甚，夫雨在何时？臣顿首曰：在今夕。是夜果雨，连□□旦。赐镔剑一。□秋□□□，赐敕令，复拜九天暨真武神像之赐。

甲申（1464），今皇嗣登大宝，首遣太监钱义赐□□图书一，其文曰：太虚秋月□□道义。赐雷霆玉玺一。冬十月，遂蒙恩进洞微体顺凝诚养默致虚守静光范悟法弘教真人。复赐二品诰并银章一。秋八月，司礼太监黄赐命赐节，度道士二十人以为侍从。戊子，命充大祀分献官。既定，有冰晶、白玉二盂之赐，仍遣太监赐□□，赐白玉腰带一。

臣道玉散樗朽木，无所求才，乃尔遭际圣明，礼遇优渥，俾跻极品，诞赐殊恩，虽唐之承祯，元之处机，无以逾此。反躬度德，自揣何堪？谨砻石为碑，冠以螭首，负以龟趾，树于广福观大殿之前，恭□诰敕之辞于碑面，而以侈上恩德，复纪列圣所以锡赉之实于碑阴。用识不忘，非敢□□是先，且□□□国厚恩，无裨万一。夙夜警惕，临渊履冰，惟恐陷溺，身心无□□受□明赐有□列圣天地覆载之恩，故备录于兹，裨常自□之，庶几殚智竭虑，□少馨答效之诚耳。诗曰：夙夜匪懈，以事一人。臣道玉虽不敏，请事斯语矣。后之来者，当□兹哉。

时成化四年（1468）岁在戊子春三月初吉

洞微体顺凝诚养默致虚守静光范悟法弘教真人掌道教事臣孙道玉顿首谨志

四　成化十年（1474）敕封真人孙道玉父母共二道

按，该敕命来自明王僖修，程文、王韶纂《（弘治）句容县志》卷七，第三十页，弘治九年（1496）刻本。

皇帝敕曰：亲之积善者，余庆必及其子，子之效用者，宠命必及其亲，此国家制推恩之典，以励群臣，一本乎天理人情之至也。惟由道入官者，宠数未列于常典，须锡特出于异恩。尔孙德祥，乃洞微体顺凝诚养默致虚守静光范悟法弘教真人掌道教事道玉之父，善积于躬，庆延于后。笃生贤嗣，早悟玄宗，历事先朝，荐承宠眷，丕扬道法，屡致感通。肆朕嘉其祝釐之诚，体其孝亲之志，特追赠尔为太常寺寺丞。呜呼！生有善誉，殁有荣名。尚克钦承，永慰冥漠。

敕曰：母以训子为慈，子以显亲为孝，肆朝廷推恩臣下，必有褒荣之典，而效劳有自者，可无异数以嘉答其所生哉？尔沈氏，乃洞微体顺凝诚养黙致虚守静光范悟法弘教真人掌道教事孙道玉之母，夙有慈善，著于闺门，训子成名，克振玄教。宜须恩数，以彰庆源，特追赠为安人。灵爽如存，尚其祗服。

成化十年九月十三日

广福观碑阳拓片

广福观碑阴照片

民国时期出版道教图书述论

刘奥林

摘要: 通过对民国时期出版道教图书情况进行梳理,可以发现这一时期道教图书内容、形式、出版群体等方面在继承传统的基础上出现了新的变化,也可以发现此时期道教一定的发展情况和对社会所产生的部分作用、影响,以及在社会变革背景下所面临的困境,道教界人士从外在组织和内在理论两方面所做出的努力和成绩。其中教外学者的研究性著作则体现出了道教丰富的内涵与现代学术的多重结合。反过来看,这也正是最终促成这一时期道教图书如此情形的原因。

关键词: 道教 《道藏》 图书 出版

作者简介: 刘奥林,国家图书馆出版社副编审。

道教作为古代中国传统文化三大支柱中的本土宗教,以道家学说、神仙方术等为源头,融合多种文化思想而成。魏晋以来,得到朝廷上层的扶持,不断发展,几度兴盛。自明后期以来,朝廷对道教多采取抑制加利用的政策,道教宗派不断分支,全真道只龙门一派有中兴之局面,正一道中龙虎、茅山宗等较为活跃,也在不断衰落。[①]近代以来,随着外敌入侵对中国造成的破坏,西方宗教、科学以及文化思想的传播,太平天国运动废除道教的策略,都大大挤压了道教的生存空间。尤其太平天国运动主要是在南方活动,是道教根植的重要区域,多处宫观被毁,道众被驱逐,更是对道教的生存和发展造成了很大的影响。加之晚清民国时期的两次庙产兴学运动和反宗教运动,从实际行动和思想理论两方面使得道教受到了沉重的打击。[②] 这些运动不同于古代因上层政权喜好或政治需求而出现的兴废,并非孤立、偶然的存在,是在大的历史

---

① 卿希泰主编《中国道教史》第四卷,四川人民出版社,1996,第2页。
② 孔令宏:《晚清民国时期三大政治运动对佛教和道教的影响》,《武汉科技大学学报》(社会科学版)2016年第5期,第541~543页。

背景下政权、社会对宗教做出的反应。道教生存发展因而受到了很大的限制，不可避免地趋于衰落。通过整理民国时期出版的道教图书，审视其所呈现出的情形，可以在一定程度上了解道教在这一时期所呈现出的态势，以及在困境下道教界人士从内外两个方面所做出的应对，并略为探析深层次的因素。

此次论述民国时期出版道教图书相关数据，主要依据国家图书馆民国时期文献普查成果①、国家图书馆出版社"民国图书数据库"②，以及《藏外道书》《三洞拾遗》《子藏·道家部》《中国道观志丛刊》《中华续道藏初辑》《道藏精华》《道家与道教研究著作提要集成（1901～2017）》等多项研究成果。

一　《道藏》及新编古籍丛书

中国历来有重视文献、编史修典之风，近代以来西方印刷、造纸技术的引进，各种科学文化知识的传播，使得出版的各项技术不断改进。进入民国时期后，国家体制改变，图书馆、出版机构、高等学校群体发展壮大，为出版既提供了必要的支持，也提出了需求。这也为道教古籍丛书的出版提供了技术条件。

历代所编《道藏》，仅明《道藏》保存至今，庚子之乱后刊板已毁，只剩下北京白云观等各处道观有藏，且不全是完帙。弥足珍贵且深藏宫观，不利传布和研究，且在当时形势下，保存亦面临诸多困难。有鉴于此，傅增湘、张元济等人发起《道藏》重刊，白云观方丈陈明霦也曾多方出力，几经波折③，于20世纪20年代，由商务印书馆以涵芬楼名义影印北京白云观所藏明版《道藏》。商务印书馆又从中选择对学术至为重要的经书176种，分作十类，名《道藏举要》。前人对《道藏》多有诟病，如陈撄宁在《论〈四库全书提要〉不识道家学术之全体》中说，马端临《文献通考》评价《道藏》"杂而多端"，《四库全书提要》批评《道藏目录》"捃拾以足卷帙"，并列出与道教无关之书名。④ 通过《道藏》《道藏举要》的出版，傅增湘在《重印正统道藏缘起》中着重肯定了《道藏》在文献学方面的价值，并且在出版过

---

① 革命文献与民国时期文献联合目录，http：//pcpt. nlc. cn/。
② 中国历史文献总库·民国图书数据库，https：//mg. nlcpress. com/。
③ 有关涵芬楼《道藏》影印出版的详细情况，可以参见尹志华《涵芬楼影印〈道藏〉始末考》，《世界宗教研究》2019年第2期。
④ 郭武编《中国近代思想家文库·陈撄宁卷》，中国人民大学出版社，2015，第202～203页。

程中多方推广，使得《道藏》的价值得到更多的关注和认识。不仅解决了此前的保存和传布问题，还宣传了《道藏》的文献价值，惠及了道教以及相关方面的学术研究。

丁福保有感《道藏》卷帙浩瀚，"道藏目录，甚至道藏辑要目录，亦不易见"，于是"采辑道藏及云笈七签中之精华，并搜罗古书"，共一百种，其中失收和新出道经 36 种，编纂成《道藏精华录》一书，"凡太上秘旨、南北玄学、养生要诀、导引捷法，无不举备"①。其中不乏学者著作，如刘师培《读道藏记》，是阅读《道藏》所作笔记。陈撄宁曾评价《道藏精华录》，"大概是投机营业的性质……好在所收的都是古书"②。其中提及营业性质，说明此类道书在当时是有一定的需求。重刊《道藏》前，张元济曾担忧销售不畅，预订销售之时，傅增湘曾多方联系推荐，可见对此书发行的关注。除去对成本、风险的顾虑，也是对此书在社会各界所得到反应的重视。《道藏》预售时，美国国会图书馆代表施永高、法国伯希和都表示愿意预订，印制完成后销售良好，售罄后仍有求购者，有鉴于此，傅增湘还曾拟议重印。③《道藏精华录》的"营业性质"，《道藏》的重印计划，也从侧面反映了道教文献的价值得到了越来越多的认知、关注，因而有此社会需求。

民国时期新编古籍丛书中，大都收录了不少道教古籍，如四部丛刊初编，三编中的子部，丛书集成初编，古逸丛书，续古逸丛书，子汇，归震川评点百二十子，四部备要，湖北先正遗书，等等。此外还收录各种版本的道教古籍，以及教内外人士对经典的注解等。万有文库除影印道教古籍外，还出版了民国时期新出的道教著作。

民国时期出版的《道藏》以及新编古籍丛书以影印为主，"忠实于文献原貌，使文献的真实性、完整性、原生态性得到高效、充分的揭示"④，大多由商务印书馆、中华书局出版，这两家出版机构在当时有一定影响力和规模。通过这种大型文献编纂出版的方式，展示了道教古籍内容丰富、规模宏大的特性，突出了道教古籍在历史文献中的地位，有力地推动了道教文献的保护和传播，以及教外人士对《道藏》的使用和对道教各方面、各角度的研究，从而使得民国时期知识分子重新审视道教文献的

---

① 守一子编纂《道藏精华录（上、下册）》，《道藏精华录一百种提要》，浙江古籍出版社，2005，第 1 页。
② 《中国近代思想家文库·陈撄宁卷》，第 67 页。
③ 尹志华：《涵芬楼影印〈道藏〉始末考》，《世界宗教研究》2019 年第 2 期，第 109、111 页。
④ 南江涛：《改革开放四十年来的古籍影印出版》，《中国出版史研究》2018 年第 1 期，第 76 页。

作用。新中国成立以后，道教古籍丛书影印出版不断发展，对道教文献进行更深层次的挖掘和研究①，可以说，与前者之间是一个系统的进程。

二　刊刻民国之前道教经书

除却《道藏》和新编古籍丛书，民国时期还曾大量重新刊刻之前的道经道书。

劝善戒律：印光法师鉴定《感应篇汇编》；史洁理辑著《感应类钞》，上海聂氏家言旬刊社 1924；黄正元纂辑《感应篇图说》，中央刻经院 1933，此书又重新排印、去除图片作《因果》，北平京城印书局 1937；《感应篇直讲》；《救世太上感应篇》，1933；清人陈氏汇辑《太上感应篇注讲证案汇编》，苏州弘化社 1931；《太上感应篇注解》，北京仁寿堂 1932；崔嘉勋注《感应篇引证句解》；邓继禹改镌惠栋《太上感应篇引经笺注》命名《益世经解要编》。②《三圣经》，杭州迦音社 1924；《三圣经读本》，上海明善书局 1938；《三圣经灵验图注》，上海宏大善书局 1936；《三圣经浅注》，北京中央刻经院；姚远滋等著《道德书》，上海劝社 1939，收有《文昌帝君阴骘文》注等；深山居士编著《绘图暗室灯注解》，上海宏大善书局重刊；《文昌帝君劝孝歌功过格合刊》。

此外还有《天律圣典大全》，1932 年上海明善书局重刊西昌种、复善园原本；《八德功过格》，上海明善书局；《玉定金科辑要》，题梓橦帝君撰，北京金科流通处 1926；清人梁恭辰编《劝戒录类编》，上海中华书局重印，天津周敬庵于 1934 年分集刊印，文前有宋哲元序；托名孙思邈、吕洞宾等降笔的《卫济真诠》，书中"阐明医理，间录方剂以为辅，本末兼全……欲世人善用其言以为摄生却病之诀"③，1916；抱一子《二关指迷》，1920；《照心宝鉴》，1916；素行子王子达重编《玉历至宝钞》，上海宏大善书局 1920；等等。

经典注释：姚复庄注《玉枢经篇》，上海新学会社 1919；《太上道德经浅注》，苏锡文刊赠 1938；孚佑帝君注解《太上无极大道三十六部尊经注解三卷》，上海明善

---

① 关于 1949 年之后的道教古籍丛书影印情况可以参考拙作《新中国成立以来道教古籍丛书影印出版综述》，《中国出版史研究》2019 年第 4 期。
② 如《感应篇汇编》《感应篇直讲》等有多次、多家出版机构刊印，除特殊情况外，本文只注明其中一个版本。
③ 胡道静等主编《藏外道书》第 27 册，巴蜀书社，1994，第 499 页。

书局 1935；杨增新《补过斋读阴符经日记全一卷》，1926；白玉蟾注《蟾仙解老》，上海文明书局 1922；黄裳《道德经经义》，上海新学会社 1920；陆本基辑订《道德经索隐》，1944 年抄本。

　　摄养修炼方面：陶素耜《（大字足本增批）道言五种》，上海翼化堂书局石印本 1930；陆西星《方壶外史丛编》，香山郑观应排印本；刘文彬述记《太极冲玄至道心传》，上海人文印书馆 1930；彭定求校正《道藏真诠》，北京会友书社 1921；黄裳《道门语要》《乐育堂语录》，北京天华馆；《文昌大洞仙经》，鼓浪屿了闲别墅 1936；《长生术》，又名《太乙金华宗旨》，与《慧命经》合刻，1933；《点金奇术》，吕洞宾著、张三丰订、龙虎老人编辑，道学研究社 1922；《博大真人全集》，即《性命圭旨》，思明苏锡文重刊 1939；乐山子《明道新篇》，1921；王建章《仙术秘库》，上海万国长寿学会 1922；李昌仁《玄妙镜》，齐永诚重印 1933；张松谷《丹经指南》，1925年重刊；傅金铨《四注悟真篇》，上海江东书局 1911；《张三丰太极炼丹秘诀》，上海中西书局 1935；养真子《龙沙养真集》，1924；张玄光《三才大易》；《天仙正理》。

　　科仪、符箓方面：规模较大的丛书有清代陈仲远曾辑校道教科仪丛书《广成仪制》，成都二仙庵于宣统元年（1909）到民国 3 年（1914）刊刻了此书中的部分，收录"宫观中例行的朝科和度亡科仪外，有不少科仪系为适应民众生产生活需要而制作，如保苗科仪、禳蝗灾科仪、虫蚁判散科仪、祈雨科仪、谢土安龙科仪、祀供井泉科仪、谢火科仪、祛瘟科仪、禳痘疹科仪、接寿科仪等。有些科仪带有四川地方特色"[①]；白云观藏张克诚抄《斗姥祭炼班科》，1935；《经忏集成》，刘汝钦、刘沅注释，刘咸炘校刻，附直音一卷，成都守经堂；金宏吉抄《普召牒》《先天斗姥炼度金科》，1938；《秘传万法归宗》；白玉蟾注《木郎祈雨咒》，二仙庵藏版重刊 1924；《大木郎祈雨咒》，二仙庵藏版重刊 1937。

　　宫观地志有：顾湘舟《玄妙观志》，1927；李归一《王屋山志》；吴玉树《东林山志》，上海句容戴氏上海排印本 1922；陈铭珪《浮山志五卷》，东莞陈氏聚德堂丛书；《金陵玄观志》，江苏陶风楼 1937；吴伟业纂修《穹窿山志》，1943；黄宗昌《崂山志八卷附游崂指南》，即墨黄于斯堂刊本 1916。

　　此外还有丛书《道书集真》，1918 年重刊，刊板存于河间府泊镇盐店街；周履靖

---

　　① 尹志华：《清代道士陈复慧、陈复烜编纂、校勘的道教科仪书略述》，《中国道教》2010 年第 5 期，第 45 页。

《夷门广牍选刊》，民国商务馆影印本；洪应明《洪氏仙佛奇踪八卷》，武进陶氏重印1931；李涵虚编《海山奇遇》，是吕洞宾的年谱；《吕祖汇集》；陈铭珪《长春道教源流八卷》，东莞陈氏聚德堂丛书1949；《历代神仙史》，宏善书局1936；陆本基编订《龙门正宗觉云本支道统薪传》，系龙门分支金盖山云巢派之岔派觉云派，1927；上海道德书局《碧苑坛经》；文学作品如《八仙得道传》，峨眉无垢道人原著、许厪父编辑，上海天然书局1931，书中有精美插图。

有部分善书出版机构，刊刻了大量道教经书，主要以民间信仰为主，如上海翼化堂善书局《东厨司命龟王府君劝世真经》《斗姥九皇圣经》《无上虚空地母养生保命真经附太阳经》；上海明善书局《圣帝反本报恩妙经》《玄灵玉皇经宣讲白话》《元始心经》；上海宏大善书局《关帝明圣经全集》《五祖大同宝合灵经》；等等。

从上述梳理的文献可以看出，民国时期刊刻的前代道教经书大多是清人的著作，部分仍保留了道教经书托名神仙的特点。其中，以《太上感应篇》《文昌帝君阴骘文》《关圣帝君觉世真经》为代表的道教善书，是重新刊刻道书种类最多的，不仅刊刻原书，还有注释、讲解、汇辑、附补、编抄、节选、阐发等各种整理形式，补充一些因果事例、常用知识等；其次是摄养修炼、科仪等方面。出版机构以上海明善书局、宏大善书局、翼化堂善书局等刊印种类居多，还有宫观道院、个人发起，以及抄写本等。这些道书的出版体现了民国时期社会和宗教对道教文献的需求和倾向，以及道教界、出版机构对这些需求和倾向所做出的反应，满足了民众信仰、修炼研究等方面的需要，发挥了劝善引导的作用。同时也是对道教文献的继承和保护，如二仙庵刊刻的稀见道经和科仪丛书。可以说，这类道书一定程度反映了道教在这一时期的传承以及起到的社会教化、满足民众信仰的作用，这也是道教在整个社会，尤其是民间中所起到影响的部分表现。

三 民国新出道教经书

以下分类略述民国时期新出的道书。

教义教理[①]：《老子约》，豫道人张其淦著于1919年，"其中博览诸注，撷其精华

---

① 文中关于道书的分类方法，主要参考胡道静等主编《藏外道书》，巴蜀书社，1994；丁培仁：《道教文献学》，四川大学出版社，2019，并根据实际情况做一些调整。民国时期教外人士对于先秦道家诸子经典的整理研究著作，暂不列入讨论中。

者半；体会经旨，自出心裁者半。并取诸家精要之言著录于后，聊以附述而不作之义"①，认为"以儒理解之非道教也，以禅理解之非道教也"，坚持以"黄老之学"释老，"对现实政治、文化的反思，又反映了民初道教界有识之士在近现代社会转型、文化变迁中对黄老道学时代价值的掘发"。② 易心莹《老子通义》③；王延彩著《显济大帝道德经注》，北京慈济医社 1939；成上道撰《老子心印》，收入《三教心法》中，上海明善书局 1936，是民国时期道教人士以丹解老的代表著作④；《太上道德经新注》，川沙至元堂 1941，作者托名魏伯阳称是"离恨天兜率宫太上道祖案下掌经司"，川沙至元堂是个慈善机构，可见有很浓厚的民间信仰色彩，作者在序中言明此书是"志在存亡继绝"，"先成三十七章，原文包括丹道、政治、性理、哲学，本注赖已阐发靡遗，而于先天立论之纲领尤加详说。原夫太上学说，与孔氏书息息相通"，旨在贯通儒释，"道人所未道，文义求殊颖"⑤；《阴符经真诠》，黄元炳笺释，1920；《太上老君说常清静真经原旨一卷》，汶水居士著，作者认为"不得真道者，为有妄心……得悟道者常清静"，而"人心好静而欲牵之"，因此"常能遣其欲而心自静，澄其心而神自清"⑥，在文中对《清静经》逐句注释，间引儒释之说；胡安朴著《〈太上黄庭宝经〉集注阐义内外篇》，江西胡安朴公祠 1926；《经义蠡测笔记》，江苏镇江道院 1948；《白云集》，陈明霖著，撷华书局 1929，采撷《玉皇心经》《金光咒偈》，"以经典原文联成偈语……并有读书偶录，即事口占，蠡管窥测，直抒胸臆，录备观览兼防遗忘"⑦。王理学撰《全真宗教录》，稿本 1939⑧，另撰《老子实录》，稿本 1946，湖南图书馆藏；邓静虚著《道学粹语》，万国道德总会 1947，作者有感于道学书籍失于"深奥难解""浮泛夹杂""奇离怪诞""执象顽空"，加之"科学书籍遍布人寰"，不遗余力宣传鬼神仙佛是子虚乌有之事，所以"本列圣诸佛传薪授记之心法，并己之历年学道参悟心得……将先天、后天、理性、气性……鬼神、魂

---

① 《藏外道书》第 3 册，第 543 页。
② 丁常春、吴振亚：《张其淦〈老子约〉思想略论》，《社会科学研究》2013 年第 2 期，第 138 页。
③ 《老子通义》《〈太上黄庭宝经〉集注阐义内外篇》《求心篇》等书参见田诚阳《二十世纪中国道教典籍的整理与研究》，《中国道教》1998 年第 2 期，第 25 页。
④ 詹石窗总主编《道家与道教研究著作提要集成（1901～2017）》（二），国家图书馆出版社，2021，第 61～62 页。
⑤ 方勇编纂《子藏·道家部·老子卷（全 120 册）》第 107 册，国家图书馆出版社，2018，第 87～88 页。
⑥ 《藏外道书》第 3 册，第 746 页。
⑦ 《藏外道书》第 24 册，第 1 页。
⑧ 有关王理学著作，可以参考张全晓《民末武当山全真道士王理学其人其书考》，《世界宗教研究》2021 年第 1 期，第 122～126 页。

魄、性命、道德、天地、阴阳各要义逐条说明,分析甚详,又引证各经,索引法言圣语"①。疯儒老人著《道理题释》,90 个对"道"的问题的论述;段德林《一知录》,1917,内含性命、道德、冲庸 3 篇;何倜文著《道学新论》,1946,上编论道、中编论性、下编论心,书末附《学庸合一研究方法图及说明》;邓孝然《雨苍馆通函》,北京世界宗教大同会 1923,是作者对访道、求道信件的回函,附《邓绍云与蔡子民等书》;《道旨纲要》,济南道院编 1940,包括说明气胞为万有起源之真谛,说明真灵为人所同具之重要,说明五教同归于道之原理等五部分。

上述统计绝大部分是道教人士的著作。经典注解中,以对《道德经》的注释最多,有以丹道解老,有坚持不糅儒释、专注黄老之学,也有主张融合各教归于道者。另有著者的个人修行体悟,或者针对道教典籍深奥和西方科学冲击对教义逐项分析说明,或有感乱世宣扬修道以为本。此外还有道院编纂以宣扬教理者。

新出道经:吕祖降授《太上洞阳真经》,1920;华山宗云水洞天辑《道经秘集》,1928;《先天浑元玄玄秘录救世真经》,张慧真总纂,民国悟善总社救世新教总会1925;《玉历灶君真经》,浣野人述;《灶君真经》,青岛崇华堂重刊 1942;《太乙北极真经》,降于济南乩坛,1922;万奉桓著《太乙北极真经副集经旨邃秘》,道慈杂志社 1936;《金线参契圭南》,题吕祖降著,赵道涛辑;托名鸿钧道人之《好生救劫宝经》;惟一子编《敕设华山宗坛金玉汇编》,1942。

上述基本是托名乩坛降笔的形式。历代道经"相当部分乃依托尊神、仙真降授,通灵扶乩对道经的制作也起过不小的作用","扶乩是宋代以后道士通灵的一种方法"②,盛行于明清。民国时期道院、善社、乩坛等民间宗教和慈善团体都参与扶乩活动,陈撄宁也曾说民国之后,"鸾坛之设,几乎遍满国中"③,可见此风盛行。陈撄宁认为"迷信与不信"都不是对乩仙的正确认知,而是属于"宇宙间自有一种不解之玄理",使得宗教"超然独立于科学范围之外"。④ 这种见解是源自道教与科学之间的对抗与调适而来。

摄养修炼:这方面著作最多的当属陈撄宁,与上海翼化堂善书局主人张竹铭创办《扬善半月刊》,提倡独立于三教之外的"仙学",有学者称其为"仙学派",著作大

---

① 邓静虚:《道学粹语》,北平万国道德总会,1947,第 67~68 页。
② 《道教文献学》,第 24、49 页。
③ 《中国近代思想家文库·陈撄宁卷》,第 14 页。
④ 《中国近代思想家文库·陈撄宁卷》,第 15 页。

都发表在《扬善半月刊》《仙道月报》等，部分出版成书的有《黄庭经讲义》《孙不二女丹内功次第诗注》，上海翼化堂善书局1934；《灵源大道歌白话注解》，上海丹道刻经会1938；评注《旁门小书录》，上海翼化堂善书局1935；编辑校订"女子道学小丛书"，《坤宁妙经》《女丹十则》《女工正法》《男女工异同辨》《女丹诗集》五种；还校订《道窍谈》《三车秘旨》，丹道刻经会1937。陈撄宁校订道书，是有鉴于许多道书因一般人不懂"逆行造化之玄妙"，将丹经术语"拉扯到清静工夫上去"，"弄得读书的人糊糊涂涂……余今日不得不将革命手段拿出来，用在整理道书的工作上。此后就是古今道书著作划分界限之时"。[①] 据陈撄宁《答复苏州张道初先生来函问道》载，还有《仙学入门》《口诀钩玄录》《仙学正宗》《五祖七真像传》等著作未曾出版。[②] 常遵先是陈撄宁"仙学派"重要的一员，著有《黄鹤赋真本注解》《金火丹诀》《吕祖诗解》，上海翼化堂善书局1935。

　　冉道源集录《合宗明道集》，收有周道成录《中华道教会宣言》，即陈撄宁《中华全国道教会缘起》，因此书当成于1936年后，以道教为主而倡三教合宗的大道修炼说，反映民国时期西派丹法思想，"表明道教界人士在祖国遭受日本帝国主义侵略，世界处于战云迷漫之际，立志以道纲维全宇、拯救人类的博大胸怀"[③]。《明道语录》，汇集洗心子回复各方问道之函札，洗心子曾于1928年与冉道源在如意寺受道士李真一传授《三车秘旨》，继承了西派和伍柳派丹法，提出的"炼精化气、炼气化神和炼神还虚次序论未见于前人之丹经"[④]，并且引入西方科学知识阐释内丹学，将道学与科学统一起来；杨践形述《指道真诠》，上海春江书局1935，以丹经内容为主，联系中医学术[⑤]；《性命法诀明指》，1933，龙门派赵避尘著内丹书，从《全体新论》"大量引入西方身心观来汇通内丹身心观"[⑥]，并且"首次将西方解剖学大量引入内丹经典，并和弟子一道企图制造高精度的内丹人体图"[⑦]；赵避尘还曾注释其兄赵魁一所著《三字法诀经》，1933；《补天髓摘抄》，张义尚抄《丹经指南》所附《补亏正法》，1918；《复真十要》，吕洞宾所作《惕虑集》所附，又天编纂，海清氏校正，上

① 《中国近代思想家文库·陈撄宁卷》，第269页。
② 《中国近代思想家文库·陈撄宁卷》，第67页。
③ 卿希泰主编《中国道教史》第四卷，四川人民出版社，1996，第452页。
④ 丁常春、吴振亚：《洗心子内丹生命哲学思想概论》，《周口师范学院学报》2009年第6期，第21页。
⑤ 陈荣、熊墨年、何晓晖：《中国中医药学术语集成·中医文献下》，中医古籍出版社，2007，第863页。
⑥ 郑术：《内丹经典与〈全体新论〉》，《中国科技史杂志》2014年第3期，第346页。
⑦ 郑术：《内丹人体图风格探源——在〈性命法诀明指〉中西对话的视野中》，《科学文化评论》2011年第3期，第53页。

海明善书局 1921；元阳子《化欲论》，天津华通印务局 1938，陈撄宁曾评价此书："理论亦颇有可取，惜其方法不太高明。"① 吉亮工《天元人元天人合一之中国金丹学》；《江西分宜林品三先生语录》，门人郑方正等述，上海道德书局 1947，记载林品三的讲道语录，以周易、八卦等诠说修炼，《仙道月报》曾载陈撄宁与林品三谈话记，讨论《易经·损卦》六三爻辞与双修之事②；翠峰子编著《洞天秘籍》，介绍道家炼精、炼气、炼神等内修知识，上海时中书局 1914；邱新佛著《生生秘诀》，新山东日报社 1917，道家养生书，包括总论、仙术修养法、摄生五大法等；浩然主人编《仙术秘传》，上海神州催眠学会 1916，介绍道家养生之道，含总论、仙术修养法，摄生五大法等；陈让之编《入道阶梯》，上海经书流通处 1932，为丹道书，有学道总说、修道指要、成丹要诀等 6 章；万启型批注《古书隐楼藏书》，1916；《三元丹谱》，李道勋著，陈仿夷注，1919；《静坐长生真传》，嘉鱼上乘玄门吕教清源仙坛悟妙子著，1936；纪元溥《道德真经纪氏实验辑要》，宏道堂 1944；《修真指南注解》，上海五教书局 1924，是对青华道人著《修真指南》的注解，主要讲述释、道、儒有关成佛、成仙、成圣的修行之道，附《金丹四百字》；《卫生秘书》，王理学摘抄《万寿仙书》，湖南图书馆藏抄本 1946；徐雍编《张三丰道术武术汇宗》，上海武侠社 1932，全书分上、下两集，上集为"道术篇"，共 4 卷，含张三丰的传记、年谱、丹经秘诀及语录，下集为"武术篇"，共 5 卷，含仙家八段锦、仙家易筋经等；张廷栋撰《默悟寻源解论参同契养病法》，1919，此书共四卷，是作者养病修炼之法，"由坐功八段锦入手而推本于《参同契》"③，并"寻《参同契·鼎器歌》之根源详细解论，逐句理由"④；殷师竹编译《增注详解内功炼丹秘诀》，上海武侠社 1944，介绍了太极拳基本知识以及内功炼丹秘诀。综上可以看出，这类图书以内丹学为主，包含从《参同契》体悟摄养修炼之法，兼具理论研究和修行方法、实践体验，并联系中医、易学、炼丹、西方科学知识，涉及武术方面，著者群体大多是教内人士，在继承传统道教丹道的同时又有所突破。

劝善戒律：《太上感应篇说咏》，上海寿世草堂编 1924，辑集因果报应故事解说《太上感应篇》；杨钟钰编《太上宝箴中西缋义》，上海中华书局 1923，引用中西书

---

① 《中国近代思想家文库·陈撄宁卷》，第 518 页。
② 《中国近代思想家文库·陈撄宁卷》，第 517 页。
③ 张廷栋：《默悟寻源解论参同契养病法》第一册，吴阎生序，第 2 页。
④ 《默悟寻源解论参同契养病法》第一册，默悟寻源解论参同契养病法叙首问答，第 2 页。

籍、前人注释解说《太上感应篇》，"以明敬天为体，彰善瘅恶为用"①，封面注明"家庭教育暨市乡宣讲用"；《太上感应篇集证》，以笺注、引经、附论、附断的形式分句集证，并附善过格；曹善搓校续《太上感应篇经史集证》，1939；园晋编《处世明灯》，上海乐中印书会1944，是对《太上感应篇》的白话解释；周安士《阴骘文广义节录》，上海佛学书局1934；邬云程编《格言汇编》，上海国光书局1925，收录"三圣诸经"及朱柏庐治家格言，附《普济方》；杨钟钰编《觉世宝经中西汇证》，无锡书院1937，书中引用中西实例，对觉世经加以解释，书后有《文昌帝君功过格识》；胡其康《关帝觉世经释略》，上海宏大善书局1928，书中《释略小引》记载，此书是"逐句缀以俚言，每段系以鄙语……老媪都解，末附劝世词调数则"；寒世子邬崇音编校《关帝灵感录》，上海道德书局1937，"以《觉世经》之文为纲，旁引圣训……博采诸书之灵感记"②。吕美荪节选《劝戒录》中清人果报事，分作"冤孽之报""厚德之报""证明冥间实有"三类，并附编者杂记，"美荪自记三生因果"及神鬼感应短文数篇③，于1933年编成《劝戒录节本》；《白话劝戒录》，1933，慧植选取《劝戒录》中部分以白话形式表现；香港抱道堂编《四害图说》，1930；《东岳庙七十六司考证》，刘澄圆以白话编写的解释各司职务的考证材料；《良行丛书选刊》，徐天民录，汉口良行精社印赠，选自良行丛书的"一六心传说自度清净箴""良行四规""五教通论序"等；《灵屠宝录》，镇江清心堂止水坛编1927，宣扬道家劝善、戒淫、戒杀等知识，附至善玄密诀及方药；《八德大成统化合璧》，陆志濂注解，上海明善书局1934；仙谷子《洞冥记》，上海宏大善书局1935；《九级天梯》，民国4年魏慕修等扶乩书，祁县修善坛刊印1917；王理学《奇异闻见记》，稿本1948，搜罗平日见闻奇异事迹三十三案，并加以评语。

可以看出，善书仍是以《感应篇》《阴骘文》《觉世经》及劝戒录等为主，形式有白话、解说、注释、集证、节录、汇编等，部分善书撷取了西方书籍的记载和实例，有的善书则是针对进入民国时期以来"风教骤更，固有之道德日丧，思想之趋向益歧"④，着力于最大限度地影响各阶层群体，引导社会向善的风气。

科仪、符箓：余哲夫编《符咒全书》，精灵学社1924，收录作者著《符咒研究

---

① 杨钟钰编《太上宝箴中西缵义》之"叙文"，中华书局，1923，第2页。
② 寒世子编校《关帝灵感录》，道德书局，1937，第186页。
③ 吕美荪编《劝戒录节本》之"目录"，1933，第1~3页。
④ 寒世子编校《关帝灵感录》，道德书局，1937，第186页。

法》和影印的符咒书；《玄教坐牒证》；《道教风雷决》，詹义阶集抄1949；《宗主宝诰圣号句解》。

神仙传记：上海新华书局1923年出版"八大神仙"丛书，编辑"八仙"相关记载；谭华甫著《道缘摘锦第二集》，记载"八仙"事迹；谈文灯辑《吕祖灵感录·简效良方合刊》，1934，辑录众书中关于吕洞宾的行迹及诸病药方，附《终身古训之余》；王理学辑《吕祖救世实录》，稿本1947，从《吕祖全书》中辑出"灵应事迹"，对部分生僻字注明音义，并在各条后加上作者的评语，以宣扬吕祖信仰与"长生学"①；吴宗慈著《张道陵天师世家》，江西省文献委员会1947年印行"江西文献丛书"之一，内收汉道教天师张道陵传，《天师历代世系表》《历代天师列传》；《补天师世家》1918，系六十二代天师张元旭编纂，续补了五十代至六十一代天师传。此类书大都不出"八仙"与天师传记，除民间信仰的因素外，江西省将其作为地方文献编辑收录，则形成了另外一个角度。

宫观地志与道教组织：江西省立民众教育馆编《西山万寿宫志略》，江西西山万寿宫地方整理处1937；赵崇福著《厚和新城碧霞宫志略》，蒙古文化研究所1942；小柳司气太编《白云观志（附东岳庙志）》，东方文化学院东京研究所1934；熊宾《续修大岳太和山志》，襄阳大同石印馆1922；《罗浮志补》，陈伯陶补，东莞陈氏刊本1920；李理安编《长春观志》，1936；李信孔续修《安徽巢湖中庙庙志》，1923；黄翰翘撰《江西青云谱志》，住持徐云岩重刊本1920；王莲友撰《重建金陵玉虚观纪事录一卷 征信录一卷》，上海三友实业社排印本1936；沈睿撰《觉云轩云霄玄谱志八卷》，1939；《上海城隍庙》，火雪明编、黄文农绘图，上海青春文学社上海小东门内邑庙董事会；《上海城隍庙》，是上海市文献委员会1948年编"上海文献丛刊"之一；江导岷辑《茅山志辑要》，1920，以清初旧志选辑重印，助"求真揽胜"之游兴②；《武当风景记》，白衣道人（王理学号）撰，湖北省图书馆藏抄本；青城常道藏室编《青城指南》，青城古常道观1939，后附陈撄宁《中华全国道教会缘起》。此类图书包括地方士绅或教内人士编写的宫观志，地方文献整理，宫观研究，以及偏于游览资料。此外，还有《崂山记游》等关于道教胜地的游记类图书。

道教组织方面有陈明霈等著《道教会布告》，北京白云观中央道教会总机关部编

---

① 王理学：《吕祖救世实事录》之"自序"，湖南图书馆藏稿本，1947。
② 江导岷辑《茅山志辑要》，1920，第94页。

印 1912，收录道教会宣言书、大纲、要求民国政府承认条件、上袁大总统国务总理书、发起人、赞助人、小引、上书记，以及内务部覆国务院道教会准予立案并抄送批词文，附批，诸大丛林并千阁二山各庙承认经费芳名等。这些资料记录下了白云观主持陈明霖等人于民元发起到成立中央道教会的过程，组织任务、成员资格、机构设置、人员编制相关规定，以及向各行省、城镇乡设分会并向国外扩张的设想，1913年即成立了四川省道教总分会。成立中央道教会"是道教界在国家政治体制巨变时期，为争取自身在新体制下的合法存在并推进事业之发展所作的努力"①。安世霖纂《白云观住持安世霖为整饬观务声明书》《白云观全真道范》，北平白云观 1940，白云观在 20 世纪 30 年代即出现过两次住持危机，"不仅体现了在建立现代性国家的过程中，道观被打上了国家严格控制以及管理不善的政治烙印，亦反映了在衰败过程中白云观内部复杂的矛盾"②。《白云观全真道范》记载，安世霖深感白云观"积久则弊生……事无统系，人无专责"，"十方云水，任意去留"，"未受教育之化"，以致"宗风之落一日千丈"，③ 继任白云观住持后改革宫观旧制，包括"宫观组织、宫观道士教育、宫观管理、宫观经济等方面"，"作为近代道士自我革新与自我教育的开拓者……安世霖在现代宫观制度建立过程中起到了非常重要的作用"。④陈撄宁编《复兴道教计划书》，上海市道教会 1947，列举复兴道教办法大纲 9 条，并加以说明。

　　这类图书主要介绍中央道教会相关情况，安世霖对白云观施行的改革，陈撄宁为复兴道教提出的计划等。成立道教组织的目的，是更好地团结所有道教界人士，提出新的发展理念，改革宫观旧制，清除旧弊，挽救宗风，更好地适应社会变革。这些设想囿于历史背景下各种因素，最终未能实现。

　　此外，还有王理学著《金莲记》《华胥梦》，湖南图书馆藏稿本，都是章回体白话小说的形式，《金莲记》演说道教龙门派历史，《华胥梦》"演说黄老之学清静无为的政治主张"，通过这种"创造性的继承和发挥"，起到了"弘道阐教"的功用。⑤

　　民国时期新出道书著者大都是教内人士，作品涵盖了个人的理论思想、实践方

---

① 卿希泰主编《中国道教史》第四卷，四川人民出版社，1996，第 426 页。
② 参见付海晏《1930 年代北平白云观的住持危机》，《近代史研究》2010 年第 2 期，第 93～108 页。
③ 安世霖纂《白云观全真道范》之"自序"，1940，第 1 页。
④ 付海晏：《北京白云观与近代中国社会》，中国社会科学出版社，2018，第 285 页。
⑤ 张全晓：《民末武当山全真道士王理学其人其书考》，《世界宗教研究》2021 年第 1 期，第 125～126 页。

法，其目的或是治病延年、长生之个人追求，或是除弊立新、振兴道教之宗教理想，或是感怀时势、济世度人之终极关怀，或兼而有之。新出道书涉及道教会、宫观以及民间宗教组织，高校、研究所等研究机构，地方文献整理机构，以及各类出版机构。内容上仍以摄养修炼、劝善戒律类最多，在义理思想、内丹理论和修行实践上，不同程度向道教经典回归并有所创新。在面对西方科学与宗教挑战的形势下，传统道教思想与西方思想的冲击、吸纳、交互、比较、竞争、融合，由道书呈现出来。尤其是在内丹术方面，理论思想与修炼方法、修行实践兼顾，并开始引入西方医学知识，向中医、易学、武术等方面延伸。善书方面，在继承"三圣经"为核心的同时，将西方典籍、事例也纳入体系中，以及教义教理中提倡的三教合一、五教合一，都是道教包容性的体现。道教组织在传统宫观的基础上有了新的形式，成立了中央道教总会、中华民国道教总会、四川道教总分会、上海市道教会等近代宗教组织，从宫观志方面可以看出，道教文献不仅通过宗教方面得到体现，也和地方文献、学术研究形成了交叉。整体呈现出了民国时期道教界所面临外部变革及内部危机的双重压力，以及这种情况下道教界所做出的主观努力。

四　道教史与道教研究

道教典籍整理研究[①]：《道藏源流考》，中华书局1949，陈国符著，是第一部系统研究《道藏》的学术著作。陈国符1942年开始通读《道藏》，初步厘清三洞四辅之脉络，1943年形成初稿，后反复修订，并参阅地方志、文集、道教山志，赴龙虎山、茅山等道教名山收集资料，补入此书，为研究《道藏》提供了"入门钥匙"。[②]书中内容分"三洞四辅经之渊源及传授""历代道书目及道藏之纂修与镂板"，后附"引用传记提要"及"道藏札记"[③]。《读道藏记》，刘师培撰，郑裕孚、钱玄同辑，宁武南氏校印1936，是刘师培在白云观阅道藏的随笔，记录所读书的序跋、要旨，稀见经书则"略事考订"[④]，以书名分作目录；《道藏考略》，1933，作者曲继皋有感

---

① 本节不讨论教外人士对先秦道家典籍及《淮南子》等的整理研究。
② 胡孚琛：《陈国符与〈道藏源流考〉之新修订版——为陈国符教授百年诞辰而作》，《中国道教》2014年第5期，第34~35页。
③ 陈国符：《道藏源流考》之"目录"，中华书局，1949，第1~13页。
④ 刘师培撰，郑裕孚、钱玄同辑《读道藏记》，1936，第1页。

于"道藏在中国目为方士之学，不为人所重视，不独传本任其散落，无人搜集"[1]，历代少见有人研究，近代被重视也只是用来作版本校勘，通过在崂山太清宫阅读道藏及相关资料，对道藏的组织、分类、书目、存放及道藏之厄运、化胡经之被禁等方面作简略的考证，认为道藏价值"不仅可为校雠的根据，更进一步为科学的研究"，并呼吁顾颉刚能够从史学角度进行研究[2]；翁独健编《道藏子目引得》，北平燕京大学哈佛燕京学社引得编纂处1935，是为《道藏》编的索引工具书，所收除《正统道藏》《万历续道藏》外，"还加入元人的《道藏阙经目录》和清末编成的《道藏辑要》"[3]，分为分类引得、经名引得、撰人引得、史传引得四部分，是中国人编纂的第一部《道藏》现代索引；许地山也曾编纂《道藏子目通检》，计划由商务印书馆出版，但因香港沦陷，组成这本书的三万余卡片全部失散而未成。[4]

《抱朴子》的相关整理研究著述有张谔撰《评注抱朴子精华》，上海子学社1920，本书对《抱朴子》外篇部分进行分段评注，并引王阳明等人之言论；罗振玉《抱朴子残卷校勘》，《永丰乡人杂著续编》收录本1923，以敦煌残卷三篇与孙星衍本校勘；《抱朴子校补》，孙人和撰，佚名批校；《陶弘景的真诰考》，胡适著，国立中央研究院历史语言研究所抽印本1933，是作者"整理道藏的第一次尝试"[5]；《周易参同契考证》，王明著，乐清文化印务局1946，包括对《参同契》的解题，分析《参同契》与汉易学之关系、中心思想、思想之渊源及其流变，以及对古文《周易参同契》的考辨；丁谦著《元长春真人西游记地理考证》，浙江图书馆校刊1915，重点是地理方面的考证；《长春真人西游记校注》，王国维注，文殿阁书庄1937。此类书籍除了道藏的考证研究，编纂工具书，还有对单一道书的研究，或校订注解，或从思想方面分析，或从地理角度考证，足见道藏的作用被重新认识。

道教史：《道教征略》，刘咸炘撰于1924年，"以史传教雠之法整理之，惜未能窥全藏，仅就所知见，旁考四库，爬梳大略"[6]，惜因早逝未能完稿，"但该文稿对道教的学术渊源及其各时期的主要派别与道教经典等方面都有系统的梳理，其中又不乏

---

① 曲继皋：《道藏考略》，1933，第1~2页。

② 曲继皋：《道藏考略》，1933，第40页。

③ 翁独健：《道藏子目引得》之"序"，燕京大学哈佛燕京学社引得编纂处，1935，第2页。

④ 参见复旦大学文史研究院、中华书局编辑部编《鼎和五味·复旦文史讲坛之三》之《书山有路——许地山的藏书及其宗教研究》，中华书局，2010。

⑤ 胡适：《陶弘景的真诰考》，《蔡元培先生六十五岁庆祝论文集》抽印本，国立中央研究院历史语言研究所，1933，第539页。

⑥ 刘咸炘著、周冶校注《道教征略》，浙江古籍出版社，2012，第3页。

创见，总体能够把握住道教的发展脉络"①。《道教概述》，小柳司气太著、陈彬龢译述，上海商务印书馆1926，包括道教之起源、道教小史、道教之神学及教理3篇，共13章；傅代言编译《道教源流》，上海中华书局1927，是前书的另译本；庄严编《道统源流》，上海民铎报社1929，分道统源流志、外传及正一法统等部分；《道脉源流·济度原始合编》，1936，包括乐应礼编《道脉源流》附《道脉源流图》，《道旨》，以及吴灵犀述《济度原始》，主要叙述龙沙南派道场创办历史；易心莹编《道学系统表》，常道经书社1946，研究各个时期的道教宗派，并用图表勾勒了宗派的流传衍化；《性道渊源》，主要介绍道教各派的由来；《南宋初河北新道教考》，陈垣著，北平辅仁大学1941，考证南宋初期全真教、大道教、太一教的情况，以全真教最为翔实丰富；《八仙考》，浦江清著，北平国立清华大学清华学报单行本1936，对八仙的历史传说进行史学考证；傅勤家著《道教史概论》《中国道教史》，分别由上海商务印书馆1933年和1937年出版，后者是在前者基础上增补而来；许地山《道教史》，上海商务印书馆1934，提出了道教史的多个创造性理论点；《金元全真教的民族思想与救世思想》，姚从吾著，易心莹、赵象乾、谭君若重刊校写，青城山常道经书社1946，是借宣扬全真教历史而为抗日现实服务的论著；王维诚著《老子化胡说考证》，国立北京大学国学季刊1934年版，论述了老子化胡说在东汉至明清时期的情况，并加以分析，后附录五篇论述文章；② 刘诚讷编《中兴道教问题》，1940；余逊著《早期道教之政治信念》；陈寅恪著《崔浩与寇谦之》，1949。既有教内人士考察道教宗派源流，也有教外学者研究道教起源和发展脉络。各项专题研究包括道教历史中的人物、传说，特定时期的教派、学说以及政治角度等。尤其《金元全真教的民族思想与救世思想》，着眼南宋、金元历史背景，将救世思想与爱国信念统一起来，这是与抗战时期的历史背景息息相关的，易心莹等人校刊重刻，可以看出道教界人士爱国救世之思想倾向。

此外还有蒋维乔著《道教入门》，上海冯氏积善堂1940，系冯炳南曾举办五教演讲，蒋维乔演说"道教"的讲义；吉冈义丰《白云观の道教》，新民印书馆1945，是作者经过实地考察的研究著作，保留了白云观当时的一些资料；李长之著《道教徒的诗人李白及其痛苦》，长沙商务印书馆1940，从道教方面考察并论述李白的生

---

① 由申：《刘咸炘的道教史研究——以〈道教征略〉为中心》，《中华文化论坛》2013年第5期，第126页。

② 王维诚：《老子化胡说考证》，国立北京大学研究院，1934。

活、思想、政治、艺术等各方面；还有黄素封译美国约翰生（Obed. S. Johnson）的博士学位论文《中国炼丹术考》，商务印书馆 1937，作者研究目的在于"指明中国炼丹术是在中国本土所产生的，发源于道教""追溯炼丹术在中国的发展的情形""陈述炼丹术在中国和中古欧洲间或有相当关系的理由"[1]，其最后一部分旨在考证中国炼丹术是化学的起源，而译者则认为化学上的"中国本位文化"只是"有术无学"，不认为此书观点是最终论断；等等。

道教史与道教研究图书以教外学者的研究性著作为主，也有教内人士对教史和教义的梳理，涉及高校、图书馆、出版、道教宫观组织等各个机构，道教的义理、源流、文献、思想、人物、传说、炼丹术等得到了学者的关注。此类图书包括对《道藏》的研究、考证、索引，对道教本身教义、教史、经典、宫观的专门研究，以及从教外史学、地理、政治、民族、宗教、思想内涵、文献校勘、化学史[2]等角度出发，对道教进行的交叉研究。其中除了传统的学术方式，西方的一些学术方法也被用到道教的研究中。由上可见，道教史及道教研究图书出版呈现如此情况的直接原因，应归结于《道藏》的影印出版，学术方法和制度的继承与革新，即所谓"历史理论与方法的全面改观"和"研究者的职业化与学院化"。[3]

五　结语

虽然上文的分类梳理仍存在不少缺漏，而且有的著作属于综合几种类别，但仍可以展现民国时期出版道教图书的主要脉络——在继承中有所发展。印刷形式上，有油印、石印、铅印、抄本、影印、木活字刻、雕版刻等多种。石印可用作复制旧版古籍，油印快速方便，且成本都相对较低，可以满足宣传、教化等要求；学术著作以铅印居多；抄本是秘藏典籍、著述的流传形式；影印促进了《道藏》的传播和使用，为道教研究提供了文献基础；其余则是传统的刊刻形式，主要用作道教典籍的保护和流传。印刷技术满足了各个层面、各个种类的使用需求，是形成这一时期道教图书出

---

① 〔美〕约翰生：《中国炼丹术考》，黄素封译，商务印书馆，1937，第4页。
② 关于现代道教史学，民国时期"出现道教史、化学史和道教外史三种研究路径"，见韩吉绍《道教史学百年：大势与评略》，《中国本土宗教研究》，2021。
③ 葛兆光：《中国（大陆）宗教史研究的百年回顾》，《中国宗教研究年鉴 1997~1998》，宗教文化出版社，2000，第 99~101 页。

版情况的技术前提。

内容形式上,不仅有传统的经典、汇编、注解、图说等,还有标点、白话、解说、中西互证的形式,对西方典籍、宗教、事例进行对比和使用,多体现在善书中,主要目的都是使更广泛的群体成为受众。标点、白话的形式,主要是受到新文化运动的影响,而中西互证的形式则明显是在对西方宗教、典籍吸纳之下产生的。不仅编撰了传统宫观志,还出现了有关道教会等宗教组织的资料,包含了糅合西方科学和团体制度的教内改革计划、措施。不仅有传统的校勘、评注、考证等,还有现代性学术研究著作和工具书。内丹修炼方面也开始了对西方科学的吸纳,并有向武术角度的延伸。

出版机构上,不仅有宫观、善书局以及普通出版印刷机构,还有道教会、道院、善坛、高校、图书馆、地方文献组织及研究机构。著者群体方面也有相应体现,有以乩坛降笔的名义托名神仙,有教内人士,也有道教信众、教外学者、出版人、地方文献整理人员等。这主要取决于道教本身的宗教特色,以及道教文献的丰富性,从而受到教外人士的关注。

综上来看,民国时期出版道教图书呈现如此态势,有时代背景的深层次原因。近代以来西方科学技术、民主思想、宗教哲学的不断传播,新文化运动、反迷信运动、反宗教运动、废庙兴学等活动的影响,使道教在民间信仰中的影响被认为"阻碍科学进步、导致人们'迷信'而成为重点批判对象"[①],政府进行宗教立法保护的同时,也对道教团体、宫观、活动严格管控,这些因素对道教造成了沉重打击,不断挤压其生存空间。

从上述道教图书角度的分析可以看出,面对如此困境,道教界人士从外在和内在两方面进行了努力:为了顺应社会变革,更好地团结道教界人士、提高道教界力量,设立道教会组织,提出新的发展理念和计划,对旧的宫观制度除弊革新;为了调适道教与西方科学、宗教的关系,吸纳广泛的信众群体,道教人士在继承道教教义、丹道修炼理论和方法的基础上加以改良,主动引入西方宗教思想、典籍,以解读、宣扬道教的教义和信仰,寻求不同宗教的一致性,并用西方科学知识诠释内丹学,通过解读使深奥晦涩的理论更为易懂。这也体现了道教学理上的开放性和包容性,是形成民国时期道教出版图书如此态势的又一深层次原因。

---

① 丁常春:《民国道教内丹学之三教合一论》,《世界宗教研究》2017 年第 4 期,第 123 页。

　　民国时期道教从宗教的外在形式和影响上不可避免地走向衰落，教内改革措施和计划未竟全功，成立全国性道教会的设想也直到 1957 年才得以实现，但道教教义以及内丹学说的理论和方法是有着创新与发展的，即所谓"教衰学盛"①，这正是道教内在生命力的体现。同时道教的典籍、宗派、教理、历史、炼丹术等各方面也受到教外学者的青睐，是以现代学术方法研究道教之滥觞。

---

　　① 张广保：《明清内丹思潮与陈撄宁学派的仙学》，《宗教学研究》1997 年第 4 期，第 21 页。

历史钩沉

古代中国的洞穴与迷宫[*]

〔法〕康德谟 著

王炳坤 胡 锐 译注

摘要： 本文选自法国《古代世界神话与传统社会宗教辞典》。该书汇集了 97 位法国历史学与宗教学学者的研究成果。结合社会群体的语言、知识与技术，学者们从神话学的角度分条目详细讨论了仪式、宗教和神话之间的内在逻辑。这些作品展现了 20 世纪后半叶法国历史与宗教研究的框架与脉络。本文选取的是著名汉学家康德谟关于道教神圣地理方面的研究。道教宗教地理是法国汉学研究传统中一个重要主题。沙畹、石泰安以及康德谟是这方面研究的先行者。康德谟的这项研究采用文献学方法，将中国道教所描述的回环曲折的洞天与西方的迷宫意象联系起来。借助道教灵宝五符的传说、道经中关于天宫地府的描述与历史上吴王阖闾修建的姑苏台、隋炀帝建造的迷楼等历史文献和神话传说，他揭示出"洞"在中国人眼中是通往神仙世界的迷宫，"洞天"是"通天之途"，洞天与天宫之九曲等迷宫意象揭示的是生死、凡圣转换这类宏大主题。

关键词： 道教 洞穴 迷宫 传说

作者简介： 康德谟 (Maxime Kaltenmark) (1910 ~ 2002)，历任法国远东学院中国汉学研究所所长 (北京) 和法国高等研究实践学院宗教科学部研究室主任。

译者简介： 王炳坤，北京外国语大学法语学院 2016 级硕士研究生，法语言文学硕士；胡锐，四川大学道教与宗教文化研究所研究员，博士生导师。

---

[*] 译者：本文选自伊夫·博纳富瓦 (Yves Bonnefoy) 主编《古代世界神话与传统社会宗教辞典》(简称《神话辞典》) 第 921 ~ 925 页。因收录于辞典，故原文无注释。本译文增加了一些注释，也许未必是原作者使用的版本，旨在尽力还原汉学家的研究过程，为同行进一步的学术批评提供参考。《古代中国的洞穴与迷宫》(*Grottes et la byrinthes en Chine ancienne*) 版权归法国 Éditions Flammarion 出版社所有，并授权本文的中文翻译和出版。原版本信息：MAX KALTENMARK, GROTTES ET LABYRINTHES EN CHINE ANCIENNE, éD PAR Yves Bonnefoy, *Dictionnaire des mythologies et des religions des sociétés traditionnelles et du monde antique*, pp. 921 – 925, *PARIS: FLAMMARION*, 1981。

　　许多中国传说皆与迷宫主题或相似的意象有关，如曲水、洞穴、贝壳、珍珠与舞蹈。就算传说中没有确切与"迷宫"一词相对应的表述，其主旨也往往由包含"曲"（意为弯曲、盘旋、蜿蜒）的文字表达——诸多地名可资佐证。蜿蜒的黄河被称为"九曲黄河"，"九"仅表达象征或神秘的意味：人们相信黄河发源于传说中的昆仑山，其山有九重，能通向九重天。若要抵达天宫，应跨越黄河之"九曲"并翻越昆仑之"九重"。

　　在道教中，迷宫主题有着丰富的呈现。被称作"洞天"（Ciels-Grottes）的道教圣地即隶属于这一主题。最能说明问题的著名典型莫过于林屋洞天。它是一个洞，位于古代吴、越两国间太湖中的一个水岛。此岛称洞庭（salle-grotte），这个神圣的洞穴即内陷于岛上一座被称为"包山"（其名或意指巫觋的山）的山体中。此洞与著名的《灵宝五符》和大禹的传说有关："神人"授大禹《灵宝五符》，以此助大禹治理洪水，但神人令大禹在使用五符后将其藏于一座圣山之中。大禹遂遵嘱将五符藏于包山这个洞穴之中。后来，与孔子同时代的吴王阖闾命一隐士[①]入洞探寻。此洞实乃迷宫，行进数千里后，隐士方抵一月光朗焕之城。隐士在此发现了神圣的文书并将其带回献与吴王。因《五符》玄奥，吴王阖闾遂派人问询于孔子。[②]

　　因此，洞天实为迷宫，林屋洞天即是典型。洞天内或自明（非太阳照明）（《真诰》，卷二[③]），或由太阳从洞口照彻。洞中生活着蝙蝠，它们懂自养不死之法；人们前往洞穴寻找仙丹或救世经书与符箓。总之，地下洞府隐藏着人们寻求的生命奥义。为此，人们应当面对试炼，历经险途，从而发现这些圣地的入口与出口。

　　这个主题也存见于道经中那些与天宫和地府相关的内容。神仙的居所"玄都"拥有九曲之台；通过"十折九曲"，玄都与俗世之八方相通。[④] 描述这一神仙居所的简短经文在自六朝起的诸多文献中皆有身影，经文中还叙述了通过柱子或盘旋上升的

----

① 译者：即包山隐居龙威丈人。参见《太上灵宝五符序》，《道藏》第6册，第317页。
② 译者：此处内容见于多种文献。如《太上灵宝五符序》。但《五符序》并未称"神人"授禹《灵宝五符》，也未称藏五符于圣地为"神人"所嘱。《绎史》卷八十六之四中的信息与作者所述几乎完全吻合。参见《绎史》卷八十六之四，影印古籍《钦定四库全书》史部三·纪事本末类，第116页。
③ 译者：《真诰》卷二中并未明显提及于此。但卷十一中则对洞天之光照有详细描述："其内……阴晖主夜，日精主昼，形如日月之圆，飞在玄空之中""入口便明者，此为内光出照，不必关外日者也"等。《道藏》第20册，第555~557页。卷十四中亦称，"洞室四面皆有青白石，亦以自然光明"。《道藏》第20册，第572页。
④ 译者：如《上清高上玉晨凤台曲素上经》："玄都九曲陵层凤台，结自然风气以成。琼房处于九天之上，玉京之阳，虚生八会交真之气，十折九曲，洞达八方，上招扶摇之翿。"《道藏》第34册，第1页。

方式通达上天之法。与之相对应，道教中亡者之地为"北都"，位于"北海"。北都有一府，其叫法颇多，或称"九（曲之意）泉之府"［Tribunal des Sources（jaunes）et des Méandres］，或作"九幽长夜之府"（Tribunal des Neuf Ténèbres et de la Longue Nuit）。"长夜"的主题往往与耽于享乐的亡国之君相联系，其享乐之地即在一些迷宫之中。葛兰言揭示了"长夜"这一复杂主题的意义：首先这与冬至之时大众热烈而狂欢的节日相关，随后与"亡国之君"（由于纵情享乐而亡国的国君，参见《中国文明》，236 页及其后）的传说有关。不论平民或贵族，在他们的狂欢的神话中，不难猜测其背后古老的宗教仪式，仪式中人们共同欢庆"最长之夜"（冬至）与生命的复苏。隋炀帝所建著名的"迷楼"完美地反映了与迷宫相关的狂欢主题。我们也能找到更为早期的相关主题，那便是吴王阖闾（与前述包山洞穴迷宫所述人物相同）命人所筑的"姑苏台"以作"长夜之饮"。此处不再是地下建筑，而是狂欢宴饮的高大建筑，但人们只能通过"九曲路"才能登临。据文献记载，吴王阖闾建此台以瞭望太湖[1]——即发现《灵宝五符》的包山及其洞穴的所在地。然此五符对于吴王阖闾及其国家而言却是不利的。大兴土木、僭越天宫之野心与占有其无资格拥有之五符（得受符箓的大禹并非吴王的先祖，而是吴国之敌，越王的先祖），这一切叠加起来招致吴王之败。

因此，迷宫、洞穴或盘旋上升的楼台皆与生命、死亡、重生这类宏大主题紧密相连（狂欢的主题仅仅想要表达这一主旨：发展到极致的过度会带来毁灭和新生）。有一点寓意颇深：道教中也用"九曲"指代男性[2]，这个用词与"九曲黄河"和阖闾姑苏台迷宫的"九曲路"的表述是一样的。

中国一则传说中的"九曲"让人不期然地联想到西方神话：其中提到了米诺斯试炼代达罗斯的贝壳（当时米诺斯跟着代达罗斯到了西西里）[3]。中国这则传说讲述的是关于一颗被打孔的珍珠，其孔蜿蜒曲折，因而被称作"九曲珠"。该传说的一个

---

[1] 译者：参见《越绝书·卷二·越绝外传记吴地传第三》：胥门外有九曲路，阖庐造以游姑胥之台，以望太湖中。《越绝书》，上海涵芬楼借乌程刘氏嘉业堂藏明刊本影印版，第 39 页。

[2] 译者：如《云笈七签》卷八：九曲下户者，是男女之阴地也，男曰九曲，女曰下户。《道藏》第 22 册，第 47 页。

[3] 译者：据古希腊神话，米诺斯为掩盖秘密，将代达罗斯与其儿子伊卡洛斯囚禁起来。代达罗斯用自己发明的羽翼与儿子一同逃离了克里特岛。被代达罗斯的逃跑所激怒，米诺斯追踪代达罗斯来到西西里岛，并决定尽一切可能找到他。于是，米诺斯想到了发起一个只有像代达罗斯这样的人才能完成的试炼。他在西西里岛昭告：如果有人能将一条细丝穿过贝壳就有重赏。代达罗斯将绑线蚂蚁放入贝壳，解开了谜团。

版本简短地提到了孔子用线穿九曲珠的故事：用线绕于蚂蚁周身，蚂蚁就会拉线穿孔而过。该传说的另一版本则出现在一部更晚的作品（明代的《天中记》）：孔子游历途中偶遇两位采桑女，她们预料孔子将陷囹圄并将遭遇考验——如何引线穿过"九曲珠"，多亏了两位女子向其传授诀窍，孔子方才得以脱身。故事中提到了一个具体方法，即通过烟熏蚂蚁迫使其在珍珠中穿行。

诗人苏东坡在题名为《祥符寺九曲观灯》的诗作中影射了九曲珠。诗中九曲珠的意象用于描写祥符寺中信徒络绎不绝，寺庙热闹至黎明之景。但显然，这也影射了元宵灯节（正月十五）之时某些地方的迷宫游戏。在北京，人们正是用高粱席筑起迷宫并饰以灯笼，这样的迷宫被称作"黄河九曲灯阵"。进入灯阵之后，人们便会迷失方向，要花很长时间才走得出来。

迷宫与四川、贵州的新年也有联系：两地的百姓会前往一个名为"八阵石"的地方。据说八阵石中有三国人物诸葛亮著名的"八阵图"：人们进去后一旦走错路就无法从中脱身。此外，女性会搜罗带孔的石头，将其用线串起戴在头上作为护身符。佩戴九曲珠，明显具有生殖崇拜仪式的特征。

在众多饶有趣味的迷宫主题的传说中，笔者对大禹将《灵宝五符》藏在迷宫洞穴深处的传说印象深刻。其他一些文献提到大禹将所受的神圣文书藏于他的圣山会稽山——抑或更具体——会稽山中的宛委山中。"宛委"这个名字似乎意味着它也是一个迷宫。此山有一"禹洞"，后来有诗人（Ai Tingtao）以林屋洞天（《灵宝五符》所藏之地）漫步为主题作诗一首，其中一联上句提到蚁穿"九曲珠"，下句提到禹穴为迷宫，因"入禹穴而迷东西"。①

《拾遗记》（卷二）讲述了另一则传说：大禹凿龙门之时，进入一深邃的洞穴。其中有兽，形似豚，嘴中衔着"夜明珠"，其光亮如火把；亦有一青犬在前方吠行。在二兽护送下，大禹最终得见"蛇身之神"，此即伏羲；于是大禹从"羲皇"得授神谕。② 此"珠"既是日，亦是月。在这颗神奇（surnaturelle）的明珠的照引下，人们得以穿越洞天。洞天之旅其实就是登天之路。这就是为什么神圣的洞穴即是"洞天"之故。

---

① 原文有诗人名"Ai Tingtao"，但不知具体为何人。作者这篇文章的主要内容也曾以日文在日本以《中国宗教的神话学研究，关于迷宫与洞穴的主题》之名发表在《三康文化研究所佛教研究年鉴》，其中亦称此诗人为 Ai Tingtao。特此注明。

② 参见《拾遗记》，《汉魏丛书》影印本，第 198 ~ 199 页。

清晚期道士诗歌特征发微：
以内丹学家洪中和及其诗歌创作为中心

杨娜娜

摘要： 洪中和是晚清时期地方上有名的内丹学家，其由儒入道，文化素养深厚，善言谈，身边围绕着一批奉道文人与道友，洪中和常与其交流修道体验与感悟、阐述修道理论与方法，这集中体现在《清虚诗集》一书中。该书以丹道诗与闲咏诗为主，丹道诗平实简易，理实幽深，不仅体现了洪中和内丹修炼的基本思想，也在一定程度上代表了清朝丹道诗的发展趋向。闲咏之作则清雅澄澈，代表了洪中和另一种文人诗歌风貌，这既与诗人的文化功底有关，又与诗人长年修道所具有的从容中和的心境密不可分，这也正是清代道士诗歌创作的一大主流特色。丹道诗与闲咏诗是清代道士诗歌两大主体，因此透过洪中和的诗歌创作可以一窥晚清道士诗歌创作的基本特征及发展趋势。

关键词： 晚清　洪中和　《清虚诗集》

作者简介： 杨娜娜，华东师范大学中文系古籍所博士研究生。

　　洪中和是清代同光年间的内丹学家，精丹法，通青乌之术，在地方士人中颇受推崇，其中颇有受其丹法感染而倾心道教者，由此透过洪中和的交游，可一窥晚清时期道教在地方上的发展状况及影响力。洪中和的《清虚诗集》一书，上册阐述丹道理论与修炼方法，下册赠答题咏，抒怀遣兴，集中体现了洪中和的修道思想及诗歌创作的两种不同风貌，也在某种程度上反映了清代道诗两大诗风的发展走向。然有关洪中和其人其诗，目前学界鲜有关注，更无对清代中晚期诗歌创作特征的相关分析论述，本文即从其入手，以期通过洪中和的诗歌创作情况与特色来一窥清代道士诗歌的创作风貌及发展趋势。

一 洪中和其人及交游

洪中和，生卒年不详，安徽人。友人称："洪清虚炼师皖南名宿，阀阅世家。幼年潜心儒术，于帝王升降之运，古今治乱之源，天人消长之机，罔克圣狂之界，靡不贯通融汇。"① 可见其本皖南世家子弟，早年潜心儒术，有济世之心，但秉性耿介，常有林泉之思，感念世俗之累有损贞白之心，乃弃儒入道。洪中和解丹经，习青乌之术，喜吟咏，有《清虚诗集》二卷传世，又善言谈，时人多以"清虚炼师"称之。从时人称谓来看，"清虚"当为其道号。《清虚诗集》卷前题"华阳山人"应为其自号。

洪中和有兄一人，其人不详，《清虚诗集》卷二《送别胞兄》中载"数年暌隔音书杳，一旦相逢客路催"，透露出二人长年分隔两地。洪中和自皈依玄门后，立志修行，为求师访道，云游四方，先后到过武当山、岳麓山、茅山、白云观等道教圣地。同治九年（1870），洪中和谒武当，自述于南岩遇师，得真传。② 陈庆年在《清虚诗集》序中载："清虚先生自武当受诀以来，学贯天人，道通儒释，遇有心得，辄发为诗歌。"是知洪中和确在同治九年在武当山正式拜师受学，所遇之师为谁，囿于材料所限，尚不可考。《清虚诗集》卷一有《吊师祭章》："一世终临坎井，时遭困塞，七旬未履丰亨。"若诗中所言为同一人，则其"师"不满七十而卒，一生较为坎坷。

洪中和精堪舆之术，初为宜昌王定安相太夫人墓，得风水之佳，此事在当时文人阶层中广为流传，洪中和也由此声名大振，时有"当道名公卜葬者币聘无虚日，数千里外舟车恒踵相接也"③ 之说。王定安，号鼎臣，湖北东湖（今属宜昌）人。同治元年（1862）举人，入曾国藩幕，得其赏识，曾任安徽凤颖道员、山西按察使、山西布政使等。王定安"知人善任，使爱才士，增书院，经古课"④，在当时地方文人中具有一定的号召力。王鼎臣太夫人去世，延洪中和相地，其间洪中和馆于王鼎臣私邸，二人结下深厚友谊。王定安卒后，洪中和作《挽王鼎丞观察》四首并附挽联，"惊闻灵榇返宜昌，独立临风涕泗滂。宦海一身如梦幻，文星万丈失光芒"⑤。对王氏

---

① 卷二，长白楚芗氏恩芳序。
② 卷二，《武当题词》小注："戊辰往朝武当，参师访友，偶于南岩遇师，敬得真传，感而有作。"
③ 卷二，长白楚芗氏恩芳序。
④ （清）魏嘉骅等纂、（清）张德颙续纂《（光绪）凤阳府志二》卷十七《宦绩传》，《中国地方志集成·安徽府县志辑》第33册，江苏古籍出版社，1998，第96页。
⑤ 卷二，《挽王鼎丞观察》。

的突然去世，洪中和异常震惊与悲痛。洪中和因为王氏相地不仅名声大起，还通过王氏结交到不少地方官吏与文人。如西泠邹永煌记二人交往事，"余与洪子相见于鼎丞私第，把茗剧谈，论天下大事，颇相投洽"①。长白楚芎氏恩芳在序中对洪中和青乌术的灵验记载更详，"余曩闻王鼎丞观察盛称炼师为其太夫人觅葬吉壤，不数年连产丈夫子五人，旋奉命简放风颍兵备道，休征之应，率如其所先定"，"楚芎氏恩芳"为其折服。光绪二十三年（1897）夏，适逢其太淑人大故，便延请洪中和相地于钟山之麓，二人自此订交，"自是朝夕与炼师讲道谈玄，过从日密"②。洪中和相交的这些地方文人官吏中不乏对道教感兴趣，甚而信仰道教的人，他们最初被风水堪舆之术吸引，后在与洪中和的交往中也热衷于道教的炼养之术。

陈庆年因王鼎臣结识洪中和，也是从其受业的一位。陈庆年（1863~1929），字善余，号困学主人、横山乡人，江苏丹徒（今镇江）人。陈庆年是清末民初著名的史学家、教育家，对晚清中国新式学堂的开办以及图书馆事业的建设出力尤多。陈庆年先后为《清虚诗集》作跋两篇，第一篇跋文载："曩阅王船山先生《愚鼓词》，以歌曲之体畅丹经之趣，心甚爱之。东湖王鼎臣方伯为余言，洪清虚炼师内工颇深。未几，清虚以诗草见示，中有《元机妙诀》十三章，设论彰玄，反词显奥，真探老关骨髓者，是亦《愚鼓词》之流亚欤？"落款为"光绪十有八年壬辰中秋后三日丹徒陈庆年敬跋"，此时为光绪十八年（1892），陈庆年尚未入道。后一跋文中陈氏追述："清虚先生自武当受诀以来，学贯天人，道通儒释，遇有心得，辄发为诗歌，编集百余篇，正道受而读之，见语虽平淡，理实幽深。"题"受业正道子敬跋"。由前后跋文来看，陈庆年早年便心仪丹经之趣，后从王定安处知洪中和内丹功夫深厚，又阅洪中和的丹道诸诗，为其道法征服，从其受业，"正道子"应为其道号。陈庆年多以经史之学与文献收藏之功为人所知，但此条信息至少表明，陈庆年对丹经修养之术的兴趣不一般。

洪中和的友人中另有一位特殊者——沈秉成。沈秉成（1823~1895），字仲复，号听蕉，自号耦园主人，浙江归安（今湖州）人。咸丰六年（1856）进士，曾官安徽巡抚、两江总督等。沈秉成与其夫人严永华均入道，其道名来鹤，夫人道名来宜。③ 据

---

① 卷一，邹永煌序。
② 卷二，长白楚芎氏恩芳序。
③ 关于沈秉成入道及请俞樾撰写宫记之事，已有学者对此进行过详细梳理，参见尹志华《清代全真道历史新探》，中文大学出版社，2014，第 338~339 页。

《道统源流》载沈秉成夫妇二人似因多年无子入道，"与夫人严氏咏花派名来宜，日则虔诵《皇经》，夜则共祈北斗，不四年，迭举二子"[1]，沈氏夫妇后得二子，其原因当然不能完全归为奉道之诚，但在当时的社会条件与心理下，这无疑给了沈氏极大的心理暗示，因而也加深了对道教的情感。不仅出资重建湖州金盖山斗母阁，请俞樾作《金盖山重建纯阳宫记》[2]，还为闵一得作传。[3]沈秉成乐善好施，积极助力地方道教事业发展，"在常镇巡道时掩骼埋胔，以后振兴金盖，首创湖州仁济善堂，厥功甚伟"[4]。沈秉成在任安徽巡抚期间与洪中和相识结交，洪中和在送别沈仲复诗中言："匆匆此去若登天，琴鹤相随俗虑捐。望重名山真宰相，风高陆地活神仙。金炉火暖心同热，玉案香清道悟玄。莫谓世情多变幻，且听父老口碑传。"[5]"真宰相""活神仙"透露出沈秉成在出世与入世之间身份的自由转换，百姓中的良好声誉也表明其人确为政有方，多行善业。其四中载："琴书结契知音罕，梅月论交体道真。转瞬蓬瀛欣得路，何年尘教获重亲。"表明二人既有传统文人的琴书雅好，又在体道参玄上有共同话题，俨如知音。自闵一得开创龙门方便法门后，像沈秉成这样的在家居士很多，他们一方面保留社会上的身份地位，另一方面又热衷于道教炼养之术，在诵读道经、参研道法时又与传统道士无二。如廉访黄祥人，洪中和称其"高节一腔修实行，清风两袖炼虚灵"[6]。佐官任仲文，"虚灵通八极，奥妙悟三生。尘世功名显，修身德性成"[7]。县令陈诚厚更是"先学图南安睡法，后如仲举杜衡门。诚心参悟通玄窍，厚德栽培证紫阍"[8]。据此可看出晚清时期道教在地方中下层士人中仍具有相当的吸引力。

　　除了上述具有一定身份地位的奉道文人外，洪中和尚有一批精通丹道、潜心修行的道友，如方内散人万潜斋，精丹法、善医术，为清代著名医家，著有多部医学著作。洪中和称其"元龙志气高无匹，司马文章妙罕伦"[9]，并在自己所作《玄功九

---

① 庄严居士编《道统源流》卷下，民铎报社，1929，第17页。
② （清）俞樾撰《金盖山重建纯阳宫记》，俞樾撰、应守岩点校《春在堂杂文一》四编卷一，见俞樾撰著、赵一生主编《俞樾全集》第十二册，浙江古籍出版社，2012，第328页。
③ 沈秉成作《懒云先生传》收录于《古隐楼藏书》中，见（清）闵一得著、董沛文主编、汪登伟点校《古隐楼藏书（上）》，宗教文化出版社，2010，第12～13页。
④ 庄严居士编《道统源流》卷下，民铎报社，1929，第17页。
⑤ 卷二《送沈仲复中丞入都》四首其三。
⑥ 卷二《怀黄祥人廉访次韵》。
⑦ 卷二《和任仲文别驾》。
⑧ 卷二《和陈诚厚明府三叠》。
⑨ 卷二《怀方内散人叠韵》。

律》后附有万潜斋的《方内散人和玄功九律》，可见二人在丹法上多有切磋。又如道友陈精一，诗人称"诚意修身竟自强，虚灵不昧守黄房"①。又醉心丹法的朱抱虚，"凝神调息修灵药，对镜忘情炼大丹"②。另见于《清虚诗集》的尚有《赠王桐生道友》《赠华慕超道友》《赠杨翠峰道友》《怀刘了然道友》《和张悟真仙侣》等，据此也可勾勒出一批罕见于文献记载的地方道士。将其与上述奉道文人结合来看，可以说晚清道教的发展依然相当可观。

二　《清虚诗集》的版本与内容编次

《清虚诗集》上下二册，凡二卷，题华阳山人洪中和著。该书上册以阐述丹道思想为主，道学价值较高，下册诸诗多为洪中和云游期间闲咏赠答之作。此二册因吟咏对象与内容的不同，风格各异。就目前该书的馆藏与著录状况来看，其书多以单册流行。上册卷一，天津图书馆藏，著录为光绪二十三年（1897）木活字印本，该册也被收录于《藏外道书》第34册中，因此流传较广。另华东师范大学图书馆、内蒙古自治区图书馆藏有全二册本，题光绪二十四年活字印本。或因编辑《藏外道书》时未见第二册，或因第二册不得丹法奥义而未予以著录，其原因尚无法确定。但从天津图书馆著录的版本形态来看，应是因未见第二册而出现错误。卷一西泠邹永煌光绪二十三年（1897）所作《清虚诗集后跋》载："其前集多赠答题咏之作，则后集则往往谈元抽秘，窥道之微而阐道之蕴，言人之所不能言。"又"余读洪子之诗，既弁数言于前编之首，及读其后集，又自悔向之浅测洪子，而未睹洪子之深也，故复为跋数言"，此"前编""前集"当指卷二，"后集"为卷一。下册卷二前有光绪二十四年（1898）仲冬长白楚芗氏恩芳序，其载"顷出钞本全集相示，属为点定，并作弁言"，知该集最早当于光绪二十四年仲冬时刊刻，而在编定成稿时，将完成在先的赠答题咏之作编次于后，而完成于后的丹道诗编次于前，这种做法是出于时人尤重其丹道诗③，抑或出于洪中和道徒身份的考虑，具体原因不得而知，但不可否认的是，第一

---

① 卷二《和陈精一仙侣》。
② 卷二《怀朱抱虚道友》。
③ 按：卷二邹永煌在跋文中对《清虚诗集》前后二集的内容进行了评价，载："其前集多赠答题咏之作，则后集则往往谈元抽秘，窥道之微而阐道之蕴，言人之所不能言。由前观之，则嘲弄风月，指挥山川，人之所同也。由后溯之，则撼其所有，倾筐倒箧而出之。"据以推测洪中和的丹道诗因内容的特殊性，与阅读人群的喜好因素，与其杂咏诗相较更受人推崇。

卷丹道诸篇因收录于《藏外道书》中为人熟知，故一般多认为洪中和之诗主要阐述丹道理论，宗教色彩突出，实则卷二诸篇则表明，洪中和的诗歌创作中还具有另一种超乎玄理的山水之音。

洪中和学究三才，道通儒释，具有深厚的文化素养，善言谈，邹星樵称二人"把茗剧谈，论天下大事颇相投洽"[1]。这为其诗歌创作与表达提供了良好的条件。《清虚诗集》所收诸诗，根据内容的不同大致可分为三种类型，分别为丹道类、酬唱赠答类、杂咏述怀类。丹道诗主要记载丹道理论与方法，蕴含浓厚的道学思想。赠答诗类属于友朋酬唱之作，洪中和的交游对象大多是道士或倾心于道教修养之术的地方文人，因此洪中和在赠答之作中或交流修炼心得，或赞扬、勉励友人矢志潜修，同样具有一定的道学色彩，如若抛开其中的赠答成分，似可归于丹道一类。闲咏诸篇一部分是作者云游期间对名山宫观的题咏，一部分则抒写诗人对自然时物的体悟，其中亦有登临怀古、臧否人事之作。这些诗歌因内容题材的不同而风格迥异，但却全面代表了洪中和诗歌创作的整体情况与特色，以下分别论述之。

三 洪中和诗歌创作的内容与特色

（一）丹道诗：平实质朴、理实幽深

丹道诗向来因含有较多的丹道术语、隐语等较为隐晦，洪中和的丹道诗从内容上来看虽也通过一些专业术语阐发丹法理论，但与之前不同的是，洪中和进行了语言与表达形式上的加工，而使其丹道诗通俗易懂，却又不失文采。首先体裁上，在传统的律绝之外，有赋、歌、偈、铭、联句、俚言等多种形式，有时为表达得更加直观简明，亦会多种并用，如其以赋体的形式阐述性道之理的《性道歌》：

> 三教同源兮，若合符契。乾坤未辟兮，浑沦一炁。炁生三才兮，人与天地。万物一体兮，性皆同具。赋形成人，性始又寄此段溯性源。人性本善兮，光明无翳。不增不减兮，无边无际。因染世习兮，为欲所蔽。修之克复兮，还我本体。复见天心兮，如斯而已。或圣或凡兮，原无同异。人胡不察兮，反求诸己。学者迷朦兮，渺隔千里。顿悟圆通兮，澈表澈里。左右逢源兮，臻乎绝诣此段明迷性

复性之分别。

上述为《性道歌》的前两部分，起首追溯性源，接着阐述世人迷性、复性的分别，其后另有"性之体""性之用""性之会归望人修养深功"三个部分，由内容来看，洪中和认为炁为宇宙本源，炁生天、地、人，而有万物，万物之本性皆同。故人性本善，后因沾染世俗恶习而亏损，修道就要制欲复性，还原人之本真，由此也透露出人人皆具道根，人人皆可通过克己复性，悟道证仙。全诗最后言"渡河用筏兮，到彼岸即弃。愿众共证兮，厚望深企"，将全诗的劝世宣化色彩展露无遗。

全诗将便于流传朗诵的"歌"这种通俗性体裁与具有气势之美的"赋"结合起来，以四言的格式将性体之理缓缓道来，语言简易但不庸俗，用词平实，无生涩险怪之味。五个小注增强了整首诗的内部逻辑性，全诗的结构与层次也更加清晰。可以说诗歌说理幽深，但简洁明了，歌中具有的韵律之美，读起来也朗朗上口，更有利于传播，符合劝化目的。这种兼具通俗性与文雅性的特点构成了洪中和丹道诗的主要特征。又如卷一的《寄友俚言》，起首言：

> 盖闻苦海茫茫，回头是岸；尘寰扰扰，失足堪忧。万虑皆空，方见本来面目；一丝不挂，始知自在源头。既投诚而忏悔，当矢志以清幽。同德同心，切勿谬寻错访；希贤希圣，须当密炼潜修。二六时中，常清常静；九三爻内，自乐自忧。莫信旁门，正觉原无贪妄；休投外道，真修自有嘉猷。悟活泼之玄关，最宜谨守；知真机之窍妙，当会源流。了却凡情，莫系一毫私欲；成全道体，顿忘万种欢愁。自性而命了，亦神妙而形留；安分随缘，但愿降其龙虎……

这是一首蕴含浓厚劝化色彩的骈体诗，主要阐述了斩断尘世业缘，清静持身修行的理念。内丹学家认为修道不仅要炼己，还要度世化人，度化的对象为包括文人士大夫以及普通百姓在内的一切教外人士，因此在遣词造句与语言的表达上要力求浅显通俗。"俚言"即俚语，是一种来自民间非正式、较口语化的语句。此处诗人虽题为"俚言"，但却非一般意义上的口语。全诗以四六的骈体构成，对仗工整，韵律和谐。"切勿""须当""莫信""休"等词具有口语化特点，"矢志清幽""同德同心""真修嘉猷"等词却弱化了语言浅俗性，而别具雅意，故而全诗虽语辞平淡，但不失文采，直白如话，又文意盎然，实乃得之于洪中和对赋体进行了口语化的改造，又通过一定的遣词造句使其不具浅俗之气。这种雅俗相间的创作风格也与洪中和的宣道对象有很大关系。由上述简明分析可知，洪中和的交友对象多为地方上的知识分子，乃至具有一定身份地位的士大夫阶层，这些士大夫群体接受的是儒家的正统文化教育，尚雅崇正是他们吟诗作文的主要追求，并且他们虽具有一定的道教信仰，但感兴趣的是其中修心养性、益寿延年之术，对专业的丹道术语知之不多，洪中和将雅俗成分恰到好处地融合在一起，既便于理解，又传达了道学修养之术，可谓独出心裁。

洪中和也会以律绝的形式阐发修道理论，其《觉世八律》《玄功九律》《玄机妙诀》《修真十绝》等均以近体格律的形式敷演丹法，为时人推崇。《玄机妙诀》主要讲述内丹修炼各阶段的次序与方法，是洪中和内丹理论的精髓，全诗共十三章，从内容来看，诗人将内丹修炼分为两大阶段九小层次，第一阶段为"起首习静"，并注"定心寂念 展窍开关"，诗歌曰："入手功夫要认真，勿忘勿助养元神。疏开关窍河车路，粉碎虚空野马尘。片念不留心地朗，万缘俱寂性天纯。自然对境能忘境，免堕情魔爱贼轮。"[1] 洪中和将"习静"视为修道的准备阶段，作用是斩断业缘，绝情忘欲，保持内心平和清朗，以便展开关窍。作者的注解即是对诗意的简明概括。第二阶段为"铸剑"，主要是"铸以金水 配以柔刚"。作者解释道："只因衰老剑亏刚，要觅红炉煅炼方。"将身体比喻成刀剑，因年久衰老，故要修养保全。而具体的修养之方，诗人分为九个层次，即九个步骤，分别为筑基、得药、结丹、炼己、还丹、温养、脱胎、玄珠、瑶池，每一步均以两个简明标题加以说明，并配一首格律诗和一道情进行阐释，如《第一筑基》，注曰"进气补血""取坎填离"，其诗第一言：

> 既漏之深筑补宜，栽培虚入水银池。外求内应根基固，午后子前橐钥施。不许龙涎空唾地，但寻凤髓密添肌。复完干体康而健，方向西山采嫩枝。

第二载：

> 妙妙，两孔法窍！橐钥须施，个中深奥。取坎填离，复完大造。精从内守气外生，补足丹田老还少。

内丹术以人的身体为鼎炉，以体内的精、气、神为药物，通过修炼使三者凝结成

---

① 卷一《玄机妙诀》起首。

圣胎，是为内丹修炼。"筑基"便是修炼的第一步，这如同建造房屋，必须先奠基以稳固结构。诗中洪中和将身体比喻成房屋，认为世上形形色色之物使人劳心伤神，长此以往必将损毁元神，如同长久居住的房屋，如泄露严重便会动摇根基，必须进行修补。"基者，修炼阳神之根本，安神定息之处所也。基必先筑者，盖谓阳神，即元神之所成就纯全而显灵者，常依精炁而为用。"① 洪中和又言，"精从内守气外生"，可见其所谓的"进气补血""取坎填离"，便是要为身体守精补血，安养元神。

内丹术语大多生硬险怪，其意更非教内人士可以理解，加之近体诗格律与句式的要求，诗意便更加隐晦，而诗人以标题、诗歌与道情相结合的方法进行阐释，其意便明畅许多。又如《第三结丹》其一曰："紧闭六门神内守，严防五漏炁潜藏。黄庭稳坐丹凝聚，结颗明珠献玉皇。"诗意尚不甚明了，其歌曰："妙妙，凝神聚窍！默默相持，神莫敢耗。紧闭六门，防闲外盗。丹田有实寿无穷，哪怕阎罗天子到。"通过这首较为直白的道情，可以了解到所谓"结丹"即标题"聚气凝神"，以"抱元守一"，守得元丹，便会助益长生。全诗虽充满道学玄味，但通过诗人不同的表达形式，尤其标注与道情的结合，便易于为常人所接受。

丹道诗在道教发展史上由来已久，宋代张伯端的《悟真篇》便以九九八十一首律诗组成，内容丰富，丹法幽深，在表达上充分利用了汉语隐喻的功能，通过道教隐语阐发内丹理论，故《悟真篇》中部分诗句虽直白浅显，具有通俗简易的一面，但其宗教神秘诡谲色彩依旧十分突出。② 与之相比，洪中和的《玄机妙诀》十三章，首先在内容篇幅上便简明许多，其主体部分以律诗组成，另各配道情阐发说理，如此便使得丹法奥义更加通俗易懂，在结构上，《玄机妙诀》分为两大阶段九小层次也更具逻辑性，这不得不说是丹道诗创作上的一个变革。当然，洪中和的丹道诗也有借鉴前人的一面，如卷一《无根树》三首：

　　无根树本出蓬莱，王母当年亲手栽。花蕊初开须仔细，探真消息见如来。

---

① （明）伍冲虚、（清）柳华阳著，陶秉福增撰《伍柳仙宗及要旨》第二篇《天仙正理》，中国科学技术出版社，1991，第134页。

② 王沐在《〈悟真篇〉丹法要旨》中指出："更从比喻词、影射词，暗喻的隐语中，反语的机锋内，寻其含义，破其哑谜。"此言便直接指出，理解《悟真篇》的关键在于明白隐语、反语的含义，这也充分说明《悟真篇》隐语色彩的浓重。参见张伯端撰、王沐注解《悟真篇浅解》第302页、第258～259页。罗争鸣曾撰文指出《悟真篇》有些诗句直白浅显，具有世俗化的一面，但通观来看，《悟真篇》中含有不少的隐语，其诗作具有浓厚的宗教神秘色彩。详见罗争鸣《张伯端及其〈悟真篇〉诸问题的再检讨》，《中国文学研究》2021年第2期。

　　宝树当前认者稀，愚人觌面不相知。无根月窟根先种，玛瑙珊瑚压满枝。

　　漫说无根却有根，浇培甘露辨寒温。依时便见昆庐佛，绝虑忘情大觉尊。

　　"无根"即无心，"人能常清静，天地悉皆归"[1]。告诫修道之人要清静自守，对景无心。《无根树》以明代内丹大家张三丰的《无根树》道情二十四首为代表，二十四首以花的二十四个花期的外景征兆来代表修道的二十四种身心变化，其中多用隐语，较为令人费解。[2] 洪中和访道期间，谒武当，寻三丰遗迹，自言于南岩遇师，得其真传。囿于材料所限，虽不能确定其师为谁，但洪中和对张三丰的仰慕之情却属无疑，友人也称洪中和"遍访名山，遇海外之真仙，领三丰之衣钵"[3]。洪中和的《无根树》三首在题材与内容上多有借鉴张三丰之处，但二人诗歌在体裁、语辞及表达方式上却大不相同。

　　张三丰的《无根树》道情二十四首，从"花之幽"写起，"无根树，花之幽，贪恋红尘谁肯休"[4]。认为无根树生于幽深之境，世人迷恋荣华，执迷不悟，接着劝诫世人应早回头："肯回首，是岸头，莫待风波坏了舟。"最后一首为"花正无"，"无根树，花正无，生影无形难画图"[5]。即修炼至一种"空无"的境界，这种境界其形状是难以描述的，一般形容为处于一种如身居仙境般惬意自如的状态，故诗人最后描述道："谒仙都，受天符，才是男儿大丈夫。"洪中和《无根树》起首言无根树出自蓬莱仙境，其中蕴含修道真诀，但世俗之人大多不识无根树真面目，也不知谨慎持身，故修而不得。与之相较，洪中和的《无根树》三首绝句没有详细描述无根树各个阶段的特点，篇幅较小，但上下句间更加连贯，具有逻辑性。如洪中和第三首中"漫说无根却有根，浇培甘露辨寒温"，前句其实来自张三丰"无根树，花中亨，说到无根却有根。三才窍，二五精，天地交时万物成"[6]。张三丰诗中没有对"无根有根"做进一步的说明，而是直接论述精窍交接，其意难懂。洪中和则不然，既然"有根"，势必要精心栽培，小心护持，如此依时而行，才能见其本性，以此比喻修

---

① （南宋）《道德真经解（二）》，《道藏》第 12 册，第 684 页。
② 李显光：《对张三丰〈无根树〉的解析》，《第一届沈万三、张三丰学术研讨会论文集》，贵州民族出版社，2006，第 323 ~ 335 页。
③ 卷二，长白楚芛氏恩芳序。
④ （清）张三丰撰《无根树二十四首》第一，见董沛文主编，盛克琦、芮国华点校《张三丰全集》，华夏出版社，2017，第 170 页。
⑤ （清）张三丰撰《无根树二十四首》第二十四，第 175 页。
⑥ （清）张三丰撰《无根树二十四首》第十一，第 173 页。

道之人斩断情缘，坚持清修，才能大觉大悟。

张三丰的《无根树》二十四首以道情的形式展开，道情虽属于通俗性体裁，但张三丰的二十四首中多含"铅汞""法象玄珠""偃月炉""阴寡阳孤"等内丹术语，其意较为费解，其中又多以男女作比，如"男女交时孕始成"[①]"女转成男老变童"[②]"东家女，西家郎，配合夫妻入洞房"[③]等，便容易将其误与房中联系在一起，较之，洪中和的《无根树》中不言铅汞，更无男女，用词上也几无丹道术语，文辞上便更加文雅，其意也更加简明。

通过对丹道诗的分析可知，洪中和不仅丹法精深，阐释方法也有技巧，能够将道学理论综合运用于不同体裁的作品中，不仅有律绝等近体诗，还有歌赋、俚言等，另见于《清虚诗集》的尚有赞、偈、铭等短章。通过与前人丹道诗的对比，不难发现，洪中和的丹道诗在内容与题材上有因袭前人的一面，但在语言与表达上有自身特色，洪中和较少运用隐语，语言更加平实直白，表达上"文""俗"相间，其意更加直白简明，又富有逻辑性，这种丹道诗风并非洪中和这一个案，其形成也绝非偶然，是道教发展至清朝，为适应新的发展趋势，在弘道内容与阐发方式上的一种变革。清朝统治者多尊奉佛教，道教发展参差不齐，虽偶有得圣恩而显贵一时的高道出现，但与前代相比，其发展整体处于低迷状态，这迫使道教人士不得不进行自我改良。一方面进一步向禅宗、儒家靠拢，争取生存基础，另一方面则在传教语言与方式上进行变革，因此丹道诗中道情、歌谣等俗文学体裁明显增多，语言上也罕用丹砂、男女、房中等敏感词语。如清朝雍正年间正一高道娄近垣多以禅门偈颂表达自己的丹道思想，其诗直白如话，语言通俗，其意更向以"本无""自性"为核心的雍正禅学靠近。[④]乾嘉时期同样兼通儒释的内丹大家刘一明，其《会心集》中也有大量述道诗，不仅体裁多样，"思想内容也独具'道理'和'道情'特色，而且构思严密新奇"[⑤]，具有逻辑性。这种丹道诗风的形成与当时道教的发展局势息息相关。

嘉道之际闵一得的龙门方便法门精简了许多道教中的繁文缛节，奉道文人大量出

---

① （清）张三丰撰《无根树二十四首》第十一，第 173 页。
② （清）张三丰撰《无根树二十四首》第十六，第 174 页。
③ （清）张三丰撰《无根树二十四首》第二十一，第 175 页。
④ 关于娄近垣白话诗与雍正禅学的关系，详见陈星宇《论清初道士娄近垣的白话诗——兼及雍正禅学的关系》，《学术交流》2014 年第 6 期。
⑤ 郭建：《道士刘一明著述的文学价值》，《宗教学研究》2020 年第 3 期。

现，其中不少信徒为地方上的精英知识分子①，以洪中和诗歌为代表的这种丹道诗风，平实晓畅，雅俗相间，既无尘俗陋习又不失丹诀妙义，如此正中文人下怀，故在文人阶层中广受推崇。丹徒陈正道在光绪十八年（1892）第一次为《清虚诗集》作跋言：《元机妙诀十三章》"设论彰玄，反词显奥，真探老关骨髓者"。陈庆年后从其受道，又追述："受而读之，语虽平淡，理实幽深。谈性理则皓月当空，阐命功则玄珠在握。后撰《玄机妙诀》十三章，字字精微，实得金丹之骨髓，言言彻透，足为后学之津梁。"对此邹永煌亦深有感触，认为其诗"往往谈元抽秘，窥道之微而阐道之蕴，言人之所不能言"②。丹道诗作为道诗中的一大类别，在中国道教发展史上由来已久，其特征也随着时代的发展呈现不同的风貌，透过洪中和的诗歌可以看出，清中晚期丹道诗具有文白相间、雅俗共存、平实简易的特色，这未尝不可视为清代道教适应时代变化，针对特定人群在传教方式上的一种变革。

（二）闲咏遣怀：清雅澄澈之音

洪中和的丹道诗将丹法与文学创作技巧巧妙融合，显示出清代丹道诗风的一个走向。洪中和入道后为求师访道，云游四方，时而览胜怀古，抒发历史兴亡之感，时而感念时事，挥洒一己情思，时而寄兴山水，体悟自然佳趣，这使得其闲咏之作不同于丹道诗的平实直白，既具有文人诗清雅醇正的一面，又独具道人诗特有的澄澈中和的境界。

洪中和云游之际，放浪山水之间，访名山大川，谒宫观古庙，心有所触，发为歌咏，吴锦章称："语语出之性情，肖乎其人，古所谓诗之真者也，真则佳矣。"③故其闲咏之作不事雕琢，具有自然天成之感。洪中和在《秀峰招隐》一诗中写道：

> 寻幽选胜翠微巅，四望春光景倍妍。几叠小山堆怪石，数椽茅屋绕清泉。蓝桥屈曲苔痕浅，碧沼潆洄草色鲜。壁有瑶琴松有鹤，秀峰招隐学陶潜。

---

① 按：嘉道之际闵一得开创龙门方便法门，在江浙一带传道，奉道文人大量出现，这一方便的研究成果已相当丰富，代表性研究如尹志华《清代全真道历史新探》，第三章第六节《杨来基与闵一得等人在浙江弘道》第 244～255 页，第四章第七节《浙江全真三大中心的兴盛》第 338～350 页，香港中文大学出版社，2014。以及个案性分析，〔美〕刘迅《晚清江南陈文述的内丹修炼与扶乩活动》，盖建民主编《"回顾与展望：青城山道教学术研究前沿问题国际论坛"文集》，巴蜀书社，2016，第 676～686 页。

② 卷一，邹永煌撰《清虚诗集后跋》。

③ 卷一，吴锦章序。

　　初春时节，诗人经过多番寻幽探胜，将清隐之地定为翠微之巅。此处绿水青山环绕，视野开阔，环境清幽。奇形怪状的石头层层叠叠，青苔初起，倚石而依，碧草鲜嫩，绕池而生。诗人隐居于此，临松抚琴，引来仙鹤相伴。全诗绘景依自然而生，不着浓墨，清新淡雅，无道俗之气。尾联中诗人又化用陶渊明终南隐居的典故自比，并化主为客，既突出此地环境的清幽秀丽，又以拟人化的手法赋予秀峰山灵动之气，使得诗歌生趣盎然。

　　洪中和由儒入道，熟谙历史典故，在览胜怀古、臧否人事时往往能结合相关史事书写历史兴亡之变，故其怀古之作中多有一种浓厚的沧桑感。卷二《汉武帝》：

　　　　求神底事到蓬莱，方士分明是祸胎。天假余生逃伯谷，帝终悔过向轮台。大儒枉献贤良策，司马无惭付托才。奢侈半多家国误，绣衣击贼不胜哀。

　　诗歌主要追述了汉武帝听信方士谗言，不惜劳民伤财，前往蓬莱求取不死药，最终一无所得。汉武帝听信虚妄的求仙之术，即使有学识渊博的贤良大儒辅佐，也无法扭转国家衰败的命运。又评梁武帝："舍身同泰三番赎，掷足台城万古羞。"[1] 认为梁武帝三次舍身同泰寺，让朝臣以千金赎之，其佞佛程度实在使城人蒙羞，而对苏武，洪中和认为他忍辱负重，百折不挠，具有忠义之气，"牧羊海上果谁怜，屈辱英雄十九年。百折不回忠烈著，千磨无改性天全"[2]。又卷二《陶潜》："五斗折腰辞禄易，一官混迹保身难。门前绿柳丰神活，头上乌巾宇宙宽。勤苦不忘伉俪笃，助耕栗里且居安。"赞扬陶渊明不为五斗米折腰，安贫乐道的高尚节操。洪中和不仅评点历史人物爱憎分明，对当下时事亦不晦言，《感时》二首其一载：

　　　　小丑纷纷竟肆狂，频年失算在包荒。本宜防海分中外，偏欲开关纳虎狼。互市未知谁作俑，誓师那许彼跳梁。普天况有同仇愤，何忍甘心坐待亡。

　　此诗非怀古之作，而是记录当下时事，抒发当下之感。洪中和主要活动于同光时期，此时晚清政府被迫开放通商口岸，洋货倾销，西人肆虐，主权濒临丧失。洪中和虽为道士，但面对家国情势如此险峻，心中愤恨无比，慨然而作此篇。诗中洪中和指出列强的侵夺之心预谋已久，然统治者未能及时察觉制止，造成局势恶化，"本宜防

---

① 卷二《梁武帝》。
② 卷二《苏武》。

海分中外，偏欲开关纳虎狼"，又"何忍甘心坐待亡"，既是对列强豺狼之心的谴责，又表达了对当局不及时采取措施的不满。其二又言：

> 我益弱时彼益强，八方骚动不胜防。从无逆寇遵和局，直把中华作战场。击节枕戈称志士，卧薪尝胆颂雄王。庙堂衮衮筹奇策，岂可因循失主张。

洪中和不仅揭露出列强贪得无厌、背信弃义的丑恶之态，还深切告诫中国仁人志士要拿起武器，卧薪尝胆，谋取反击，当局更应妥善筹谋，不能因形势濒危而自乱阵脚。

《感时》二律言辞犀利，感情激越，可以看出洪中和面对时局危难，胸中难以抑制的不平之气，这表明其虽为道徒，但并非醉心丹经，不问世事，反而具有强烈的家国情怀，这显然与传统内丹修炼中倡导的恬然自守、随遇而安的原则不尽符合，而这种不囿于道徒身份，以儒家伦理标准品评时物的创作倾向，使全诗无论在遣词造句，还是情感色彩上都显示出传统士大夫的价值观，俨然一派醇正的儒家风范，同时这种道义感的彰显也在一定程度上反映出晚清时期，面对民族危难，道士已不再是独居深山、置身事外的隐士，具有高度家国化、社会化的一面。

洪中和毕竟身为道士，长年入定打坐，凝思静虑的修道经历对其不可能没有影响，诗人为清静修行，远离市廛，一方面增加了亲近自然的机会，另一方面也锻炼了心境与感知力，使其不仅能敏锐地觉察到自然界的微妙变化，同时还能以平和的心态面对世事兴衰变迁，如卷二《金陵怀古》：

> 金粉当年说六朝，江南王气竟烟销。石城虎踞奇观萃，钟阜龙蟠胜迹饶。夜月秦淮潮暗长，秋风吴苑木先凋。登临不尽沧桑感，遣兴惟凭酒一瓢。

南京作为六朝古都，十朝都会，见证着时代变迁，人事兴衰。当年的石头城龙盘虎踞，何等壮观，吴国的宫苑花团锦簇，华美之至，而如今繁华不再，唯有秦淮河悠悠东流。诗人登临览胜，秋风袭来，花木凋零，诗人敏锐地察觉到秦淮河暗潮涌动，不禁追忆起六朝往事，虽有昔盛今衰、物是人非之感，却无明显的悲喜之情，"遣兴惟凭酒一瓢"，反而具有一种洒脱之气，这源于诗人多年修道练就的平和心态。又如卷二《武昌黄鹤楼》的"无边风月知心赏，成癖烟霞胜迹饶。浩劫几回成往事，凭栏依旧水迢迢"，同样为怀古内容，但与前述《汉武帝》诸诗不同，诗人不再臧否具体人事，而是将历史演变作为一个整体看待，认识到事物的兴衰消长自有规律，也便无须留恋。内丹修炼认为修道之要在"心田清静，性海和平"①，人的爱、瞋、痴、怒等情绪均是心魔所致，为修行大忌，既然往事不可追，不如达然处之。这种豁达的态度自当源于诗人平和的心态与澄澈的心境，并能以此关照自然万物，故其在诗歌创作中对"澄""镜""清""空"等词使用得非常频繁，这些词的组合运用也为诗歌营造了一种空灵、静谧、祥和的境界。如描写烟雾缭绕下的鸳鸯湖：

> 鸳鸯湖畔暂停舟，一片空明万象收。十里波光浮小艇，四围杨柳拥高楼。风尘历碌途间况，云水澄清景外幽。闲依阑干频眺望，却疑人在镜中游。②

月光之下的鸳鸯湖水清波平，分外清幽，诗人不由得泊舟欣赏，旅途奔波之累因此一扫而空，只觉天与人、与水交相辉映，如此空明澄清之境更让行船人生发出舟行镜中的幻觉。又如吟咏西湖："十里波光西子态，四维山色米家烟。湖心澄澈明如鉴，水面风来别有天。"③ 在诗人笔下，西湖既有西施般浓淡皆宜的色彩美，又具米芾山水画中不装巧典、天真自然的平淡韵味，因此无论澄静如镜，抑或水波浮动均别有洞天。所谓景由情生，西湖的澄澈明朗未尝不是对自我心境的写照，诗人心中空透虚灵，能包容万物，故西湖在诗人心中动静皆宜，各得佳趣。

平和心境之下，洪中和的神经异常敏锐，常能于凝虚守静中感知到自然界的微妙变化，卷二《春日偶占》其一：

> 放下尘缘心自凉，逍遥世外养灵光。消除物类无烦恼，扫净贪瞋任徜徉。春日迟迟观竹影，晚风阵阵送花香。举头倏忽云烟起，暂把湖山付渺茫。

诗人隔绝俗扰，涤尘除虑，故而能在万籁俱寂中捕捉到影动、香浮、云起的自然变化。全诗写景，动静结合，景中含情，既生动地展示出自然万物此消彼长的自然规律，又传达出诗人悠然出尘的心境。又如《春日闲居》："声声鸟语幽人契，阵阵花香静者知。"④ 鸟语呢喃，花香暗浮，唯有守静习幽之人才能领略吧！又春去秋来，物候变幻，道人已敏锐地察觉到枝叶转黄，凉意渐起，万物萧条之状，"飒飒金风阵

---

① 卷一《清静歌》。
② 卷二《嘉兴烟雨》。
③ 卷二《西湖泛舟》。
④ 卷二《春日闲居》。

阵凉，个中辛苦个中尝"①。又"风回远树蝉吟急，雨过疏林雁唳遥"②。即使如风过远树、雨打疏林、蝉急雁遥这种细微的变化诗人也能一一道来。但时物的衰败并未能影响诗人的雅兴，"赏秋自得闲时乐，索句谁知静里忙。依树观书心入定，餐花采菊口噙香。漫嫌景色萧疏甚，佳趣从来淡处长"③。观书以入定，闲时吟句，以花菊佐餐，俨然一位不食人间烟火的活神仙。"佳趣从来淡处长"一句不仅表现出诗人此情此景之下自得其乐、恬淡惬意之状，更道出诗人多年学道习静内心的深切体悟。

洪中和的闲咏之作会因吟咏对象、阐发内容的不同而呈现细微的变化，其怀古之作具有浓重的历史沧桑感，感叹时事充满慷慨激昂之气，山水闲吟则自然灵动，但无论何种诗风，无不与当时的时代文化背景以及诗人的身份、经历与心态等有关。洪中和出身皖南世家，早年以儒自命，又常怡情山水，林泉适志，后栖心道妙，博览经籍，有"学究三才"④之称，由此可见，洪中和既非钻到故纸堆中的儒徒，亦非只讲丹法的道流之辈，而是富有才学又志趣高雅之人，这使得其诗歌中既具有传统文人诗作中清雅醇正的风范，同时多年修道的经历与感悟也为其诗歌创作带来传统文人所不具备的特色，那便是对自然万物的敏锐感知力，与面对事物消长坦然平和的态度与心境。

受统治政策、时代文化等多方面的限制，清代道教可谓在艰难中求生存、谋发展，故有清一代，一方面高道大德鲜有出现，另一方面在精神上，清代以诗宣道（尤其乾嘉以后）的热情也大不如前，因此清代丹道诗数量相对较少，就目前笔者所见，清代道士诗集多以吟咏自然万物、酬唱赠答为主，较少阐发丹道思想，如清初以遗民入道的李延昰，其《放鹇亭稿》中无一字语及丹道，或抒家国之痛，慷慨激昂，或咏物遣怀，别具清淡自然之风。苏州元和县斗坛道士吴浩"不以符醮为事"，诗集《倚石吟》以吟咏自然万物、宫观生活为主，其诗"清新雅正，有过人者"⑤。又如海盐栖真观道士赵莲，不言丹道，其《画梅庐吟稿》罕见对宗教道义的宣扬，几以清朗自然之风贯之。洪中和作为晚清时期内丹家的一个代表，其丹道诗的创作风格与特色在清代道士诗歌中具有代表性与普遍价值。丹道诗素来以丹法奥义著称，随着道

① 卷二《味秋》。
② 卷二《听秋》。
③ 卷二《味秋》。
④ 卷一，吴锦章序。
⑤ （清）吴浩：《倚石吟》，清道光刻本，毕敞跋。

教的世俗化发展，丹道诗也呈现出通俗的一面，但因丹道术语存在，其艰涩隐晦的特征却一直存在，而由洪中和的丹道诗来看，其中有因袭前人丹道诗的一面，但较少丹道术语的使用，巧妙的结构形式布局，使其诗雅俗相间，平实简易又富有逻辑，这在某种程度上也反映出清代丹道诗的一个发展趋势。《清虚诗集》的另一个价值还在于卷二不仅为我们呈现了洪中和丹道诗之外的另一种创作风貌，展示了一个更为立体博雅的道士诗人形象，同时还可据洪中和的赠答之作勾连出如"方内散人万潜斋""王桐生""华羡超"等潜心修道的道徒，以及"沈仲复""陈庆年""严吉人"等一批热衷于道教修养之术的奉道文人，据此可一窥晚清时期道教在地方尤其中下层文人中的发展状况及影响力，由此来看，洪中和及其《清虚诗集》不失为了解晚清时期道教发展及道诗创作面貌的一个窗口。

苏州妈祖信仰传播考

黄新华

摘要：宋代以来，苏州的妈祖信仰日益普遍，不仅城乡各地都建有供奉妈祖的宫庙殿宇，还形成了独特的地方风俗习惯。考苏州妈祖信仰流布的原因，既与宋元以后妈祖成为国家普遍信仰，朝廷封敕不断，上自帝王、下至地方官员的推动有关，也与苏州在水运交通中的重要地位紧密相连，更离不开福建等地商人在苏州经商过程中对妈祖信仰的传播。

关键词：妈祖　苏州　宫庙殿宇　风俗

作者简介：黄新华，山东大学儒学高等研究院2023级在读博士研究生。

妈祖也称天妃、天后，是中国信仰体系中由民间祠神信仰转变为国家普遍信仰的典型代表。作为宋代发祥于福建莆田地区的航海女神，妈祖信仰自宣和五年被赐庙额之后，就以其"护国庇民""护佑航运"的神职迅速传播开来。地处长江三角洲的苏州自宋元以来，妈祖信仰就日益普遍，供奉妈祖的宫庙殿宇遍布城乡，并形成了独特的地方民俗。

一　供奉妈祖的宫庙殿宇

苏州是福建以外较早供奉妈祖的地区之一，早在宣和五年（1123），旅居娄江的闽粤海商就在娄江口北岸的五杨池建立了供奉妈祖的场所。① 另据乾隆《江南通志》卷四十四《舆地志》记载："天妃宫在北寺东，宋元祐间创，元泰定四年海道都漕运万户府奉旨敕建，明嘉靖二十二年又敕赐重建。"② 考苏州史志，北寺即因坐落郡北

---

① 太仓市浏河天妃宫管理委员会编《浏河天妃宫》，文物出版社，2021，第3页。
② （清）赵宏恩：《江南通志》，《景印文渊阁四库全书》第508册，台湾商务印书馆，1982，第411页。

而得名的报恩讲寺，此天妃宫即为章楶家庙改建的天妃庙。据《苏州府志》记载："章庄敏公祠在报恩寺东，即章太史家庙。公名楶，泾原御夏寇有功，徽宗赐庙怀德军，额曰忠烈，嘉定末其孙请立于此，今为天妃庙。"① 章楶（1027～1102），字质夫，为北宋名将、诗人。据王鏊《姑苏志·吴世家》记载："嘉祐中，浦城章楶为苏州教官，就居于此。"② 又据《灵慈宫记》记载："在郡北中路桥北堍，始于元丁卯年间建造，祖师鲁月泉开山住持。系宋章楶家庙，子孙因权要侵其地，遂献以建宫，而移家庙于侧。"③ 元泰定四年（1327）即为丁卯年，中路桥即在北寺东，综合以上地方志记载，虽然史料漫漶，但大致可推测出早在宋元祐年间，来自福建浦城的章楶在定居苏州后，即在家庙中供奉妈祖。元泰定四年，章楶的子孙又将家庙的土地捐献出来改建为天妃宫。

自宋以后，随着朝廷对妈祖信仰的敕封不断，妈祖由莆田地区的民间信仰转为朝廷承认的国家普遍信仰，苏州供奉妈祖的宫庙殿堂也日益增多。考苏州地方史志，苏州供奉妈祖的宫庙殿宇大致可以分为四类。

一是主供妈祖的宫庙。按照"法施于民则祀之，以死勤事则祀之，以劳定国则祀之，能御大灾则祀之，能捍大患则祀之"的圣王制祭祀标准，宋元以后妈祖累著灵验，不断得到朝廷的敕封，专门供奉妈祖的宫庙也随之在全国各地建立起来。苏州也不例外，如上文提到的位于北寺东的天后宫，自元泰定四年改建后，就一直是主供妈祖的宫庙。另外如位于刘家港北澛漕口的天妃行宫，据《百城烟水》记载："天妃行宫，在刘家港北澛漕口，旧名灵慈宫……始自至元二十六年，僧宗坦建于崇明西沙，后坍于海。至正三年，坦之孙移建于此。十五年，毁于兵燹，七世孙道暹重建。明洪武间改封昭孝纯正灵应孚济圣妃，额曰圣妃宫，每岁总兵官海运粮储，往回致祭。"④

又据明王鏊《姑苏志》记载："灵慈宫在城周泾桥北，元至元二十九年海道万户朱旭建，为天妃祝釐之所。其缘起互见祠庙。宫旧归并昆山清真观，今径隶本州，州之道院皆属焉。"⑤《常昭合志稿》则记载："天后庙一在西巷，俗称天妃宫；一在福

① （清）李铭皖：《苏州府志》，《中国地方志集成·江苏府县志辑》第 10 册，江苏古籍出版社，1991，第 1080 页。
② （明）王鏊：《姑苏志》，台湾学生书局，1986，第 492 页。
③ （明）李诩：《续吴郡志》，成文出版社，1983，第 145 页。
④ （清）徐崧、张大纯：《百城烟水》，江苏古籍出版社，1999，第 446 页。
⑤ （明）王鏊：《姑苏志》，第 428 页。

山镇，有司致祭，每祭捐廉银叁两。"①

二是宫观中设立的殿堂。作为我国土生土长的宗教，道教历来具有对中国民间信仰兼收并蓄并予以规范的优良传统。自南宋开始，随着妈祖信仰在全国各地的传播，道教就开始对妈祖信仰加以改造和吸收。在此过程中，道教的宫观中也开始设立专门的殿堂供奉妈祖。如位于阊门外的太初道院，"清嘉庆中，道士金紫房募资重修，又增建天后殿、斗母阁、文昌阁、玉皇阁、东岳殿"②。又据《吴卓信福山龙王庙记》记载，位于常熟福山江滨的龙王庙，乾隆十五年（1750）至乾隆三十一年（1766）对宫观扩建，"复辟门庙左隙地，构天后行宫"③。

此外，明清时期苏州最重要的宫观玄妙观、上真观等宫观之内，也都建有天后殿。据石韫玉《重修穹窿上真观殿宇记》记载，清初苏州高道施道渊重修穹窿山上真观，在三茅主殿外，还建有"上帝、天后、洞天圣帝等殿"，"神灵赫濯，宫阙巍峨"，此后，由于"殿在山巅，云蒸雾集，风雨飘零，其丹漆俱经侵剥，故于嘉庆二十一年春，方丈顾全淳，首座郁全庆、马全植、王全溢，监院许体劲等同心吁募……重修上帝、三茅、天后、圣帝四大殿"。④ 又据韩是升《元妙观天后宫记》记载，玄妙观三元阁的住持周宗濂最初建议修建水神庙，因为经费不足没有成功。二十年后，继任者唐学乾又以"元妙观为三吴道院首，凡百神祇，森列左右，独无专殿奉后香火，非所以崇德报功也"为由，在苏州太守等的支持下，于乾隆年间建起天后宫。⑤

三是会馆中设立的殿堂。天妃能够护佑"兴商买卖，采宝求珍"，"舟船往复"之人普令安乐；"行商坐贾，买卖求财"之人所愿遂心、所谋如意的神职使它成为众多在外奔波的商人的保护神。也因此，苏州的许多会馆，特别是福建、浙江、广东等地沿海城市商人建设的商业会馆中，都建有供奉妈祖的殿堂。如民国《吴县志》中即记录有八处供奉妈祖的会馆：

天后宫在胥江西岸，夏驾桥南。明万历四十一年（1613）福建商人集赀建，一名三山会馆。清康熙三十五年（1696），闽人刑部侍郎郑重暨浙江巡抚李馥拓地重建。……

---

① （清）庞鸿文：《常昭合志稿》，江苏古籍出版社，1999，第211页。
② （清）曹允源：《吴县志》，成文出版社，1970，第592页。
③ （清）李铭皖：《苏州府志》，《中国地方志集成·江苏府县志辑》第10册，第1126页。
④ （清）曹允源：《吴县志》，第571页。
⑤ （清）顾沅：《元妙观志》，《藏外道书》第20册，巴蜀书社，1992，第500~501页。

一在阊十一都二十二图小石晖桥，康熙间漳州士商公建，蔡世远有碑记，一名漳州会馆。

一在阊十一都二十八图雁宕村，康熙间泉州商人公建，陈万策有碑记，一名温陵会馆。

一在阊十一都二十三图南濠王家巷，宁波商人公建，名浙宁天后宫，蒋拭之有碑记。

一在阊二十二图南濠新巷北，名邵武天后宫，创建无考。

一在阊二图南濠姚家衖内，康熙间兴化士商公建，名兴安天后宫，廖必琦有碑志，志中详载四至，东佑圣观、西官路、南官路、北关帝庙。

一在阊二十八都五图上津桥上塘街，汀州商人公建，名鄞江天后宫，黎致远有碑记。

一在阊二十八都五图上津桥东上塘街，康熙四十七年潮州商人公建，雍正四年增建楼阁，十一年增建关帝殿，名潮州天后行宫。①

在旧吴县区域内，来自福建漳州、泉州、汀州等地和浙江宁波、广东潮州等地的客商在建立会馆的同时，也在会馆中供奉妈祖神像。另据史料记载，还有位于虎丘山塘桥西的岭南会馆，"明万历间广州商人创建，清康熙五年重建，有天后殿、关帝殿"②。

除上述三类供奉妈祖的宫庙殿宇外，在苏州的乡村以及个人的家祠中，也有供奉妈祖的。如太湖角头山于清康熙年间创建天后庙；吴中区渡村镇西吴舍村菱湖嘴西有天后行宫，俗名娘娘庙，始建无考；太仓的浮桥、七丫、新镇等村镇也都曾建有"娘娘庙"；③屯田侍郎蒋洞的次子蒋元枢曾历泉州厦门同知，身兼台湾道，"元枢渡台时，屡获灵应"，因此在其宅东园中建西洋台，"棂槛悉以檀楠为之，奉天妃于其中"。④ 这些散落在村落、家祠之中的妈祖信仰往往不被史志所记载，却深入地方基层，深刻地影响着百姓的信仰生活。

二　苏州妈祖信仰风俗

与遍布城乡的宫庙殿宇相应的是，妈祖信仰也浸润到苏州百姓的日常生活中，形

---

① （清）曹允源：《吴县志》，第505页。
② （清）曹允源：《吴县志》，第460页。
③ 太仓市浏河天妃宫管理委员会编《浏河天妃宫》，文物出版社，2021，第89页。
④ （清）庞鸿文：《常昭合志稿》，第720页。

成了独特的地方风俗习惯。

对于妈祖的祭祀，早在元代就已经极为普遍。苏州地区的妈祖神像，不仅朝廷"累使降香致祭"，地方官员"春秋致祭"，苏州各地重要的天妃宫还要将神像"每岁运于太仓及海口神祠敬祀"。① 郑元祐《重建天妃宫碑》即记载每年漕粮启运时对妈祖的祭祀活动："岁每分江浙省宰臣一人督餫，当转漕之际，宰臣必躬率漕臣守臣咸集祠下，卜吉于妃。既得吉卜，然后敢于港次发舟。仍即妃之宫，刑马椎牛，致大享礼，饫脤牲肥，醇酹瓮粊，庶羞毕陈，丝弦与金石间奏，咽轧箫管繁吹入云，舞既歌阕，冷风萧然，填境虎臣卒徒擢舟扬舲，挝鼓拟金，响振川陆，文严武齐，群拜听命而后举。"② 每年南粮北运之时，地方官员都要倾巢出动，共同祭祀妈祖，在得到妈祖的护佑后方才启运漕粮。

除了漕粮启运之外，渔民们出海捕鱼之前往往也要祭拜妈祖。出海捕鱼是太仓一带居民重要的谋生手段，但海上风大浪大，出海捕鱼的危险系数也高，浏河一带渔主招募渔夫出海捕鱼时，往往在浏河镇上鸣锣为号，手拖一根扎有红绸的篙竹，愿者抚竹随行，表示生死与渔主无关。正是因为危险系数高，妈祖就成了渔民们重要的心灵寄托，因此渔民出海前，必至天妃宫焚香点烛，祈求平安归来。

自元代而下，对于妈祖的祭祀一直延传至今。每年三月廿三妈祖诞辰及九月初九妈祖升天日，太仓浏河天妃宫都要举行"妈祖祭"活动。活动中，照例会有奏放颂乐、上烛进香、敬献花果、诵读祝文、焚化祝文、行鞠躬礼、妈祖走街、举办庙会等仪式。苏州太湖流域的西山等地区，从三月廿三天妃诞辰之日起，要连续举行三天的天妃庙会及天妃出巡活动，当地称"娘娘出会"。出会活动规模宏大，出巡队伍按照一定的顺序排列前进，往往绵延二三里。出巡前，信众聚集在天妃宫神像前跪拜，宰牲祭祀，然后排道出巡，出巡的队伍依次是：由八位手持钢叉壮汉组成的开道队；由大锣、"肃静""回避"行牌、"天上圣母"、妈祖封号等行牌组成的行牌队；由书有"天上圣母"字样的白绸长方形大蠹旗和三十余面龙旗、凤旗、狮旗、虎旗等组成的旌旗队；由华盖掩映、以轿顶饰"五岳朝天"字样的八抬大轿抬着妈祖神像的神轿队；边走边演奏笛、箫、胡琴、笙、碰铃、锣、鼓、钹、手锣等乐器的音乐队；以钢

---

① （明）李诩：《续吴郡志》，第146页。
② （明）钱谷：《吴都文粹续集》，《景印文渊阁四库全书》第1386册，台湾商务印书馆，1982，第734页。

构穿肉挂上"臂锣""臂香"的提香队和进行各种杂技戏曲表演的娱乐队。① 队伍绕境出巡，热闹非凡。

无论是祭拜妈祖还是庙会出巡，都少不了演戏酬神，因此苏州的天妃宫前往往建有戏台以供祭拜等宗教活动之后进行戏曲表演。如太仓浏河天妃宫戏楼，相传明永乐年间郑和下西洋时就常在此演戏酬神。太仓一带的渔民、船民每次出航平安归来，在进庙感谢妈祖护佑的同时，往往也都要请戏班演还愿戏。苏州城中三山会馆也有戏台：戏台有彩绘藻井，呈正方形，台后筑戏房三间；南、北设看楼，看楼上层设观剧席，可在楼上同时摆宴、看戏；戏台坐东向西，正对大殿，大殿内祀天后圣母金身坐像。据《苏州戏曲志》记载，每年农历三月二十三日、九月初九日，该馆必演剧祭神，香火鼎盛，踵趾相接。②

在以祭拜妈祖为主要内容的酬神演戏过程中，苏州地区还专门发展出了一套《童子拜妈祖》的杂技舞蹈。太仓浏河渔民出海前向妈祖进香演戏，鱼汛归来举行酬神香会时都要表演此节目，表演过程中，大小演员各一名在锣鼓声中先向"妈祖"上香、叩拜，然后从殿中跳出，大演员在殿前广场左手叉腰，右掌托起顶上挂有响铃和三尺黄幡的二丈四尺长竹竿进行甩接表演；小演员在做完一套"跺脚""虎跳""射雁""探海"等动作后，攀上大演员所举之竹竿，并一边做各种高难度动作一边往竿顶爬，待爬到竿顶幡下，突然松双手，翘右脚，用左脚勾竿，双手合十亮出"拜妈祖"的姿势。整套动作精彩刺激，往往被作为酬神戏的压轴节目进行演出。

三　苏州妈祖信仰广布的原因

妈祖信仰在苏州的广泛传播，既离不开宋元以后妈祖成为国家普遍信仰，朝廷封敕不断，上自帝王、下至地方官员的推动，也离不开苏州水运四通八达，为南粮北运的出发地这一独特地理位置，更与来自福建等妈祖信仰地区在苏州行商、为官的妈祖信徒的传播密切相关。

（一）朝廷的认可和推广

在中国政主教从的信仰环境中，只有纳入祀典的信仰才能从地方的小传统走入国

---

① 陈俊才：《太湖渔民信仰习俗调查》，姜彬主编《稻作文化与民间信仰调查》，学林出版社，1992，第101~102页。
② 苏州戏曲志编辑委员会《苏州戏曲志》，古吴轩出版社，1998，第355~357页。

家的大传统之中，继而得以在全国范围内传播，否则就很容易被列入淫祀打击的范围。妈祖信仰的传播即离不开从地方信仰到被纳入国家祀典，成为国家信仰的转化。如同苏州地方志在记载中路桥天后宫情况时所特别强调的，妈祖"宋宣和五年赐庙额顺济；绍兴二十六年封灵惠夫人，赐庙额灵应。前志云绍兴三十年加封昭应；乾道二年加封崇福；淳熙十一年加封美利；绍兴三年封灵惠妃；庆元四年加封助顺；嘉定元年加封显卫；十年加封英烈；嘉熙三年加封嘉应；宝祐二年加封协正；三年加封慈济；四年加封善庆；五年封妃父积庆侯，母显庆夫人；景定三年加封显济元；至元十八年封护国明着天妃，寻加封显佑；大德三年加封辅圣庇民；延祐元年加封广济；天历二年加封灵感助顺福惠徽烈，赐庙额灵慈；明洪武五年封昭孝纯正孚济感应圣妃；永乐七年封护国庇民妙灵昭应宏仁普济天妃；国朝康熙十九年平定台湾，神涌潮济师，敕封护国庇民妙灵昭应宏仁普济天妃；二十年封天后；五十九年检讨海宝编修，郡人徐葆光册封中山王，还朝奏请列入祀典，岁春秋致祭"①。妈祖因为累著灵验，南宋以后，神职不断扩大，不仅能够护佑航海安全，还能抗击金兵，而按照"国家扶祀百神，选任群吏，凡以为民也"的祭祀标准，宋代以后的朝廷始终把对妈祖的祭祀放在重要位置。如上文郑元祐所撰碑记中所言，元明以来，每当漕粮运送等重要时刻，"宰臣必躬率漕臣守臣咸集祠下"向妈祖祈祷，寻求庇护。苏州的地方志也记载："境内山川城隍……天后宫皆由巡抚主祭，或委司道致祭，每岁春秋二祀，均由抚辕排定日期……祀事者由巡抚主裁居多。"②

不仅地方官员春秋致祭，历代帝皇对妈祖信仰也极为重视，苏州地方志即记载乾隆南巡时，就曾先后"赐三山会馆天后宫扁联：德孚广济；忠信涉波涛周历玉洲瑶岛，神明昭日月指挥水伯天吴。赐霞漳会馆天后宫扁联：祥飚慈应；灵昭千里风涛看航通绝域，惠溥万帆云影验雅舞神霄。赐邵武会馆天后宫扁联：灵佑恬波；广著神庥锦浪平时开素练，长昭福佑彩云飞处展灵旗"③。

正是因为上自帝皇、下至地方官员对妈祖都是虔敬有加，妈祖也累著灵验，因此不仅各地方官员重视对天后宫的修缮建设，"每祭捐廉银三两"，而且如道教宫观等因为妈祖位列祀典，也纷纷建庙供奉，如同玄妙观三元阁道士周宗濂在与太守蒋遇纯商量时所提出来的，"天后灵昭海宇，历奉褒封"，作为"三吴道院首"的玄妙观，

---

① （清）李铭皖：《苏州府志》，《中国地方志集成·江苏府县志辑》第10册，第1072页。
② （清）曹允源：《吴县志》，第525页。
③ （清）李铭皖：《苏州府志》，《中国地方志集成·江苏府县志辑》第10册，第78页。

"凡百神祇森列左右，独无专殿奉后，香火非所以崇德报功也"，因此需要专门建宫殿以供奉妈祖。

（二）苏州在水运交通中的重要地位

宋元以来，随着中国经济重心的南移，北方的诸多生活物资都需要依靠南方，这种物资输送很大程度上是建立在水运的基础之上的。如元朝时期需要从南方运送大量的粮食到北方，其中从至元二十年（1283）到天历二年（1329）共47年中，总共从江南发运粮食8298.47万石。在水运的过程中，苏州是一个重要的枢纽。至元二十年朝廷设立两个万户府，由朱清、张瑄分别主事，管理海运，两人的万户府都设在平江（即现在的苏州）。至元三十年（1293），又以朱清之子朱虞龙为明威将军、海道遭运万户，万户府也设在平江。海运万户府下设有11个千户所，其中有8个设在江苏境内。

有元一代海运线路大致有三次变更。至元十八年到至元二十八年，前后十年间，海运从刘家港（苏州太仓）出发，沿海门（江苏境内）、万里长滩（江苏如东县东部，今部分为陆地）、盐城（江苏盐城）、海宁（江苏连云港）北上至山东、河北；第二条航线自刘家港开洋，至撑脚沙转沙嘴（今苏州常熟璜泾北江中），至三沙洋子江（今上海崇明西北，现大部为陆地），过扁担沙、大洪（江苏启东东南，今陆地），又过万里长滩，再至山东的成山、刘岛、芝罘、沙门等，莱州大洋，抵界河口；第三条从刘家港入海，至崇明州三沙放洋，向东行，入黑水大洋，取成山转西至刘家岛，又至登州沙门岛，于莱州大洋入界河，当舟行风信有时，自浙西至京师，不过旬日而已。不管哪条路线，苏州始终是起锚地，足见当时苏州在水运中的重要地位。正因为如此，如明代周伯琦《祈祝记》中所言："当春夏之交，漕东南之米，自姑苏航海乘风经捷，不旬日而至直沽，距京师仅五百里，视吴楚如三辅地，用是国赋日赢，食货日充，内自王公戚里之卫士百执事至都邑之兵戎，编户上自公卿大夫士，下至府吏胥徒，岁以漕运之迟疾丰俭顺阻为忧戚喜欢之分。校之前代转输之难，易万万不侔矣。"[①] 漕粮的运输关系京都上自公卿大夫、下至胥吏的前途命运，而这一切取决于漕运的顺利与否。但海运在带来便捷的同时，也增加了诸多的风险。如郑元祐所言："设使飓风鼓涛，鲸呿鳌抃，天跳地掉，万斛之舟轻于一掷，当此之时，虽有绝伦智

---

① （明）李诩：《续吴郡志》，第154~155页。

力亦必拱手待毙，哀号吁天，叫呼神明，救死瞬息。"①

护佑海船出入平安是妈祖的重要神职，因此在漕粮运输过程中，每当遇到危险，人们只有祈求妈祖的保佑以渡过难关。吴卓信《福山龙王庙记》就说，"迁引经舟纬楫，出入于惊涛骇浪，烟云杳霭之间，惟神之灵呼吸相应，功烈之及于民，不其伟与！今者式严庙貌，敬奉烝尝，四时之殷荐不亏，万姓之祷祈不阙。其消弭海患，镇伏潮灾，脱鼋鱼垂涎之窟，为黎民奠枕之乡，惟神之灵卫于斯"②。对此，黄向《送迎神曲有序》也记载称："浙河东西输粟京师数百万石，经途数千里，海道险艰，时日进止，一唯神之听，否则危败立见，于今五十有五载矣。任部辖者，繇一命以上，下及庶在官，无声色之顾，圣元如天之福，而神之功亦不可掩也。祠曹致请，累封'护国庇民广济明彰天妃'，每春夏再起运，皇帝函香降祭，自执政以下，盛服将事，合乐曲、列舞队、牲□、祝币视岳渎有加焉。其可谓无负于神矣。按礼能御大灾则祀之，能捍大患则祀之。天下之险，莫过于海，而涉之若坦途；天下至计，无重于民食，而运之若指掌。神实祐之，是在礼所应得祀也。"③

妈祖对于漕粮北运具有重要的护佑神功，因此漕粮启运等重要节点都需要祭祀妈祖，供奉妈祖的宫庙殿宇也就成了官署一样的存在，所谓："海神之贵祀曰天妃。天妃，有事于海者之司命也。""舟将发，临遣省臣率漕府官僚，以一元大武致天子愖祀之命，荐于天妃，得吉卜而后行。"④负责漕运的官员在漕运过程中需要常往妈祖神前祈祷祭祀，自然需要就近建设天妃宫。而对于百姓而言，妈祖护佑航海出入平安，控制海潮不伤人性命的神职更是关切自身利益。在百姓的信仰实践中，天妃宫建成后，又有"潮汹涌北来，至此而伏，过则复起"的神奇效应，"人以为神焉"，自然更加虔信。如苏州"娘娘浜"的得名，即因为枫桥而东至娄关，明初河面甚阔，行船最险必祷于天后，所以百姓称此处河浜为"娘娘浜"。⑤可见，妈祖护佑航运的神职在水路四通八达的苏州得到普遍的认可，从而推动了妈祖信仰在苏州地区的传播。

（三）福建等地妈祖信徒的推广

南宋以来，随着北方大批能工巧匠的迁入，江南得天独厚的自然条件在先进技术

---

① （明）钱谷：《吴都文粹续集》，《景印文渊阁四库全书》第 1386 册，第 733 页。
② （清）李铭皖：《苏州府志》，《中国地方志集成·江苏府县志辑》第 10 册，第 1126 页。
③ （明）李诩：《续吴郡志》，第 147～148 页。
④ （元）柳贯著，魏崇武、钟彦飞点校《柳贯集》，浙江古籍出版社，2014，第 367 页。
⑤ （清）曹允源：《吴县志》，第 497 页。

的加持下，一跃成为全国的经济中心，苏州也成为与南宋都城杭州并称的"人间天堂"。如同小说对苏州"红尘中一二等富贵风流之地"的描述，宋元以后的苏州也是商铺林立，市肆繁华，即便是原本地处偏僻的太仓浏河地区，因为元代以来作为南粮北运的出发地，数年之后也成了远近闻名的"番汉杂处，闽广混居"的"六国码头"。苏州也因此聚集着南北各地的商人，对此，元代江西诗人傅若金即有诗称："转帆春秋人，行舟日夜过。兵民杂居久，一半解吴歌。"① 远在北方行商的人中，都有一半通解吴语，可见苏州在当时贸易往来中的重要地位。

在法制尚不健全的封建时代，商人在重农抑商环境下的弱势地位往往使他们需要在精神上寻求神灵的护佑，借助神灵的纽带关系，进行报团取暖，并以神灵的名义集结，商议行业内的重大问题，制定行业规矩。大量外地客商寓居苏州的同时，也随之带来了各自的信仰。妈祖信仰在苏州的广泛传播即离不开福建等地商人在苏州的活动。

明清以来，大批的福建商人在苏州从事经济活动，清代福建人朱仕琇《梅崖居士文集》卷八就记载："吴俗奢丽，自阊门至枫桥，多闽中海贾，各饰郡邸，时张灯陈戏，过从宴犒，艳服以财相炫。"② 雍正时期地方官员也曾禀奏称："阊门南濠一带客商辐辏，大半福建之民，几及万有余人。"③ 大批福建商人在苏州经商的同时，也把妈祖信仰带到了苏州。苏州许多会馆中的妈祖殿堂就是因此而建立的。如胥江西岸夏驾桥南天妃行宫，即是因为"万历四十一年，福省商人以舟过胥江，祠远城东，展礼不便，醵金市地兴构"④。常熟福山天妃庙乾隆年间也是由"海舶商民建，咸丰十年亦毁，同治九年商民集赀重建，殿宇宏整"⑤。虎邱山塘桥西岭南会馆的天后殿，也是在明万历间由广州商人创建的。而如民国《吴县志》所记载的，小石晖桥漳州会馆、雁宕村温陵会馆、南濠邵武天后宫、南濠兴安天后宫、上塘街潮州天后宫等分别由漳州、温陵（泉州旧称）、邵武（南平地区）、兴安（兴化旧称，福建莆田及仙游二县）、潮州客商建立。方志在记述上述会馆中的妈祖祭祀的同时，还专门提到，

---

① （清）傅若金：《傅与砺诗文集》，《景印文渊阁四库全书》第 1213 册，台湾商务印书馆，1982，第 233 页。
② （清）朱仕琇：《梅崖居士文集》卷八，清乾隆刻本。
③ 《雍正朱批谕旨》，雍正元年四月五日胡凤翚奏。
④ （清）汤斌：（康熙）《吴县志》卷二十九，清康熙三十年刻本。
⑤ （清）庞鸿文：《常昭合志稿》，第 211 页。

"捐建均出自士商，固属民间私祀"①。

除了在苏州经商的福建、浙江、广东商人之外，诸多自福建来苏州为官者以及曾在福建为官的苏州人，也把妈祖信仰带到了苏州。如胥江西岸的天后宫，清康熙三十五年（1696）是由闽人刑部侍郎郑重暨浙江巡抚李馥拓地重建的；甪头山天后庙由福建晋江县人胡宗明在担任太湖营游击时创建；北寺东天妃宫是由福建人章棻在苏州为官定居下来后，子孙将家庙土地捐献出来而修建的。此外，曾身兼台湾道的蒋元枢因为渡台时，妈祖屡获灵应，在回苏州后也在家宅东园供奉有妈祖。

宋元以来，妈祖因为其庇国佑民、护佑航运的神职，屡受朝廷封敕，上自帝皇、下至地方官员对妈祖祭祀都极为重视。地处全国经济中心的苏州因为其水运交通发达、为南粮北运起锚地的特殊地理位置，不仅有各级官员对妈祖春秋致祭、以妈祖神意为行动指南，而且有数以万计的来自福建、浙江、广东等妈祖信仰地区的商人、官员在苏州经商、生活，他们对妈祖的虔信也带动了妈祖信仰在苏州的传播，从而使得供奉妈祖的宫庙殿宇遍布苏州城乡，形成了苏州独特的妈祖信仰风俗。

---

① （清）曹允源：《吴县志》，第505页。

宋元道教血湖科仪考略[*]

李小龙

摘要: 血湖信仰是宋元以降广泛流行于民间的思想观念,宋元道教以血湖地狱为中心,构造了一套关于"血殂"之士和产亡之妇的罪罚机制与救度体系。血湖科仪是道门专为救拔血湖狱罪魂的仪式实践,由于血湖狱魂往往被血污包裹、形神污秽,难以亲近斋坛,故血湖道场更加强调对罪魂身体和精神的净洁,打破血湖狱和炼度产魂是其核心内容。透过对血湖科仪的分析,不难看出它是基于宋元道教灵宝炼度仪的发挥,而这种专荐法事的流行也表明道教济度形式基于民众需求而呈现出精细化和专门化的发展态势。

关键词: 南宋道教 血湖信仰 炼度仪

作者简介: 李小龙,河南师范大学政治与公共管理学院讲师。

血湖道场,是产生并流行于宋元时期的道门拔度科仪,专为救度血湖地狱中囚禁的因血伤而亡故、因生产厄难而身死的男女罪魂。除了专门论述血湖地狱信仰的《元始天尊济度血湖真经》和《太一救苦天尊说拔度血湖宝忏》,道门对血湖科仪的记载主要集中于宋元时期的几部灵宝科仪类书:王契真纂《上清灵宝大法》、林灵真编《灵宝领教济度金书》和《灵宝玉鉴》。通过分析相关内容,可以确定血湖炼度乃系宋元灵宝派积极倡导和践行的新型科仪类型。其中,王氏《上清灵宝大法》记载的仪式内容较为朴素和完整,能够代表宋元灵宝炼度"内法外仪"的核心特色。故我们以之为中心,对宋元道教血湖信仰与科仪实践略作考述。

---

[*] 本文为国家社科基金青年项目"社会信仰秩序统合视阈下宋元灵宝道派研究"(项目号:23CZJ017)、教育部高校人文社会科学重点研究基地重大项目"中国传统宗教礼俗的探索与创新:宋元道教拔度科仪研究"(项目号:22JJD730009)的阶段性研究成果。

一　道教对血湖地狱的塑造

地狱是宗教创制以安置死者灵魂的场所。道门一般认为地狱为外在的、实有的，但也存在将地狱内在化、抽象化的倾向。① 血湖地狱是宋元道教普遍认同的地狱模式，"诸狱之苦，最重血湖"②。其中囚禁着因兵刀刑法、痈疽痔漏等原因身死的血伤之魂，以及因生产厄难、血污被身的女性亡灵。

1. 血湖地狱的形制

《元始天尊济度血湖真经》（以下简称《血湖经》)③ 是道教系统记述血湖地狱理论的经典。《血湖经》卷中云：

> 东北方壬癸之地有大荒溟渤，海水腥秽，无边莫测……中有一狱，在北阴大海之底，名曰血湖硖石大小铁围无间溟泠地狱，又分四子狱曰：血池、血盆、血山、血海。四狱相通，有神主之，号曰血湖大神。在于无极水底，水流其上，臭气冲天。④

血湖地狱隶属于东北方位的"北阴酆都罗山"，此间周回万里、地狱罗布，乃"阴气之主，九地枢机"⑤，专为考罚世间生灵万物的罪恶行为。血湖地狱的全名为"血湖硖石大小铁围无间溟泠地狱"，其位置在臭气不堪的无极水底，分为四个子狱：血池、血盆、血山、血海，彼此连接的四处地狱构成了血湖地狱的主要规模，由血湖大神主掌。

略晚于《血湖经》的《太一救苦天尊说拔度血湖宝忏》（以下简称《血湖忏》）是《道藏》中专为救拔血湖地狱幽魂而作的忏文，其中对血湖地狱的描写如下：

> 在大铁围山之南别有大狱，其狱名曰无间之狱。狱之有狱，号曰硖石之狱。狱之东北，地号血湖，长一万二千里，周回八万四千里。下有一门，名曰伏波，

---

① 参见姜守诚《摄召追魂——宋元道教拔度科仪中的"破狱"法事》，《中国本土宗教研究》第一辑，社会科学文献出版社，2018，第69页。
② 《太一救苦天尊说拔度血湖宝忏》，《道藏》第9册，第892页。
③ 该经又称《灵宝升玄济度血湖真经》，详见《元始天尊济度血湖真经》卷下，《道藏》第2册，第38页。
④ 《元始天尊济度血湖真经》卷下，《道藏》第2册，第38页。
⑤ 《元始天尊济度血湖真经》卷下，《道藏》第2册，第38页。

乃血湖大神主之。其狱有五：一曰血脓之狱，二曰血冷之狱，三曰血污之狱，四曰血资之狱，五曰血湖之狱。独此一狱，又列为五，有碛石无间之号，大小铁围之山，皆分拘带血之魂，腥秽无边之众。①

这段论述中，血湖乃是一段"长一万二千里，周回八万四千里"的血水之湖。这一方血水中分布有血脓、血冷、血污、血资和血湖五座地狱。其中，血湖地狱又分为五座子狱，"有碛石无间之号"。道门经典中，血湖地狱往往与碛石、无间等地狱名号联袂出现，可见道教有意将新成立的"血湖地狱"归入传统的碛石、无间等地狱群像中，而其规模、构成和罪罚的恐怖程度又更甚于前者。

南宋王契真纂《上清灵宝大法》（以下简称王氏《大法》）卷四三《斋法符篆门》云：

> 按《灵宝玉篆》②谓：大小铁围山，赦亦能到，惟碛石之狱，其形皆黑，旁有火焰，下有血湖。在大铁围山之南处，东南一大石间，上大下尖，中开一缝，罪人出入，自有百药毒汁灌其身心，总名血湖狱。③

王氏《大法》认为，血湖狱乃系大铁围山南部的一个场域，血湖之上有碛石狱，其形黑、其势显、其惩严。最重要的是，寻常的符命赦书往往止于大小铁围山，深处碛石之下、血湖之底的"血湖狱"则无法享受太上慧光的照拂。《灵宝玉鉴》卷三二《玉元追度门》中也有相似的记述，其云："碛石之狱，在铁围东南，有一大石，上大下尖，石之中间开一眼缝，其鬼入之，自然百药毒汁灌其身心。狱之北号血湖大狱，秽污第一。"④ 此外，道门还将这些想象绘制成图用于血湖道场中。如《灵宝玉鉴》卷三十收录"血湖图""产死狱"各一例⑤，如下：

图下注云："大铁围山之南有峡石狱，其形皆黑，旁有火焰，下有血湖。在东南一大石间，上大下尖，中开一缝，罪人出入，自有百药毒汁灌身心。狱号血湖，产死妇人亿劫沉堕，苦不可胜，秽恶之甚。狱中有百万鬼卒，昼夜考掠。乃翻体大神，掷

---

① 《太一救苦天尊说拔度血湖宝忏》，《道藏》第 9 册，第 892 页。
② 据明代朱权编《天皇至道太清玉册》记载，道门有《灵宝升玄济度血湖拔亡真箓》一部、《灵宝升玄济度血湖保生真箓》一部。其中《灵宝升玄济度血湖保生真箓》元代始流传于世，主要内容为鼓励信女早发善心、躬参宝篆，或孝子顺孙代为参受，以此免除血湖狱难。但未知《灵宝玉篆》具体所指。
③ （南宋）王契真纂《上清灵宝大法》卷四三，《道藏》第 31 册，第 96 页。
④ 《灵宝玉鉴》卷三二，《道藏》第 10 册，第 361 页。
⑤ 两幅图又见王契真纂《上清灵宝大法》卷三四《斋法坛图门》，《道藏》第 31 册，第 4 页。

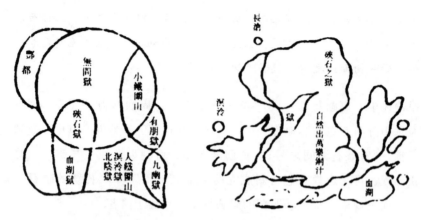

图1　血湖图、产死狱

资料来源：《灵宝玉鉴》卷三十，《道藏》第10册，第349~350页。

尸大神，食心啖脑鬼王之类也。"① 血湖中主要囚禁着因难产而亡故的妇人，她们的躯体被秽恶的血污包围，日夜经受鬼卒狱吏、翻体掷尸神王的考罚。上述图景为锐化边角，以此来展示碐石之狱的尖刻和凌厉，更能给人以压迫感。而血湖狱在所有地狱的最下层，也营造出"诸狱之中，最重血湖"的氛围。此灯图下还注云："法以前血湖九狱形，铺之灯旛。"②《灵宝玉鉴》卷六《灵旗宝盖门》云："某血湖灯或以五狱者，即用流光符五道，用破狱符于各狱焚之。"③ 可见，随着血湖地狱观念的发展，道门文献中对血湖地狱的描写越来越细致和清晰，慢慢衍生出五狱、九狱等说法。④道士演法时根据仪式需要而搭建或完整、或简约的血湖地狱形式。

　　《灵宝领教济度金书》卷一《坛幕制度品》也收录有血湖道场专用的"血湖灯坛图"，其式如下：

　　法师在铺灯时将此灯置于亡人卧床下，掘地深三尺、方六尺作狱。染成红沙铺城中，植青旛朱字书地狱名。⑤ 此图所设地狱类型为：溟泠穴、无间狱、血湖狱、碐石狱。明代朱权编《天皇至道太清玉册》记录有"血湖地狱灯图"一则如下：

① 《灵宝玉鉴》卷二十，《道藏》第10册，第350页。

② 《灵宝玉鉴》卷三十，《道藏》第10册，第350页。

③ 《灵宝玉鉴》卷六，《道藏》第10册，第177页。

④ 《灵宝玉鉴》卷六《灵旗宝盖门》记载破狱之符有九：救拔血资地狱之符、救拔血污地狱之符、救拔血溢地狱之符、救拔无间地狱之符、救拔碐石地狱之符、救拔血冷地狱之符、救拔血湖地狱之符、救拔小铁围山之符、救拔大铁围山之符。可见，血湖九狱之名应系上述符命对应的地狱名号。"五狱"应系与血湖相关的：血资、血污、血溢、血冷、血湖。抑或将血湖作为总的名称：无间、碐石、大铁围山、小铁围山、血湖。

⑤ （南宋）林灵真编《灵宝领教济度金书》卷一，《道藏》第7册，第30页。

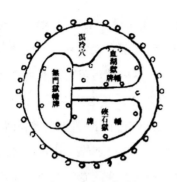

图2 血湖灯坛图

资料来源:（南宋）林灵真编《灵宝领教济
度金书》卷一,《道藏》第7册,第30页。

图3 血湖地狱灯图

资料来源:（明）朱权编《天皇至道太
清玉册》,《道藏》第36册,第409页。

图中没有明确呈现出血湖地狱的位置,但画出铁围山、碛石之形状,以红沙铺地,呈现出波涛血海、铁围尖锐之势。朱权解释说:"醮坛所用灯图,古有一百余样,其今取常用者一十,式繁多,难以备载。"[①] 由此可见,血湖醮已成为当时十分盛行的醮仪,但由于血湖地狱的形状和定名"经无图形也",故行法道士们对血湖地狱的摹画尚无一定之规,只得根据有限的文字记载并结合师传与想象"如意造之"[②]。

2. 血湖地狱囚禁的罪魂类型与象征意义

随着道教血湖信仰的发展,血湖狱中的罪魂基本呈现"不分男女""仅指产死""一切妇人"三种依次替代的类型。这一变化体现了主流民众对宗教观念的塑造力,是由传统宗教、民间宗教和人民群众的博弈造就的。[③] 如王氏《大法》卷五八《斋法宗旨门》"血湖狱"条云:

> 血湖有五狱,王法及战阵杀戮、痈疽疠毒堕在三狱,罪尤可赦,魂有出期。惟已产、未产罪魂各有一狱,生生执对,血秽腥膻,滔滔血湖,饮浸形体,动经亿劫,不睹光明。亦有妇人,堕落胎孕,母丧子存,子丧母存,母子俱丧。或肢体不完,或败血、泄血、癫病、血痢,皆属血湖地狱所囚。非黄箓大斋盟天告地,敷告符箓作诸功德,何以荐拔。[④]

这段文字具体地描写了血湖地狱中的魂灵安置,而且更加明确了血湖的性质归

---

① （明）朱权编《天皇至道太清玉册》,《道藏》第36册,第409页。
② （南宋）林灵真编《灵宝领教济度金书》卷一,《道藏》第7册,第30页。
③ 参见武清旸《道教血湖罪魂观念的演变》,《云南社会科学》2016年第6期,第128～134页。
④ （南宋）王契真纂《上清灵宝大法》卷五八,《道藏》第31册,第243页。

属：除了因外力而致死的血伤之魂，余则专为女性产魂而设。王氏《大法》卷四三《斋法符篆门》云："（血湖）专囚产死妇人，亿劫不睹光明。狱中有百万鬼卒，昼夜考掠罪人，曰翻体大神、掷尸大神、食心啖脑鬼王等。其中秽污苦楚，实可哀悯。若有似此之魂，宜以别法追度。乃太上垂教专救产亡之苦者，与他法不同。惟在遵行，其功莫测。"① 可见，血湖狱中虽然也有其他罪魂类型，但囚押"世间产死血尸女人"② 始终是其最核心的应用功能。而且道门着意将对"产亡之苦"的救济之法与传统救拔地狱亡灵的方法区分开来，以此突出济度血湖地狱罪魂的专门性和重要性。

《血湖经》认为，女性胎孕乃系"宿世母子仇雠，冤家缠害，乃至今生，一一还报"③，所以女性在临盆时可能会遇到各种突发状况以至于难产身亡。《血湖经》还激烈地描述道：人秉五行之秀而成万物之灵，生为男子则尊贵难胜，生为女子则是由于"贪婪爱欲、迷失本真"的"一念之差"。这反映了宋代道教对女性身体观念的认知和理解。但同时，道教并没有过分渲染这一倾向，而是"理解之同情"地提出救济女性和产亡的办法。如南宋道书《灵宝无量度人上经大法》卷五三《齐同慈爱品》云："凡人生于世，而为妇人最忧，皆因累劫，故为女人身。出嫁男家，阴阳结聚，故以为胎，是故生产有诸难候。或母亡子存，或子亡母存，或母子俱亡，或未产之间，子存于腹而俱亡。皆因宿世冤执，相缠执对、如是魂归阴夜，哀救无门，四肢解散，心腹疼痛，呺呺于长夜之中，啾啾于荒郊之内，何以追度？"④ 这其中展现出了道教对女性因为特殊体质而产生厄难处境的同情，并且积极寻找被拘制幽狱罪魂的救度之法。篇名以"齐同慈爱"命之，凸显道教灵宝法"齐同慈爱，异骨成亲"之度人理念。

《血湖经》中还提出女性因为身体特质而触污神圣的"恶业"，如女性因月水流行时洗浣污衣，抑或生育之时母血流入地下、渗入池井，被不知觉的世人取水饮食或贡献神明，生成了亵渎神灵的罪业。但这些行为都是女性生命历程中无法避免的，这似乎意味着每一个女子死亡之后都会堕入血湖地狱。⑤ 南宋路时中也持有这一观点，其编著的《无上玄元三天玉堂大法》卷十六《济度幽冥品》"监生荡秽"条云："血

---

① （南宋）王契真纂《上清灵宝大法》卷四三，《道藏》第 31 册，第 96 页。
② 《元始天尊济度血湖真经》卷下，《道藏》第 2 册，第 38 页。
③ 《元始天尊济度血湖真经》卷中，《道藏》第 2 册，第 38 页。
④ 《灵宝无量度人上经大法》卷五三，《道藏》第 3 册，第 914～915 页。
⑤ 详见《元始天尊济度血湖真经》卷下，《道藏》第 2 册，第 38 页。

湖业债，端由女人，欲炽宪深，郁结而成报对也。然而秽腥未净，尤未忘生前之念也。"① 其中较为直观地反映了道门对女性体质认知的不良倾向。而《血湖忏》中却有意弱化了女性特质带来的"原罪"倾向，而是将之归入"误为之罪"，其云：

> 婚姻之后，聚守成家，处事营生，故犯误为之罪。或不净手漱口念经之罪，破斋犯戒不信阴阳之罪，饮酒醉乱心神之罪，己是他非说人长短之罪，重秤大斗入己之罪，轻秤小斗与人之罪，不忌三光节届淫欲之罪，生男育女堕子落胎之罪，憎嫌男女太多用水渰浸弃撇之罪。擅用水浆污浊江河之罪，呵风骂雨恶寒厌暑之罪，洗米澄泔淘沙落粒之罪，厌贱谷米菜蔬之罪，剪截币帛任意衣着之罪，故杀误杀教杀自杀之罪，热汤泼地损害一切虫蚁之罪，轻凌翁姑父母伯叔兄弟之罪，无辜叫唤鬼神咒诅诬盟之罪，孤贫乞求不与之罪，富贵贪婪不知止足之罪，耕田种作穿坑掘土损害含灵之罪，养育鹅蚕不节之罪，畜养牺牲贪财之罪。②

相较于《血湖经》中浓厚的宗教色彩，《血湖忏》则更强调女性因日常生活中行为举止的"失当之处"可能带来的罪与罚。但这些行为并非不可谅宥，只要女性虔诚地在三清御前一一忏悔，即可"生生雪净，世世冰清，永消积罪之愆，尚纳平康之庆"③。这也意味着信众通过诵经礼忏等俗常仪式便可获得救赎。

无论道教对血湖地狱的描写多么具体和残酷，最终都要提出解济之法，即狱魂解除冤债、消释心结则可得超生。所以血湖地狱的理论升格，仍然是围绕宿命、报应、智慧等关键词进行发挥。如《灵宝玉鉴》卷一《道法释疑门》"专度血湖论"条云："血湖地狱者，由幽冥之宰物者随死者之冤结而化见也。人莫不由父生母养以成幻质，惟妇人自妊娠以至娩乳苦厄良多。有怀胎而死，有既产而亡……是皆其前生仇雠，托胎报复。至有以药毒自堕其所孕，亦有以多子而不育其所生。彼安身立命之念既孤，则负屈衔冤之心莫释。死则魂系血湖，以受报对，动经亿劫，无有出期。非建大斋，莫能超度。"④ 这段文辞似在表达，妇人难产的缘由是前生冤结难解、脱胎报复，而那些被她堕杀的婴孩亡灵最终也将堕入血湖。这在其他经典中是较为少见的。

---

① （南宋）路时中编《无上玄元三天玉堂大法》卷十六，《道藏》第 4 册，第 52 页。
② 《太一救苦天尊说拔度血湖宝忏》，《道藏》第 9 册，第 896 页。
③ 《太一救苦天尊说拔度血湖宝忏》，《道藏》第 9 册，第 896 页。
④ 《灵宝玉鉴》卷一，《道藏》第 10 册，第 134 页。

既然血湖罪狱由怨念而生，"由积血以成湖，认幻缘而有狱"①，那么破解之法便是消解怨念、释怀冤结。故《灵宝玉鉴》卷三二《玉元追度门》云：

> 灵宝大法玉元追度之科专度血尸产魂，况其宿业既萦，报缘随至，爱河欲海，汩丧元真。乃至堕孕落胎，伤身殒命，血腥污秽，可胜言哉？形体虽亡，宿念未灭，则必以森罗净灵之源，濯其旧染之污，以真阳至善之光，以觉其本然之性，紫英以明其道，玉符以迁其神。俾其妄缘幻影，如落地之花；妙体真身，若当天之月。了无滓碍，等一虚空，何不利有哉？②

可见道教对血湖地狱的塑造仍是传统地狱观念的延展，只是表象变成了血。也即是说血湖成立的原因，除了冤仇相报不能消止，更重要的是各种罪魂不能释怀冤结，始终情想前缘，虽命终而积嗔不化、积妄不变，故有是狱。

二　破血湖狱追摄产魂

由于血湖地狱在北阴酆都罗山的最底处，故救济狱魂的难度最大，非得斋主以无上黄箓之功德方可救拔。王氏《大法》卷五八《斋法宗旨门》云："（血湖罪魂）非黄箓大斋，盟天告地，颁告符箓，作诸功德，何以荐拔？故天尊大慈悲悯，弘济多门，流传下士，广开济度。拜血湖章，上血湖表，破血湖狱，行血湖炼，符檄官将，与灵宝炼度皆不同，师当体而行之。"③ 其中着意强调了血湖炼度与灵宝炼度的差异性，仪式所用之章表符文皆为济度血湖独用。后继者林灵真编《灵宝领教济度金书》则用大量篇幅撰写"血湖道场专用"的仪式内容。④ 此处，我们以王氏《大法》所论进行详述。

1. 破身中之狱⑤

破狱先破身中之狱，是宋代道士内法外仪的特点，象征"炼魂者先须炼神，度人

---

① 《元始天尊济度血湖真经》卷下，《道藏》第 2 册，第 37 页。
② 《灵宝玉鉴》卷三二，《道藏》第 10 册，第 134 页。
③ （南宋）王契真纂《上清灵宝大法》卷五八，《道藏》第 31 册，第 243 页。
④ 《灵宝领教济度金书》与《灵宝玉鉴》中均有对血湖道场仪式的详细描写，其程序虽与王氏《大法》所述相近，但具体的内容和细节实较王氏《大法》更为丰富。我们另择文专述。
⑤ 地下之狱即通常所说的冥界拘制亡魂之所在，而身中之狱则指内置于人体中某些内脏及部位的地狱，乃系由人心中的意念所造。此二狱互为表里、虚实相映，法师破狱时须先自破"身中之狱"方可破"地下之狱"。参见姜守诚《摄召追魂——宋元道教拔度科仪中的"破狱"法事》，《中国本土宗教研究》第一辑；刘陶《宋代道教破狱法略论》，《中国道教》2021 年第 1 期。

者先当自度"① 的炼度理念。王氏《大法》卷五八《斋法宗旨门》曰:

> 于破狱之顷冥心端坐,内想不出,外想不入。存左肾有血湖硖石之狱,右肾
> 有北都寒池之狱。左狱流血,波浪腥秽,囚系罪苦,万劫不原。

> 当思青玄上帝手执杨枝法水居于庙堂之上。师引天门金光道炁一口,微微咽
> 下丹田,过尾闾关至命穴,自夹脊而升,直透泥丸宫。冲开八门,中有一穴,号
> 曰众妙门,化为九色莲花,天尊端坐于内。

> 次见丹元真人与兆形貌一同,步九凤破秽罡巡逻下方。自脾关至尾闾金井中
> 引起,飞过二十四节背脊,上至重楼,以舌挂上腭作桥,至庙堂朝礼天尊,跪奏
> 事由,乞放救赦。

> 天尊俞允,宣告救命,宣付血湖使者,咸使知闻。丹元真人与天尊合而为
> 一,端坐庙堂。宣召救苦真人无殃数众,各诵灵宝旨。元始符命止,上清唵咈吒
> 唎天尊顶放金光,注下幽狱,咸睹慈光宝光。真人手执宝珠,金光灿然,直透丹
> 田,彻破幽狱。天尊以枝水遍洒,硖石之狱化为宝台,亡者斯有出期。②

上述内容可分为三个步骤:(1)法师在身中存念地狱之所在;(2)法师存思化
身为丹元真人,入庙堂启告天尊救赦罪魂;(3)天尊俞允,救命破狱。

首先,法师在身中存念地狱。法师以肾为身中地狱之所,盖由肾为黑色,属水,
应北方,故喻以北阴酆都之所。南宋郑思肖编《太极祭炼内法》卷中云:"或问血湖
所隶,乃酆都溟泠府,中有两狱,一曰硖石狱,一曰血湖狱。及其处也,以一身论
之,则当存想双肾之下为酆都,过颈以上皆天宫,愈上者则福力愈大,天宫弥高。自
肾以下皆地狱,愈下者则罪业弥重,地狱愈深。"③ 南宋陈虚白解释说:"自脐以下,
肠胃之间,谓之酆都户地狱,九幽都司,阴秽积结,真阳不居。故灵宝炼度诸法,存
想此谓幽关,岂修炼之所哉?"④ 可以看出,道士们将内在的身体结构与外部天地相
比拟:颈以上为神思玄想之处,故譬喻天宫;肾以下的肠胃之间为贮藏、消化食物浊
渣之地,故指为地狱。同时,陈虚白也提出了一个质疑,即双肾之间乃系积结阴秽之
地的"幽关",为何会被视为修炼之地呢? 这似可说明内丹家的修行与外仪实践颇有

---

① 《清微元降大法》卷二五,《道藏》第 4 册,第 276 页。
② (南宋)王契真纂《上清灵宝大法》卷五八,《道藏》第 31 册,第 243 页。
③ (南宋)郑思肖编集《太极祭炼内法》卷中,《道藏》第 10 册,第 454 页。
④ (南宋)陈虚白撰《陈虚白规中之南》卷下,《道藏》第 4 册,第 389 页。

差异。因为在道教内丹理论中，两肾之下为丹田气海，乃系道教内丹道先天内气的发微，此应系灵宝内炼模式与内丹炼养形式的区别之一。

其次，法师存想太乙救苦天尊（青玄上帝）高坐庙堂。法师将天门道炁引入泥丸（脑），化现为太一救苦天尊。[①] 其路径为：（喉）→下丹田→尾闾关→命穴→夹脊→泥丸宫。南宋道教将许多原初的概念改造为实体化的场域，如"八门""众妙门"等，"八门"系"八方法轮之门"，《灵宝无量度人上品妙经》卷一云："仙道贵生，无量度人，上开八门，飞天法轮。"[②] 北宋陈景元集注《元始无量度人上品妙经四注》卷三解："八门者，天开八方法轮之门也，中有罪福之场也。太上道君开于八门，以度学者生死之魂也，故曰法轮。"[③]《灵宝无量度人上经大法》卷二九《上玄所治品》又进一步解释云："八门，即法轮开度罪福之场。罪门，福门，禁戒门，宿命门，因缘门，死魂、生身门，身得受生门，为八门。"[④] 由上述可知，八门乃系天人两途的分隔界点，入此门中意味着超脱世苦、得证仙真。众妙门本系《道德经》中的经典理念，也被南宋道士实体化出官收神的必经之门。法师通过这个过程，完成了凡俗身体向神圣空间的转换。

丹元真人，即法师外化之元神，故云其形貌与本人一同，丹元真人驻在人身黄庭中。[⑤] 法师存想丹元真人步九凰破秽罡巡逻下方。这个过程中，与法师同形貌的丹元真人实质就是法师内运行炁的代表，代表法师元神在身体中的运行轨迹。

法师通过布罡清洁身体、荡除邪祟，嗣后便通过内景上升朝谒太乙救苦天尊，乞求天尊颁赦书、破血湖。其路径为：脾关→尾闾金井→二十四节背脊→重楼→舌挂上腭（天桥）→泥丸（庙堂）。脾居中宫，为神之室，能固元气，故以此为起点。这段

---

① 道士"引炁化神"的现象似可寻得理路。唐末五代杜光庭撰《太上老君说常清净经注》云："神者炁之子，炁者神之母。但心意引炁，存神而观之，自然感应。"《元始无量度人上品妙经注》云："青为玄一之炁，黄乃元一之炁，白乃始一之炁；三色之义，取法三清，坐而存之，神明自见。内景外境，蓊然冥合。"这是道士存想身内道炁以映外神的过程，核心仍是洞观内景之法。至宋代被转化为"炁化神灵"的理念，即法师身体内的神灵成为一种物化的形态。如《法海遗珠》卷二一《混合五雷内修》云："炁化凝结成形，以杳冥无形之真形，而驱役无形之鬼神，初非妄想也。"《灵宝玉鉴》卷三七《斩尸度户门》云："兆以一气周历三关五脏，使内外莹洁。次引炁自下丹田上升泥丸，化为元始天尊，顶出金光道炁，下注亡魂。"至此，法师通过导引外部神炁进入体内化现为神，完成内外神力合一。
② 《灵宝无量度人上品妙经》卷一，《道藏》第 1 册，第 5 页。
③ （北宋）陈景元集注《元始无量度人上品妙经四注》卷三，《道藏》第 2 册，第 230 页。
④ 原题天真皇人撰《灵宝无量度人上经大法》卷二九，《道藏》第 3 册，第 771 页。
⑤ 《灵宝无量度人上经大法》卷四三《运神合景品》云："丹元真人乃自己神，元皇分身降炁，下入身中，乃为命主。"

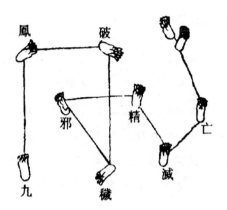

图4 九凤破秽罡

资料来源：《灵宝无量度人上品妙经》卷六七《神虎追摄门》，《道藏》第3册，第1011页。

路径与前述之起点稍有不同，前述之"结喉，一名金楼，一名重楼，一名三思台神，有十二亭长真人在其内，主通上下炁也"①。这一路径乃系宋代道教内炼行炁的"阴阳升降路径"，以人体内的尾闾、脊骨等构造模拟法师升腾天界的通路。

最后，天尊将敕命付予血湖使者。丹元真人与元始天尊合而为一，宣召救苦真人等众皈宣元始符命，放金光万道下注幽狱。又见救苦真人执宝瓶、洒枝水，遍满硤石，化地狱为宝台，亡者得出无间。郑思肖《太极祭炼内法》卷中描写了法师存想破狱以后的景状："最终洞见，太一天尊放大光明，一咒烛真处，径直下破血湖为莲花池，一一分明，见众女魂悉皆出离，欢喜擎拳，来赴祭炼。狱狱幽魂，一一如是。地狱最苦最深，最难救拔，非有道力拔之深苦者，竟不可来。"② 此外王氏《大法》强调："秘之秘之，此乃内外相应之道。"③ 也即是说，法师先应告破身中狱，而后实有之狱可破，符合南宋道教"内法外仪"的特点。按南宋金允中的说法，天台灵宝派行法遵从"天尊居泥丸"的行用理念，即济度之道止于通过内事谒见天尊，不曾关注外在的破狱实践。很明显，王氏《大法》中记述的破狱之法乃是"内法"与"外仪"次第施展。这说明宋元灵宝派道士也在不断地修正自己的观点，使之更加符合人们对道教仪式逻辑的完满需求。

2. 破地下之狱

身中狱告破以后，法师即可破地下之狱。王氏《大法》卷五八《斋法宗旨门》

---

① 《大洞玉经》卷下，《道藏》第1册，第569页。
② （南宋）郑思肖编撰《太极祭炼内法》卷中，《道藏》第10册，第454页。
③ （南宋）王契真纂《上清灵宝大法》卷五八，《道藏》第31册，第243页。

记载法师赴坛破血湖狱的仪式如下：

> 师当于建狱之所，同道众振铃响偈，旋绕三匝，念隐语，以净水洒狱中，如细雨密雾，纷纷而下。请真炁灌注狱内，烧解秽符及中篇，同玉清破荡血湖符，念破五方秽狱密咒。以杖头如流光飞霞之状，注下烛破。开宣表白，吟一偈，破一狱，焚青玄天尊救苦破酆都真符，默然诵灵宝旨三遍，五狱皆然。

> 毕，道众围绕念"茫茫酆都中，寒庭多悲苦，功德金色光"各三遍，念元始符命咒三遍化狱。光明清净，狱吏击拳，冥官稽首，罪魂出离。建狱之所化为莲池之境。①

法师进行上述展演程序之前须变神：存身为救苦天尊。道众皆为侍真，并在云端之上俯瞰血湖地狱。法师以慧光符命烛破重阴，凭法雨祥风解除秽暗，就如阳世赦放罪囚一般解放幽魂。法师再运神力，令各处神吏走卒追摄亡魂、赴坛承恩。这个过程中，法师须引上灵之炁吹注到水、符中，通过沾洒或焚符来肃清坛场，所需符命为解秽符、《元始灵书》中篇、玉清破涤荡血湖符。

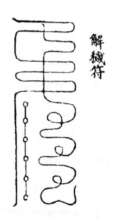

图5　解秽符

资料来源：（南宋）王契真纂《上清灵宝大法》卷四二，《道藏》第31册，第83页。

破狱的仪式动作为法师挥舞策杖如流云之状，将符命注下地狱。其实质为法师以杖头画敕字，存想天真之炁下灌。法师先宣告斋意，率道众进入狱场，吟一偈、破一狱。焚青玄天尊救苦破酆都真符，默诵灵宝旨三遍，五狱皆然。法师行毕，道众围绕念"茫茫酆都中，寒庭多悲苦，功德金色光"三遍，念"元始符命咒"三遍，将建

---

① （南宋）王契真纂《上清灵宝大法》卷五八，《道藏》第31册，第243页。

狱之所化作莲池之境。元始符命为元始天尊救符之总称，王氏《大法》卷二六云："元始符命至逍遥上清……六十四字，元始符命也。"[①] 此六十四字出于《灵宝无量度人上品妙经》卷一："元始符命，时刻升迁。北都寒池，部位形魂。制魔保举，度品南宫。死魂受炼，仙化成人。生身受度，劫劫长存。随劫轮转，与天齐年。永度三涂，五苦八难。超拔三界，逍遥上清。"[②] 元始符命咒也是宋代灵宝派化用《度人经》中语句而成，在灵宝东华派典籍中的应用十分普遍。

王氏《大法》卷四一补充了一些法师行用青玄天尊救苦酆都赦罪真符的细节，其形如下：

散形				聚形
	大明出东 浮罗阳光		十方天尊混合形， 上有三十六天， 下有三十六泉	
	紫气郁秀 变化黄老		分形散景 变化亿千	
	天宝君 灵宝君 神宝君		玉圭所指 铁城摧毁 罪业消镯	
	太一青玄九龙 正炁破狱灭考		九色圆象遍照诸天， 魂神受度，救降青玄， 急急如律令	

图 6 青玄天尊救苦酆都赦罪真符
资料来源：（南宋）王契真纂《上清灵宝大法》卷四一，《道藏》第 31 册，第 69 页。

其行用方法为：法师预以青纸书符，阳日用朱书，阴日用墨书，依九龙符存用吸炁入符，临破狱怀于心前，每狱焚一道。法师还需诵念"化形咒"（吾师救苦天中尊，常行化形十方界。以此威神兴大慈，救彼众生无量苦。九夜重昏幽暗府，普令廓照生光明。牛头狱卒尽升仙，万苦沉魂俱解释。三途五苦诸囚系，万苦停闲上紫清。见闻有识及有情，感此皆成无上道）和"祝符破酆都咒"（玉清大道，流化寒庭。青玄太乙，分散真形。照烛罗酆，幽狴幽精。罪消亿劫，考灭三涂。魔王敬命，禀令三清。阴官鬼吏，并不忧惊。冰炭炉火，永使幽冥。镬汤剑戟，原宥俱停。元始万神，

---

① （南宋）王契真纂《上清灵宝大法》卷二六，《道藏》第 30 册，第 894 页。
② 《灵宝无量度人上品妙经》卷一，《道藏》第 1 册，第 3 页。

救苦罪刑。径升太一，受炼朱陵）。① 这两则咒语描写了法师化形为太乙救苦天尊之后率众普放光明、照破地狱、赦放罪魂、引魂上升的过程，彰扬太上慈尊齐同慈爱、普济众生的无量功德。

破狱的目的在于打破幽禁，召请亡魂赴坛受炼。但由于入血湖的罪魂往往身体污秽，故道士们也强调法师招魂时应对血湖之魂进行适当处理，方可受天光照拂、为之炼度。如《灵宝领教济度金书》卷三二〇《斋教须知品》云：

> 诸召魂有未产而亡者，经谓："堕血湖狱，形神污秽，难近天光。"故别立司存，别立符法，别委将吏，以清净其身心，召摄其魂识，方堪受功德也。昔人召到产魂，并送城隍司置产室将理，请天医书催生等符，封在城隍牒中，令与催生，仍荡涤拯洽，调理弥月，方召来坛中，沐浴受食，一同常魂。此说亦以世法论耳，岂知大道神化，有何不可，奚待弥月而后能平复耶。后人除去此一节，只召到便与全形分娩医治，亦未尝不报应昭然。②

由于产魂的特殊性，以往高功招魂以后需要别立场所、符命、将吏等来安置这些产魂。材料中还透露了一则重要的信息：以往的高功召摄产魂以后，即将这些亡魂送至城隍司中的产室，死后将天医书、催生符等内容封在城隍牒中，令之帮助产魂催生调理等。如此经过数月以后，再将这些产魂召摄入坛场中，与普通亡魂一同接受炼度。但后世羽流认为，这种做法乃系前代高功参照世俗行为而作，虽然顺从世理，但难免济度时间冗长、程序烦琐。他们更愿意相信大道之神可以解决一切问题，所以免去了将亡灵置于城隍司的环节。高功往往找到产魂以后即刻令分娩医治，如此亦可达到预期效果，须知"道由人弘，不宜胶柱调瑟也"③。相关说法也繁见于同时期的科书典籍，如《灵宝玉鉴》卷三二《玉元追度门》云："凡度血尸产魂，须当先下符命，专产将吏荡涤秽恶，变化血湖，始可专赦。赦须三日前奏行，赦了方可行持摄召。既至道场，法师先与荡除垢秽，申请天医医疗。毕，方可次第受食受戒。若只一例追度，殊不知有符所不到处，切宜详鉴行事。"④《灵宝无量度人上经大法》卷五三《齐同慈爱品》亦云："盖行法之士而不知其理，只一概据文升度、难求感格，升济

---

① （南宋）王契真纂《上清灵宝大法》卷四一，《道藏》第 31 册，第 69 页。
② （南宋）林灵真编《灵宝领教济度金书》卷三二〇，《道藏》第 8 册，第 820 页。
③ （南宋）林灵真编《灵宝领教济度金书》卷三二〇，《道藏》第 8 册，第 820 页。
④ 《灵宝玉鉴》卷三二，《道藏》第 10 册，第 361～362 页。

无方。故用符文关血湖之狱，与之追取赴坛，洗涤身形，全其骸质，使形貌俱全，神炁备具，得升天路，快乐自然……今人法师皆不以所属，但以神虎部属追之，何以得至？神若见之，亦须触污不可近。但关血湖大神，请差神吏同神虎押至坛下，仍须申请斗下天医君与全形貌，次可追摄临坛。"① 这些记载都说明了道士们十分注意对女魂的关注与救济，也是道门仁心的体现。后世羽流在面对一些与前事不同的处境时，也会根据具体情况做出调适。

三　炼度产魂的主要仪节

王氏《大法》卷五八《斋法宗旨门》所载血湖炼度的仪式次序为先引亡魂至监生司，甄别其中之产魂种类。次诣天医院，复全亡魂形体、医疗痼疾。次引魂沐浴，荡涤尘秽、涤滤心神。次给化仙衣，法师化炁成衣赐予亡灵，喻示着新生命的产生。次咒食，亡灵登真朝圣。这其中的仪式内涵乃系由于亡魂死时多形污魄、肢体不全，在世之仇怨郁结在心，不可登真朝圣。故道士通过一系列的过程为亡魂洗涤性灵、重塑形体，使其有资格登升仙界。

1. 诣监生司

"监生"的本意为"监真度生"，《灵宝无量度人上品妙经》卷一云："倾光回驾，监真度生。"② 北宋陈景元集注《元始无量度人上品妙经四注》卷二解释说："度生，真人也，字扶义，常主九幽之录，善恶之因。善者则受其开度，恶者则极其对根……监诸修诵成真之至士，度祖考应生之魂魄者。"③ 可以看出，监生之原意是监察、考校亡人生前之行径，以判定其死入阴府以后需要面对的情状。但在血湖炼度中，监生的含义则表现为甄别产魂、监护生产。法师招魂以后，由于各处魂灵类型不一，故先须引魂至监生司进行甄别。

法师引魂至监生司依法行持，先请圣点酌，诵念"召监生大神咒"："高上之天，玉清为主。道合乾坤，主制生魂。送生神吏，来赴生门，急急如元始上帝敕。"④ 这段咒语是法师存思监生大神临坛监斋之意，念咒时法师掐九宫诀、向东北方接引道

---

① （南宋）林灵真编《灵宝领教济度金书》卷三二〇，《道藏》第 8 册，第 820 页。
② 《灵宝无量度人上品妙经》卷一，《道藏》第 1 册，第 3 页。
③ （北宋）陈景元集注《元始无量度人上品妙经四注》卷二，《道藏》第 2 册，第 208 页。
④ （南宋）宁全真授、王契真纂《上清灵宝大法》卷五八，《道藏》第 31 册，第 244 页。

炁，玄想道炁化形为监真大神降临人间。① 王氏《大法》卷六四《斋法章奏门》中对监生司奉请的"九天主监生产仙官将吏"略有描写，如有速生君、助生君、监生童子、送生童子、天门子户君、乳母君、道生君、生母君、分形脱胎断胎解结功曹、品命送生神君、返胎育英大神、普救子母灵官等，他们的具体工作是"使怀妊者胎气团圆，堕孕者血经恢复，临蓐不分者开张子母，停胞不下者斩断故根，冤结消除，血污破荡，服玉符而全质，濯神水以澄清。咸遂生成，得沾开度，等祈善救，共立玄功"②。又或"其月数未足、暗损胎结者，与之扶育胚形。其坐蓐不分、子死在胎者，与之取下。其产后瘀血身死者，宣通脉络。其服毒失经、带血致殒者，与之收摄血光。使冤结解分，胞源宣畅，秽污涤荡，表里清新。俾无业垢之缠，获受追修之果"③。

法师于监生司处须焚"已生未生符""监生诸符"：

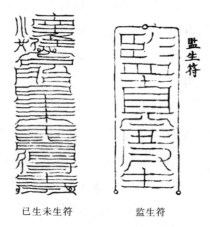

已生未生符　　　　　监生符

图 7　监生诸符命举隅

资料来源：（南宋）王契真纂《上清灵宝大法》卷四二，《道藏》第 31 册，第 78 页。

结合符图和经文，我们可以辨析出符中篆字应为"怀妊含胎已生未生皆得生成"，此语原出于《灵宝无量度人上品妙经》卷一："妇人怀妊，鸟兽含胎，已生未

---

① 王氏《大法》卷五七《斋法宗旨门》描写存思"九宫诀"之法如下："存思之法，运九炁升上，薄入玉枕，自脑后大椎骨发出项上，光明焕然，作九色圆象，存炁色在前脑后二穴，光布九炁，一如元始上帝项后圆光，徘徊周匝，照彻十方，一身罗上下也。随我旋回，而行我身，真元始上帝。次心布真人乘炁而出，步玄珠星斗，拱朝上帝。次叩齿三通，咽液三过，心持密咒，焚命魔符，咏玉京，步虚丁罡，旋绕，想五帝部领天兵前驱斥，魔王受事。"（南宋）王契真纂《上清灵宝大法》卷五七，《道藏》第 31 册，第 236 页。

② （南宋）王契真纂《上清灵宝大法》卷六四，《道藏》第 31 册，第 316 页。

③ （南宋）王契真纂《上清灵宝大法》卷六四，《道藏》第 31 册，第 316 页。

生，皆得生成。"① 王氏《大法》卷四二《斋法符篆门》另有"监生符""分娩符"
"断胞根催符""催生符"等均应归入监生诸符之列。② 这种以经中语句造成符命的
方法又被称为"裂字为符"或"裂经为符"，是宋元灵宝法的特点之一。法师焚符时
还须祝白："谨上请九天监生大神、卫房圣母、治病天医君等众，只今引过血湖，未
分娩产魂等入幕以遂，分娩托化人天。急急如律令。"③ 次法师掐诀存想亡人入幕，
念咒："谨请双保之母速赐炁，救鬼魂升天。"双保之母即保佑母子平安的神祇。法
师行用具体的"助产"之法为：掐中文，接引灵宝祖炁吹幡上，念"监真度生"七
遍，念《中篇》一遍，取东南炁吹。次念"已生未生，皆得生成"三十二遍，取一
炁吹布，存亡人身形，见青色光明遍满堂宇。见有未能生产的亡魂，须焚"分诞产
孕符"，双手掐子午诀，分阴阳剔去。噀水一口于幡，奋发五内之炁，衮衮升至绛
宫，自重楼出，运两肾丹田，雷火相击，作霹雳奋迅而出，化生一身，开解子母分
形。王氏《大法》将之称作"此为激震之声，炼胞生育"。可见宋元的灵宝炼度仪式
中已见与雷法相结合的现象。法师分胎毕，诵念"分形蜕胎咒"："五行之炁周流，
三光之炁飞浮，灵浆下灌，玉液荡幽。魂神澄正归上天，会合万神玉京游。急急如律
令。"④ 咒词表明法师以无上道炁帮助亡灵分割形神、分解胞胎，也意味着初步消解
了桎梏在产魂身上的前世宿怨。

2. 诣天医院

"天医"是道教的古老概念，宋代道教亦常举行"天医醮"来"资冥福"、治病
体。⑤ 产魂监生解胞胎毕，当诣天医神吏，救度成全。王氏《大法》卷五五《斋法宗
旨门》言："契勘亡魂，内有存日受诸病苦……致于产死，腥血交流、子母未解者，
当先清降天医下临，救疗亡魂……俾令返本还元，赴坛朝真听法。"⑥ 这是说亡魂中
有惨遭横死或身有恶疾以至于形体不全者，应先由天医下疗，复全真元，方能朝真听
法。否则亡魂身形污秽，未免亵渎神坛。王氏《大法》卷五八《斋法宗旨门》强调：
"又有亡人生存受疾而殂，随魂有病，十相不完。又况亡人三魂幽幽冥冥，不过三
寸，既无形无身，如何更衣朝真受食。今人多不究此一节，止以歌声吟咏，惑乱世

---

① 《灵宝无量度人上品妙经》卷一，《道藏》第 1 册，第 3 页。
② （南宋）宁全真授、王契真纂《上清灵宝大法》卷四二，《道藏》第 31 册，第 78 页。
③ （南宋）宁全真授、王契真纂《上清灵宝大法》卷五八，《道藏》第 31 册，第 244 页。
④ （南宋）王契真纂《上清灵宝大法》卷五八，《道藏》第 31 册，第 244 页。
⑤ 参见姜守诚《宋元道教天医醮仪考述》，《宗教学研究》2022 年第 2 期。
⑥ （南宋）王契真纂《上清灵宝大法》卷五五，《道藏》第 31 册，第 217 页。

人。凡召到亡魂，当请天医拯治，引魂赴幕，诣圣点酌，以符咒存用，行五府内事，复本来形体。既有形质，次开咽喉，次运兆自身五芽玉液，运五府秘法，吹之成人，使得咽喉开通，方可更衣受食。"① 这段文字详细述录了天医救济的因由，亡魂身有疾病或十相不完，无法朝真受食，故先应请天医拯济。法师存想中的亡魂为"无形无身"之相，约不过三寸，无法穿衣、朝真、受食。同时，这段文辞也透露了宋代道士行法诸相，许多道士只注重表现歌声吟咏等形式而忽视了严肃的入幕请神仪节，实为不明炼度之理、天医之用的表现。

法师过天医院时须焚"（召）天医符"，念"召咒"："天医大圣，地医大圣，金丹仙药，普救群生。降临真炁，闻召速至，一时复形，急急如律令。"② 王氏《大法》卷四二收录有"召天医符"一则如下：

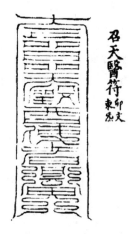

图 8 召天医符
资料来源：（南宋）王契真纂《上清灵宝大法》卷四二，《道藏》第 31 册，第 79 页。

符形中可以观见"天医使者"的篆文字样，与前述裂字为符的造符方式相同，法咒也直白地展现了法师以上帝口吻敕命天医速降、治病消厄的仪式目的。焚符毕，法师"先存日月星斗三光覆定天医院，焚天医诸符于水盂内，沾酒行持，玉诀正炁，存天官五人着五色绣衣白五方降下，各持符药，布炁医疗亡魂。次化五方真炁帀覆天医院，作一团真火月轮。天医拯治，焚五帝全形符，行五府内事"③。这段文字描述

---

① （南宋）王契真纂《上清灵宝大法》卷五八，《道藏》第 31 册，第 244 页。
② （南宋）王契真纂《上清灵宝大法》卷五八，《道藏》第 31 册，第 245 页。
③ （南宋）王契真纂《上清灵宝大法》卷五八，《道藏》第 31 册，第 245 页。

了法师在过天医院时的仪式动作和玄想内容，法师通过存想、掐诀、焚符、引炁等一系列活动模拟天医仙官下临为亡魂复体全形的景象。其中最重要的是法师行炼"五府内事"。所谓五府内事，即道门将人体机构与五行、四季、四相相结合，达到五行周备、万神威亨之状态，帮助亡灵复原残损的躯体。①

表 1　身体结构对应表

五府	脏腑对应	五行属性	四季	四相
泉曲之府	肾宫	水为之精	冬	主玄武
阳明之府	心宫	地为之精	夏	主朱雀
发生之府	肝宫	天三生木	象春之生物	主青龙
昆仑之府	肺宫	地四生金	秋收之成	主白虎
黄庭之府	脾（中宫）	（火）	长生万物	万神归于中黄之庭

表 2　五府内事之存五帝法

方位	五帝讳	五帝形	行炁法门
中	功都成（灵宝）	黄帝乘黄龙降	掐中文，运脾炁自唇出，合之呼去
北	切角正（祿腊）	黑帝乘黑龙降	掐子文，运肾炁自耳出，合之吹去
东	兴生转（红杏）	青帝乘青龙降	掐卯文，运肝炁自眼出，合之嘘去
南	可韩明（墨黑）	赤帝乘赤龙降	掐午文，运心炁自口出，合之呵去
西	独隶迁（磨真）	白帝乘白龙降	掐酉文，运肺炁自鼻出，合之呬去

资料来源：（南宋）王契真纂《上清灵宝大法》卷五八，《道藏》第 31 册，第 245 页。

法师存想亡魂环列于前，所召之天医六职为亡灵复体全形，存念五方五帝降五色真炁自亡魂顶门灌入。法师念诵"全形咒"："玄元始炁，孕育三元。胚晖肇启，二景回旋。阴阳蕴秀，凝结胞原。形容世象，积业无边。五宫六府，结塞三田。白关九窍，累泽成愆。形消炁散，魂系九泉。随魂带疾，求脱何缘。天医尚药，拯济疴缠。首断为续，筋断为连，蛊癞为剥，水腹为宽。胎留为下，孕育发生。拳挛伸缩，暗哑能言。手足不具，俱得完全。聋盲视听，癫狂复元。老劣反壮，执对和冤。饥馑充实，沉疴悉蠲。风劳顿绝，咸得完痊。魄户开关，魂门炼仙。"② 法师诵咒的程序和内容即意味着存想天医仙官为亡人治病全形、复体痊疴的过程。法师念诵咒语毕，向

---

① 据王氏《大法》述录法师行炼"五府内事"的方式而成。
② （南宋）宁全真授、王契真纂《上清灵宝大法》卷四三，《道藏》第 31 册，第 95 页。

西南方取炁，将之吹布在形体完具的亡魂身上，存想他们接受真炁。此时须焚"解十伤符命"。王氏《大法》卷四三《斋法符篆门》云：十伤为杀伤、自缢、溺水、中药、死胎、伏连、冢讼、狱死、邪妖拘执、冤债，并附有相应的解伤符形制。需要注意的是，这十道符命称作"灵宝净明解十伤符"，王氏《大法》也解释说："十伤符出净明法中，自有二章梵音书符篆，兹不再述。"① 可以看出，宋元诸家道法因事制仪时常常互相吸取，净明道虽源出灵宝，但也有许多异于灵宝法的别样特色。

3. 沐浴

沐浴，亦称浣濯，是道门炼度的必行仪式之一，其仪式目的在于为亡者除尘洗垢、荡心涤虑。② 如南宋路时中编《无上玄元三天玉堂大法》卷十六《济度幽冥品》"沐浴法"条云："尘劳汩没，世人之所以心垢未清也。不特心垢，凡六用皆有尘，六尘皆有识，六识皆有垢。是故死则沉沦，犹在污泥中，不能自清净。今吾之沐浴，非谓有识而洗涤也。盖幽魂罪垢痴蒙，亦犹身之有垢腻。故吾以清净慈悲法水，一滴一洒、一沾一洗之顷，心清而魄全，罪消而垢灭，此之谓沐浴也。"③ 这段文字叙述了亡者沐浴的仪式根由，简言之：道门认为世人生时即受困于六识、幻象，生时不能身神清净，死后更加心垢沉堕，故需借助外力为其涤除垢尘方可受度超生。

王契真《上清灵宝大法》卷五八《斋法宗旨门》言："夫亡人身没之后，魂滞重阴，或入九幽，冥涂阴炁凝结，尸秽未除。既召到坛，天医已毕，次以日月精华、天河东井之水、五星之光，沐炼魂魄，消荡阴翳。"④ 同书卷四二"沐浴章"条言："夫人处世多染六尘，死入幽阴。又以阴炁溟濛，则重重厌秽障翳，以致一性尘昏，故上玄出示灵宝符，使五香灌溉，清净魂神，期可超化。"⑤ 这两处引文叙述了沐浴之水的来源，前者为天之神水和日月星光，后者则是将灵宝符命化入香汤。但它们背后的仪式逻辑是一致的，即通过宗教手段将凡水圣化，成为能解冤释劫、荡尘涤垢的仙界神水。法师化月景阴白之光如雨沾濡，次以水洒净三匝，存想玉童玉女二人，手

---

① （南宋）宁全真授、王契真纂《上清灵宝大法》卷四三，《道藏》第 31 册，第 95～96 页。
② 关于道教"沐浴"的仪式研究，参见丁煌《道教的"沐浴"探究》，载林富士主编《礼俗与宗教》，中国大百科全书出版社，2005，第 117～127 页；姜守诚《宋元道教黄箓斋中的沐浴法事》，《中华文化论坛》2020 年第 1 期。
③ （南宋）路时中编《无上玄元三天玉堂大法》卷十六，《道藏》第 4 册，第 50～51 页。
④ （南宋）王契真纂《上清灵宝大法》卷五八，《道藏》第 31 册，第 245 页。
⑤ （南宋）王契真纂《上清灵宝大法》卷四二，《道藏》第 31 册，第 83 页。

执香巾长帛营布宝光之炁引导亡魂进入池中。另有一玉童手执宝瓶，将五星斗光灌注于宝瓶之内，瓶内甘泉如倾雨之状洒向亡灵。亡人澡沐洗涤，身形渐现光莹。王氏《大法》卷四二还记载了一些"沐浴"的仪式细节，如法师为亡魂沐浴前须先焚变浴室符、男堂女室符、搅水符等，营造净濯亡魂的场域。焚符时诵咒云："水在天为银汉，在地为黄河，在人为丹田之府，在道为炼火之家。汝等众浴万鬼灭箓，汝等受水，永无生灭。"① 这些水虽然形式不一、性质各异，但都是能够净濯身体的"神水"，帮助亡魂洗涤躯体和心智。

4. 变衣

变衣，亦称给化仙衣。王氏《大法》卷四二《斋法符篆门》"冠带章"条云："亡魂沐浴既毕，当给化仙衣，整肃威仪，俾其朝真听法。盖凡世所制作非上天自然者，故用符章变炼亡者，得之体貌轻清，生天可待。"② 同书卷五八《斋法宗旨门》云："夫亡人滞于冥昧，衣乃阴炁缠结构合，造衣焚之，依法便用。"③ 亡魂沐浴毕，即彻底完成了由污秽旧形向圣洁新体的转变，须当褪去以往布满缠结阴气的"秽衣"，穿戴仙服、整肃威仪。而仙衣亦非实体的布缯，而是由符章、祥光变炼而成。法师以水洒之，存炼霞彩之光交错透衣，想仙童玉女自天门捧至。取青黄白三炁吹之，再想衣上有五色云气缠络。按金允中的考证，青黄白三炁"谓炁之始凝，结青黄白三炁，置在上元三宫。中则青阳之炁也，左则元黄之炁，右则洞白之炁，天官主之。此皆隶玉清而总于上元也，则玄元始三炁之分而结成也"④。此三炁为万法之本始、万化之根源，能肇六极而奠八方，生三才而育万物，大包天地，细入毫芒。此三炁亦是灵宝派道士赖以行炼的道炁根源。

法师进行变衣仪式须焚变衣诸符、念变咒。除了焚烧"变男衣符""变女衣符""变生天净衣符"等，法师还需诵念咒语："七曜扶衰，真炁变衣。四神合卫，五纬交辉。炁分罗绮，炼空成威。六合扶挟，二炁玄微。玉真焕烂，仙女齐飞。圆景素明，元始慈悲。急急如律令。"⑤ 这段咒语描述了真炁变衣的过程，神炁、祥光交辉成仙衣之状，亡魂披之，登升云霞。

---

① （南宋）王契真纂《上清灵宝大法》卷四二，《道藏》第31册，第84页。
② （南宋）王契真纂《灵宝上清大法》卷四二，《道藏》第31册，第85页。
③ （南宋）王契真纂《上清灵宝大法》卷五八，《道藏》第31册，第245页。
④ （南宋）金允中编《上清灵宝大法》卷二一，《道藏》第31册，第475页。
⑤ （南宋）王契真纂《上清灵宝大法》卷四二，《道藏》第31册，第86页。

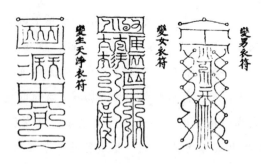

图 9　变衣诸符

资料来源：（南宋）王契真纂《上清灵宝大法》卷四二，《道藏》第 31 册，第 86 页。

5. 朝礼、享食、受戒

朝礼，又称朝真，即被净化的亡灵身披彩衣朝礼太上慈尊，象征着罪魂完全脱去故质，礼谢天尊辛苦救拔。此仪节中，法师存想亡人着仙衣楚楚，跟随执幡的左右二童子入坛朝礼太上慈尊。然后众魂仪享受斋官置备的酒筵、供果，或被法师通过存炁、念咒将俗常饮食转换而成的天界食品。亡灵经过炼度以后，得以"仙化成人"，故须"传符受戒，使之尽空诸有，而一真澄湛，超入无为"。① 发心以后戒行专精，方可不堕邪道、永绝幽苦。

四　结语

总之，血湖炼度最具特色之处在于受炼亡魂的特殊性，它们往往因血伤而死，故身体污秽难以亲近神坛。道士在招魂、炼度时需格外注意对亡灵身躯和精神的疗救与净洁。而且血湖地狱为北酆诸狱中最重、最下者，需要修崇专门的黄箓斋才能救拔。所以血湖炼度往往成为一种"专荐"炼度模式镶嵌在黄箓斋中。当然，也有财力丰足者会独立举行专门的血湖道场。就仪式程序而言，血湖济度次序为以天将摄其魄，复以天医疗其疾，神水涤其腥秽，法食消其饥渴，然后释其执着之想，开其超度之方。虽然南宋道士在极力描绘血湖炼度有别于灵宝炼度，但究其节次内容可知，血湖炼度仍然延续了宋元灵宝炼度理念和实践，如延续了"天尊居泥丸""存三炁"等极具南宋灵宝法特色的仪式内容，也掺入了雷法等新内容。

此外，虽然宋元血湖信仰非常炽盛，但仍然存在争议。如金允中认为血湖新科乃

① 《灵宝玉鉴》卷一，《道藏》第 10 册，第 145 页。

系道士专为恐胁产亡之家、令其出钱荐拔而刻意为之，故谬妄尤甚。且其行文中如"爱河""欲海"等颇以文害义，失之恭肃。更有血湖炼度仪专度产魂，斋家举行血湖道场时，一般专荐新亡之妇，有失道门普度之功德。所以，金氏文论中始终没有出现血湖地狱相关理论和实践，只是将产亡之母与孕亡人子作为"二十五类孤魂"① 之一种，与寻常魂仪同等济度。

---

① 　详见（南宋）金允中编《上清灵宝大法》卷三八，《道藏》第 31 册，第 604 页。

清代新疆龙王信仰研究[*]

衡宗亮

摘要：龙王信仰是中原文化在新疆地区传播的缩影之一。清政府认识到水在开发西北中的重要性，十分重视龙王信仰在边疆治理中的特殊作用。不仅在天山南北修建了大量的龙王庙，还将河泽湖泊纳入国家祭祀体系。以龙王信仰为代表的中原文化在新疆地区的传播与发展，是清政府力图建立一体化秩序的实践，促进了多元一体的中华文化发展。

关键词：清代　新疆　龙王庙

作者简介：衡宗亮，新疆生产建设兵团党校民族宗教学教研部副教授、博士。

中国是一个农业古国，水作为生命之源，是农业的命脉。中国古人信奉山川河湖有神，认为山川河泽能影响国之社稷，故而祭祀山川河泽一直是我国古代封建王朝国家礼制中一个重要组成部分。近年来，以坛庙为核心的中国传统文化在边疆地区的传播与发展成为研究的重点之一①，然已有研究成果多关注于山川祭祀研究②，与水密切相关的龙王信仰研究尚属起步阶段③，仍有进一步发掘的空间。本文就清代龙王信仰在新疆地区的传播与发展，以及在边疆治理中的作用进行梳理，以期充实边疆治理研究。

---

* 本文系国家社科领军人才项目"清代边疆屯垦与边疆治理研究"（项目号：22VRC119）、兵团社科基金项目"新疆古代屯垦与中华民族共同体形成与发展研究"（项目号：22QN04）、2023 年国家社科基金项目"清代天山南路农业开发与区域协调发展研究"（项目号：23BZSO91）的阶段性研究成果。

① 薛晖：《清初新疆的官主祭仪与多神崇拜》，《中国边疆史地研究》2002 年第 1 期；贾建飞：《清代新疆的内地坛庙：人口流动、政府政策与文化认同》，《中国边疆史地研究》2012 年第 2 期；许建英：《坛庙与神祇：清代新疆汉族移民的社会文化构建》，《云南师范大学学报》（哲学社会科学版）2014 年第 3 期；王鹏辉：《清代民初新疆镇迪道的佛寺道观研究》，新疆人民出版社，2016；衡宗亮：《古代西域道教宫观》，《世界宗教文化》2017 年第 4 期。

② 李大海：《清代新疆地区官主山川祭祀研究》，《西域研究》2007 年第 1 期。

③ 咸成海：《清代新疆地区龙王庙信仰研究》，《中华文化论坛》2019 年第 2 期。

一 龙王信仰在新疆传播的背景

新疆地处祖国西北，远离海洋，属温带大陆性气候。新疆的自然生态环境与内地的不同，水文特征更具特色。"内地之水，堤防宣泄，兼赖人功。而西域之水，则高下浮沉，专凭地势者也。内地之水，深浅有定。而西域之水，则时因水雪消融成渠，冬夏盈亏者也。内地之水，土地坚韧，伏流鲜少。而西域之水，则渗入沙碛，或伏或现，发之无常时，出之无常候者也。是故语其大，则洪涛骇浪，周围数百里，经流数千里，而漭泱澹淡之势成。语其细，则纤波断流，缕分数十道，泛滥数十区，而潆洄泮涣之形著。是不惟资以利用，抑且划为地险，襟带绝徼，古而然矣。"[1] 新疆这种特殊的水文特征使得清军在统一新疆过程中付出了沉重的代价。

新疆与内地之间千里戈壁，为保障运输线路的畅通，清朝设立了众多的军台、驿站，组建起驿传体系。格子烟墩又名烟墩，位于哈密城东，西距哈密二百一十余里，东距星星峡二百八十余里，是进出新疆交通要道上的一个重要驿站。格子烟墩地处戈壁腹里，人畜饮水问题严重影响到军事行动。

> 西塞沙漠荒远，古称绝域，凡行军运马，每以缺水为虑。其白墩子至格子烟墩八站，均属郭壁，虽有一二泉水，碱而微细，康熙年间，富将军设防。雍正七年，岳元戎进兵。暨以后之征防，官兵屡次挑挖，未得涓滴。马至二三百匹即不能足够饮，争挤吞沙，每多伤毙。[2]

鉴于康熙年间的惨痛教训，乾隆朝用兵西域往往以寻找水源保障运输为要务。乾隆二十二年（1757），陕甘总督黄廷桂从甘肃筹备军马三万，驰援新疆军务。敦煌所属白墩子至哈密所属格子烟墩一带水源奇缺，为保障行军安全，安西提督刘顺率兵督勘挖水，于绝域之地喜获水源：

> 我皇上德咸遐敷，远迈千古，乾隆丙子岁平定伊犁，群酋稽首输诚，独阿逆等负叛逃窜，是以丁丑春复有申罪致讨之役，兵行甚急，战骑首要，阁督宪黄公劳心焦思，筹办壮马三万。良骥具备，憔虑长途乏水迟误，奏明委余亲诣查办。

---

[1] 钟兴麒等校注《西域图志校注》，新疆人民出版社，2009，第351页。
[2] （清）钟方：《哈密志》卷11《舆地志·格子烟墩泉水碑》，成文出版社，1937年影印本，第53页。

余受皇恩，代庀敦煌，当兹军兴重务，惟有竭尽心力，督挑勘挖水，不惟处处得水，抑且反苦为甘，曩饮二三百牲畜不敷者，今饮二三千人马绰然有裕。更有奇者，格子烟墩地形高阜，沙碛干燥，此番凿井得泉，水自石板底孔穴涌出，深六尺许，清澈畅盛，涛涛博济。将弁兵民，咸以为奇。①

哈密地区"终岁不雨，间有微雨，沾土即止"②。格子烟墩地处戈壁，为沿途最缺水的地方。此次能够寻找到水源，刘顺认为"此皆圣主洪福，阁督忠诚感格，在事官军勤力实心，故神祇效灵，助国灭逆"。为了感谢神灵的保佑，于是"建修龙王庙三楹，用答神麻"。可以说，"灵泉碑"就是格子烟墩龙王庙的纪功碑。

乾隆帝得知此地寻得水源，十分高兴。"安西至哈密，中间戈壁各站，向乏水泉，因令总兵刘顺，设法开掘，灵泉腾涌，该镇能相度情形，筑砌洼地，蓄水分槽，在在如式，不特牲畜供饮无缺，兵商亦资利赖等语。刘顺委办戈壁水泉，能实心经理，甚属可嘉，着交部议叙。"③ 由此可见，在水资源短缺的西北地区，对于水的需求促使人们对水的崇拜有增无减。

清朝统一新疆后，确立了"武定功成，农政宜举"的边疆治理方略，实行移民开发政策，推动了我国西北边疆的开发与建设。新疆特殊的自然地理位置决定了其农业生产主要依靠水利灌溉，而非降雨。"西陲之田资地水，非资天水。是故地有水，则戈壁可化为沃壤。天不雨，而沃壤未失为良田。"④ 乾隆年间流放新疆的纪晓岚对此深有感触："山田龙口引泉浇，泉水惟凭积雪消。头白农夫年八十，不知春雨长禾苗。"作者自注："岁或不雨，雨亦仅一二次。惟资水灌田，故不患无田，而患无水。水所不至，皆弃地也。"⑤ 农业生产对于水的需求，进一步激发了人们对水的崇拜。

与此同时，清代新疆自然灾害频发。在古人的认识中，水、旱、风雾雹霜、厉（疾病）、虫被称为"五害"，而"五害之属，水为最大"⑥。新疆水灾与内地不同，大雪是新疆水患之根源。新疆山区冬季积雪，春夏冰雪融化，往往冲毁道路、农田，甚至造成人员伤亡。乾隆五十三年（1788），"迪化旧城西南门外，陡因雪水融化，

① （清）钟方：《哈密志》卷11《舆地志·格子烟墩泉水碑》，第53～54页。
② （清）赵慎畛：《榆巢杂识》，姚晓菲：《明清笔记中的西域资料汇编》，学苑出版社，2016，第238页。
③ 《清高宗实录》，卷556，乾隆二十三年二月丁卯。
④ （清）巨国柱：《阜康县乡土志》，马大正等整理《新疆乡土志稿》，新疆人民出版社，2010，第20页。
⑤ （清）纪晓岚著、郝浚等注《乌鲁木齐杂诗注》，新疆人民出版社，1991，第12页。
⑥ （唐）房玄龄注、（明）刘绩补注、刘晓艺校点《管子》，上海古籍出版社，2015，第371～372页。

冲塌民房五百余间"①。新疆雪少或冬雪早化，势必造成融雪不足灌溉，往往造成旱灾，农业减产。道光十四年（1834），巴里坤东牧场就因"入夏以来，天气亢旱"，孳生马"倒毙一千四百七十余匹"。② 清代新疆水灾、旱灾时有发生，对社会发展造成了严重的影响。

新疆特殊的自然地理特征和清朝统一新疆后推行的移民开发政策，对于水的需求进一步刺激了人们对水的崇拜与敬畏。人们对于龙的基本认识是兴云布雨，这与水崇拜的基本观念是一致的。因此，中原地区以龙王信仰为核心的水崇拜随着内地大量移民的到来，也遍布天山南北。

二 龙王庙在新疆的分布

龙王庙是清代新疆城市建筑中最基本的坛庙之一，也是中国农业开发的标志性建筑之一。"受内地流动人口在新疆分布特点的影响，内地坛庙在新疆的分布也存在着明显的地域特点，南疆数量非常稀少，多集中于北疆，尤其是乌鲁木齐、巴里坤和伊犁等地。"③ 龙王庙也不例外，这与清政府的统治政策有着密切的关系。清朝统一新疆后，清政府在农业发展政策上确立了"重北轻南"的基本倾向。因此，这一时期龙王庙主要分布于天山北路地区。平定张格尔叛乱后，清廷调整了对天山南路的经略政策："将西四城可种之闲地，招民开垦，有愿携眷者听之""其防兵在戍既久，有自愿徙眷安家者亦听其便"。④ 这极大促进了内地人民进入南疆，形成了南疆第一次移民高潮，也推动了龙王庙在天山南路地区的兴建。左宗棠收复新疆后，随着社会经济的全面恢复，龙王庙在天山南北得以重建。

（一）天山北路龙王庙的分布

哈密，地处新疆东部，素有"西域噤喉，中华拱卫"之称，是丝绸之路上的交通要道。从目前材料来看，清代新疆最早的龙王庙位于哈密老城内。乾隆十三年（1748），

---

① 《清高宗实录》卷1301，乾隆五十三年三月壬辰，第514页。
② 《清宣宗实录》卷266，道光十五年五月甲戌，第86页。
③ 贾建飞：《清代新疆的内地坛庙：人口流动、政府政策与文化认同》，《中国边疆史地研究》2012年第2期，第92页。
④ （清）长龄：《长文襄公办理善后奏议·上卷·覆议筹办情形旨》，马大正、吴丰培整理《清代新疆稀见奏牍汇编·道光朝卷》，新疆人民出版社，1996，第85页。

哈密当地会首张三多等人鉴于雍正五年（1727）随城所建关帝庙规模狭小，募集资金官民共建，历时两年竣工。兴修的帝君庙"正殿三间，左右厢房各三间，对面有戏楼一座"。此外，帝君庙"左旁龙王庙一间，右边土地庙一间，乾隆十五年建修"①。由此可见，清代新疆最早的龙王庙修建于乾隆十五年（1750），应是作为帝君庙配殿而建。

根据文献记载，光绪五年（1879）哈密办事大臣明春率领官兵修建了一座气势恢宏的龙王庙。② 龙王庙位于城北五六里许西河坝上游湖边（苏巴什湖，笔者注）临河的土山之腰，"因坝为池，筑堤插柳，建庙于土山之腰，凿壁结构"③。苏巴什湖为清代哈密地区重要的屯区，《西域图志》载"乾隆二十七年置三千亩，三十三年增一千六十五亩，屯田四千六十五亩"④，在这样一个重要的农作物主产区建造一座龙王庙亦在情理之中。清朝收复新疆后，社会生产得到恢复和发展，哈密办事大臣明春不仅修建了龙王庙，而且还建"观音各庙，附以亭榭，用备钓游"⑤，形成了以龙王庙为中心的庙宇群落。

乌鲁木齐是聚集内地人口最多之地，也是内地的坛庙在新疆繁盛之地，以至于"环寺庙颇多，难以备述"⑥。根据《西域图志》记载，迪化旧城西门外有"关帝庙、龙王庙"⑦。嘉庆初年，和宁在《三州辑略》中记载了乌鲁木齐城内西南隅有龙王庙一座，乾隆二十八年（1763）兴建。后因社会动乱，各大建筑相继被毁。左宗棠率兵收复新疆以后，新疆各地又开始重新修建各类坛庙。光绪四年，在乌鲁木齐提督金运昌带领下，复建了龙王庙。龙王庙内有大殿、东西厢房、山门等，正殿供奉着龙王泥塑像，头戴王冠，身着白色帝王袍，脸部是传说中的龙头，显得十分威严。

伊犁为"天山南北总会之区"，是清前期新疆的政治、军事中心，也是天山北路地区主要的粮食产区。为祈求风调雨顺五谷丰登，清政府对当地主要山川河湖进行祭祀，修建有多座龙王庙。惠远城为伊犁九城之首，乾隆四十年（1775）伊犁将军伊勒图在"城南门外伊犁河北岸建龙神祠一座"⑧。该庙为一进式院落，呈中轴线布局，

---

① （清）钟方：《哈密志》卷15《舆地志13·祠宇》，第62页。
② （清）王树楠纂修、朱玉麒等整理《新疆图志·祀典二》卷37，上海古籍出版社，2017，第682页。
③ 《哈密直隶厅乡土志·祠庙古迹》，第151页。
④ 钟兴麒等校注《西域图志校注》，第450页。
⑤ 陶保廉著、刘满点校《辛卯侍行记》卷6，甘肃人民出版社，2002，第379页。
⑥ （清）达林、龙铎纂《乌鲁木齐事宜·城池》，王希隆：《新疆文献四种辑注考述》，甘肃文化出版社，1995，第102页。
⑦ 钟兴麒等校注《西域图志校注》，第190页。
⑧ 《伊犁将军伊勒图奏请支给官牲用以祭祀伊犁各祠庙折》，乾隆四十一年正月十五日，中国边疆史地研究中心、中国第一历史档案馆合编《清代新疆满文档案汇编》第127册，广西师范大学出版社，2012，第375页。

"大门一开，正殿三间，中系塑像，配殿东西各二间"①，是典型的中原风格建筑。此外，在绥定、广仁、宁远等城也都建有龙王庙。赛里木湖地处进出伊犁的必经之路，清政府将赛里木湖纳入官主祭祀当中，春秋致祭。

表1　清代新疆文献中有关天山北路龙王庙的记载

地点	坛庙情况、位置	修建时间、修建人	文献出处
乌鲁木齐	（巩宁）城南里许灵应山	乾隆五十二年建，嘉庆六年重修	《三州辑略》
	（巩宁城）关帝庙（北关门内）东连龙王庙一座		《乌鲁木齐事宜》
	（迪化）城内西南隅	乾隆二十八年	《三州辑略》
	城西关	光绪四年，乌鲁木齐提督金运昌建	《新疆图志》
阜康县	东关当街有桥，桥之左，龙神庙凡三楹		《阜康县乡土志》
	城东关正街	光绪八年，知县李时熙建	《新疆图志》
孚远县	城西北二里，士绅募金建	光绪十三年建	《新疆图志》
奇台县	东关外水磨河	光绪二十年，知县陈彤辅修	《奇台县乡土志》
	西吉尔、东吉尔水磨沟、莺格不拉隆旧渠	均叛乱之前所建	《奇台县乡土志》
昌吉县	西乡；南乡；北乡；西北乡		《昌吉县乡土图志》
绥来县	城西南二百一十里热水泉	道光三年建	《新疆图志》
	西关外磨河渠北岸南向	光绪二十四年修建	《绥来县乡土志》
镇西厅	龙君庙，西街	镇标右营弁所建	《镇西厅乡土志》
吐鲁番直隶厅	城西南隅	光绪四年，同知奎绂建	《新疆图志》
	西郊建龙神庙一座		《回疆通志》
鄯善县	城南街	光绪三十一年，知县苗茂建	《新疆图志》
哈密直隶厅	城治北六里		《哈密直隶厅乡土志》
	城北郊五里	光绪五年，办事大臣明春建	《新疆图志》
	正殿一间	乾隆十五年	道光《哈密志》
	烟洞		道光《哈密志》
	长流水		道光《哈密志》

---

① （清）格琫额：《伊江汇览·坛庙》，中国社会科学院中国边疆史地研究中心编《清代新疆稀见史料汇辑》，全国图书馆文献微缩复制中心，1990，第24页。

续表

地点	坛庙情况、位置	修建时间、修建人	文献出处
库尔喀喇乌苏直隶厅	城北五六里许水磨沟南向	咸丰六年建	《库尔喀喇乌苏直隶厅乡土志》
	城东北郊六里	咸丰七年建。光绪六年，将军金顺增修。十七年，住持任元亨重修	《新疆图志》
伊犁府	龙神祠		《伊犁府乡土志》
惠远城	城东南隅	乾隆四十年	《伊江汇览》
	南门外		《伊江集裁》
绥定县	龙神祠		《伊犁府乡土志》
	南关		《绥定县乡土志》
	城北郊一里	光绪十八年，知府潘晓苏、知县邓以潢同建	《新疆图志》
广仁城	赛里木淖尔有小山，形如鳌浽浮于水面，建祠其上		《绥定县乡土志》
宁远县	城北门外沙河子北岸	光绪三十四年，知县李方学建	《新疆图志》
	城东一百四十里哈什旧渠龙口侧	光绪十五年建	
	城东一百六十里哈什新渠龙口侧	光绪三十四年，知县李方学建	
塔城直隶厅	汉城西郭	光绪二十七年，同知雷铭三、副将查春华建	《新疆图志》
精河直隶厅	城外东隅西向	乾隆四十八年建	《精河直隶厅乡土志》
	城东郭	嘉庆十一年，精河粮员罗清昌建。道光二十五年、光绪十四年先后重建	《新疆图志》

（二）天山南路龙王庙的分布

天山南路地区在清代文献中被称作"回部""回疆"，主要是指塔里木盆地周围的喀什噶尔、英吉沙尔、叶尔羌、和阗、乌什、阿克苏、库车、喀喇沙尔在内的南疆八城。由于清朝统治政策的影响，该地区的坛庙无论是在种类还是数量上远逊于同时期的天山北路地区。

叶尔羌位于新疆塔里木盆地腹地，为天山南路地区交通要冲。乾隆四十二年（1777）十月初四日，叶尔羌办事大臣高朴上书朝廷，奏请在叶尔羌河畔修建龙王庙一座并请赏赐匾额。① 龙王庙位于"距叶尔羌城五十余里，地名扬瓦里克"之地，此处"玉河（叶尔羌河统名玉河，原文注释）至此，水宽溜平"，为"每年运粮至阿克萨克玛喇尔军台贮仓"的码头。② 乾隆四十三年（1778）八月十七日，高朴奏谢圣上钦赐叶尔羌新建龙王庙"神佑濛疆"匾额抵达叶尔羌，并选择吉日进行悬挂。③

叶尔羌于光绪二十四年（1898）筑新城，置莎车直隶州，二十八年改为府。④ 叶尔羌城内有龙王庙一座，"光绪二十八年，知府彭绪瞻、副将陈国明建"⑤。据成书于光绪三十四年的《莎车府乡土志》载："城内建万寿宫、武庙、火神庙、龙神祠、昭忠祠、城隍庙、方神庙。"⑥ 此外，莎车城内还有文庙、药王庙、土地庙、财神庙、关岳庙等庙宇。

表 2　清代新疆文献中有关天山南路地区龙王庙的记载

地点	坛庙情况、位置	修建时间、修建人	文献出处
温宿府	城南门外里许南向		《温宿府乡土志》
	县治东北回城内		
	城南郭	光绪二十四年，温宿直隶州知州黄袁电报局改建	《新疆图志》
拜城县	城西街	光绪二十四年，知县李微高建	《新疆图志》
焉耆府	城外南关		《焉耆府乡土志》
	城南关开都河水岸	光绪十一年，总兵王益亭建	《新疆图志》
喀喇沙尔	城东门外	乾隆二十六年，兵民建	《回疆通志》
新平县	城东二里		《新平县乡土志》
	城东南隅	光绪十六年，游击黄芳建	《新疆图志》
轮台县	洋萨尔巴扎		《轮台县乡土志》
	城东九十里洋萨尔镇西街、县署西偏	光绪三十一年，知县绍昌建	《新疆图志》

---

① 中国第一历史档案馆馆藏档案：叶尔羌办事大臣高朴奏为拨款于叶尔羌河畔盖龙王庙宇并请赐匾额事，乾隆四十二年十月初四日。档案编号：04-01-37-0036-001。

② （清）徐松著、朱玉麒整理《西域水道记》（外二种）卷1《罗布淖尔所受水上》，中华书局，2005，第63页。

③ 《［叶尔羌办事大臣］高朴等奏接到钦赐叶尔羌新建龙王庙匾额并择吉日悬挂片》，乾隆四十三年八月十七日，中国边疆史地研究中心、中国第一历史档案馆合编《清代新疆满文档案汇编》第136册，广西师范大学出版社，2012，第252页。

④ 周伟洲、王欣主编《丝绸之路辞典》，陕西人民出版社，2018，第100页。

⑤ （清）王树枏纂修、朱玉麒等整理《新疆图志》卷37"祀典2"，第689页。

⑥ （清）甘曜湘：《莎车府乡土志》，马大正、黄国政、苏凤兰整理《新疆乡土志稿》，第355页。

续表

地点	坛庙情况、位置	修建时间、修建人	文献出处
库车直隶州	州治北		《库车直隶州乡土志》
	城中大街	光绪二十六年，同知彭绪瞻、游击周升朝建	《新疆图志》
乌什直隶厅	龙神祠		《乌什直隶厅乡土志》
	城东关北头	光绪十三年，同知左宗瀚建	《新疆图志》
疏勒府	城北三里	光绪三十一年，府属八屯农约、户民建	《新疆图志》
莎车府	城内		《莎车府乡土志》
		光绪二十八年，知府彭绪瞻、副将陈国明建	《新疆图志》
叶尔羌	城南五十里大河旁	乾隆四十二年，办事大臣高朴捐盖	《回疆通志》
蒲犁厅	城外		《蒲犁厅乡土志》
	城南郊	光绪三十年，通判张绍伯建	《新疆图志》
巴楚州	四台东流三十里		《巴楚州乡土志》
	城南一百六十里老五台	光绪六年通政司刘锦堂建	《新疆图志》
皮山县	城西克里阳河西岸	光绪三十三年，知县朱瑞墀建	《新疆图志》
和阗直隶州	每年春秋祭典		《和阗直隶州乡土志》
洛浦县	西街路北，大庙		《洛浦县乡土志》
于阗县	县治东乡下恰鲁克庄	宣统二年，知县朱瑞墀建	《新疆图志》
英吉沙尔厅	城东南隅	光绪十一年，同知刘嘉德建	《新疆图志》

三　清代新疆龙王庙的祭祀与民间信仰

（一）龙王庙的祭祀

国家祭祀，是中国历代封建王朝行使政府职能和社会职能的一个重要方式。"从本质上说，国家祭祀的背后是一个信仰问题，国家总希望将不同地域、不同阶层民众的信仰纳入一个有序的格局中，从而实现意识形态的统一。"① 清朝统一新疆后，逐

---

① 孙英刚：《评雷闻〈郊庙之外：隋唐国家祭祀与宗教〉》，《中华文史论丛》，2011，第 377 页。

渐建立起一套体系完备的官方祭祀制度，将国家意志通过这种官方引导的方式融入社会生活之中，在潜移默化中实现对边疆地区的有效统治。

表3　清代新疆方志文献有关官方祀河祭湖泊情况

名称	确立时间	祭祀次数
伊犁郭勒	乾隆二十五年	春秋致祭
察罕赛喇木淖尔、空格斯郭勒、哈什郭勒、察罕乌苏、阿里玛图郭勒、策集郭勒、萨玛勒郭勒、奎屯郭勒、赛喇木淖尔、喀什河、霍尔果斯河	乾隆二十八年	
裕勒雅尔郭勒	乾隆三十年	
阿拉克图古勒淖尔、额敏郭勒、额彬格逊淖尔	乾隆三十一年	

清代新疆山川河泽祭祀主要集中于天山北路地区，其中又以伊犁为主。伊犁地区"凡正祭、随祭山川共十六处"，其中河泽湖泊十处，除伊犁河为正祭外，其余均为随祭。李大海认为"'随祭'河流在地理位置上均与所从'正祭'山峰相近，而与其他'正祭'山峰相去较远，各处'正祭'山峰明显地分布于伊犁四周的不同方向上"。因此推断，"所谓'随'实非'随时'之意，而应为'附带'之意"。[①]

清朝对于官方祭祀十分重视，祭祀前期要进行充分的准备工作。"每年春秋二季，致祭山河庙宇，印房请示将军、参赞大臣，拟定日期，移付到日，本处饬知大城满营，派执事官兵演礼外，杀牲、修理、致祭地方铺垫等项，行抚民同知预备，并告知领队大人。"[②] 光绪年间，清政府根据钦天监所奏时历向各地颁发次年各坛庙祭祀日期，如镇迪道就转饬光绪六年各坛庙祭祀日期：

> 本署都统于光绪五年十二月初十日准礼部咨祠祭司，案呈恭照庚辰年各坛庙祭祀斋戒日期，经本部据钦天监选择题准在案，相应开列粘单行文，乌鲁木齐都统转饬所属一体遵照。[③]

祭祀之日，地方政府举行隆重庄严的祭祀仪式。清代新疆文献中对伊犁地区祭祀

---

① 李大海：《清代新疆地区官主山川祭祀研究》，《西域研究》2007年第1期，第93页。

② （清）永保纂，马大正、牛平汉整理《总统伊犁事宜·营务处应办事宜》，中国社会科学院中国边疆史地研究中心编《清代新疆稀见史料汇辑》，全国图书馆文献微缩复制中心，1990，第232页。

③ 中国边疆史地研究中心、新疆维吾尔自治区档案局合编《清代新疆档案选辑》（第28册），广西师范大学出版社，2012，第171页。

过程有着较为详细的记载。

> 伊犁每岁春秋二八月初旬，择于惠远城东郊设坛，以太牢香帛致祭山河，凡七坛。……致祭之日，各设神主，所有官员除出差使之外，概行分派七处。黎明齐集，营务处差官请将军至坛口下马，率众官分处行祭，诣神位前排，三跪九叩礼。赞礼者赞跪，读祝文者跪于桌左，恭读颁祝词，毕，三叩兴。神主官捧神主香帛正走，将军各官随至各坛东醮炉侍焚毕而退，自将军以及与祭各坛官执事之人，皆视其等秩，各分胙肉有差。①

龙王作为司水之神，掌握着兴云布雨之权，直接影响着农业生产和社会安定。龙王被纳入官方祭祀体系当中，春秋致祭。祭祀当天，各文武官员沐浴斋戒前往龙王庙，献上祭品，行"两跪六叩首礼"②，举行隆重的祭祀仪式。其中，龙王庙祝文：

> 曰惟神泽润生民，膏流甸服。雨旸时若，凤彰孚应之灵；年谷顺成，泽被绥丰之福。念神庥之丕著，惟典祀之宜崇。兹，用申报飨。尚其歆格，鉴此精诚。尚飨。③

龙神庙祭文：

> 神德施寰海，泽润八方。允襄水土之平，苍生乐利广积，源泉之用，膏雨及时霖霖，田畴占丰之大有功，资育物欣无类之番昌，仰藉神庥宜升报享。谨遵祀典式，协良辰敬布几筵肃陈牲币。尚飨。④

每年春秋致祭龙王庙所需各项物资由不同部门协同供给。"神主香帛由印房发给，太牢由驼马处选用供应；扫坛铺垫、器具、牢牲之事，系同知衙门预备；至搭棚煮肉、捧盘诸务，则满营官兵经理之。"⑤ 根据笔者对光绪年间岁祭龙王庙所需牲畜果品银两统计数据来看，春秋致祭龙王庙所需费用均为"二两四钱三分二厘"⑥。除

---

① （清）格琫额：《伊江汇览·坛庙》，中国社会科学院中国边疆史地研究中心编《清代新疆稀见史料汇辑》，第 22 页。
② （清）和宁：《三州辑略》卷 6 "礼仪门"，嘉庆十年修抄本，成文出版社，1968，第 198 页。
③ （清）王树楠纂修、朱玉麒等整理《新疆图志》卷 37 "祀典 2"，第 676 页。
④ （清）和宁：《三州辑略》卷 6 "礼仪门"，第 198~199 页。
⑤ （清）格琫额：《伊江汇览·坛庙》，《清代新疆稀见史料汇辑》，第 22 页。
⑥ 详见《清代新疆档案选辑》中有关各年"春秋二季祭祀各坛庙需用果品银两"条。

每年举行的国家祭祀外,平时每月朔望之际,地方官员也要行香致祭。乾隆四十一年(1776)正月,伊犁将军伊勒图奏请惠远城外兴建的龙王庙等庙宇,"皆按关帝庙之例,每月自伊犁房租银内各支出灯油银二两"①。

龙王作为中国古代社会最为重要的神灵信仰之一,其最大的功能就是庇佑风调雨顺,农业获得丰收。"由水与生命、与农作物生产的密切关系而产生的对水的种种神秘力量的崇拜,弥漫散布到了中国百姓生活的各个方面、各个角落,形成了与水有关的种种民俗事象。"② 新疆气候干旱,降雨稀少,直接影响到农业生产。因此,每遇到干旱少雨时节,地方官带领百姓设坛祈雨。

> 现因即届夏至,各属农田麦苗待泽,扎殷亟宜择吉设坛祈雨,以期渥沛甘霖而慰农,望并转饬各属一体齐祈合行。札饬到该署道,择期率同迪化州文武各员先谒城隍、龙王庙,虔备香烛,致祷五日后再行设坛,随同本署都统谨敬步祷可也。……仰该丞即便遵照,择期齐祈雨泽俾慰农,望切切,此札。③

在乌鲁木齐,"人们用一种干子泥雕塑一条金色彩龙,长约两米,放在木板上由数人肩扛,用数面黄龙旗鸣锣开道,周游各条主要街道,各商店、住家户都自动送香,沿路有人高喊'求雨来',人们自愿拿着香火尾随前进,最后将香火送至西关龙王庙"④。

(二)龙王庙与民间信仰

在民间社会,人们对于龙王信仰没有官方祭祀的庄重与肃穆,"参加宗教活动往往是满足心理上的某种暂时性的需求,祭祀也不拘泥于繁琐的礼仪"⑤。民间社会的这种宗教活动一般是以庙会为中心而展开的。庙会是中国民间习俗重要的一种外在表现形式,也是广大百姓祈求平安,庆贺岁丰的集体活动场所。

哈密苏巴什湖龙王庙建筑精美,环境优雅,"入夏以来惠风荡物,泉水进流,树林阴翳,鸣禽上下,或临渊而羡鱼,或登高而望远,名阳在山,犹复乐而忘归。东西

---

① 《伊犁将军伊勒图奏请支给官牲用以祭祀伊犁各祠庙折》,乾隆四十一年正月十五日,《清代新疆满文档案汇编》第 127 册,第 375 页。
② 向柏松:《中国水崇拜》,上海三联书店,1999,导论。
③ 《镇迪道转择期设坛祈雨折》,光绪五年四月二十日,《清代新疆档案选辑》(第 28 册),第 153 页。
④ 刘荫楠:《乌鲁木齐掌故》,新疆人民出版社,1996,第 12 页。
⑤ 李进新:《新疆宗教演变史》,新疆人民出版社,2003,第 491 页。

两岸各修渠道，藉灌良田。土民及时行趣多荟于此"①。每年农历四月初八为龙王庙会，远近农民，骑马坐车，前来赶会看戏，成为"哈密第一盛会"。宣统三年（1911）四月初八日，清代流人温世霖途经哈密，恰逢龙泉寺举办庙会，龙泉寺即为龙王庙。"是日，适值赛会，为哈密第一盛举。商家值年，以董其事。文武官员皆往祀神献剧，游屣如云，颇极一时之盛。"② 龙王庙的戏台、墙壁上都留下了文人墨客的长联。哈密龙王庙戏台有楹联一副，上联："往事几千年，君相师儒，次日仅留陈迹。慨河山犹旧，姓氏颇更；天地长存，英雄安在？传疑传信，只供后世清谈，丰功伟绩总成功。徒想三代衣冠，六朝裙屐。"下联："奇观日数部，悲欢离合，登场绘出全神。又宵（肖）小弄权，虽荣亦辱；忠贞信义，由苦而甘；是幻是真，堪作斯时炯戒，福善祸谣终不爽。莫单看绮罗霞灿，弦管风流。"③ 戏台长联用儒释道的宗教哲学与义理，指出戏台上上演的千年以来"君相师儒"和"忠贞信义"的故事，成为百姓日常生活中的一种消遣，无形之中塑造着普通大众的内心世界。

四　结语

清朝统一新疆，将天山南北纳入清朝的直接统治之下，形成了"拓疆万里，中外一统"的盛况。清政府认识到水在开发西北中的重要性，十分重视龙王信仰在边疆治理中的特殊作用。清政府不仅在天山南北修建了大量的龙王庙，甚至以官方的形式实质性参与各种活动。龙王信仰在新疆的传播与发展充分反映出清政府对于农业生产的重视，有助于推动西北边疆地区的开发与建设。

清朝将新疆地方河泽湖泊纳入国家祭祀序列之中，上升到国家高度。通过神圣而庄严的祭祀仪式，潜移默化地将国家意志教化于民。正如学者所言，那些受到祭祀的具有"自然地理性质的'山'、'水'赋予了人文的内容，被改造成为清廷控制和经营西域的象征"④。清政府的种种举措，其实质是清政府力图建立一体化秩序的实践，折射出中央政府对新疆的实际掌控。

---

① （清）刘润通：《哈密直隶厅乡土志·祠庙古迹》，马大正、黄国政、苏凤兰整理《新疆乡土志稿》，第151页。
② （清）温世霖原著、高成鸢编注《昆仑旅行日记》，天津古籍出版社，2005，第134页。
③ 中国戏曲志编辑委员会：《中国戏曲志·新疆卷》，中国 ISBN 中心，2000，第536页。
④ 乔治忠、侯德仁：《乾隆朝官修〈西域图志〉考析》，《清史研究》2005年第1期，第108页。

　　以龙王信仰为代表的中原文化随着移民的涌入而遍布天山南北，成为人们社会生活中不可或缺的组成部分，甚至在清朝收复新疆后掀起了大规模重建庙宇的热潮。在中原文化的不断浸润之下，清政府"营造了浓厚的将新疆地区强有力纳入中原地区数千年来业已建立的政治文化体系中的'归属'气氛"①。这不仅有助于广大移民群体扎根边疆，实现了从"他乡"向"故乡"的转变，即本土化的进程。同时，中原文化和西域文化长期交流交融，既推动了新疆各民族文化的发展，也促进了多元一体的中华文化发展。

---

　　① 李大海：《清代新疆地区官主山川祭祀研究》，《西域研究》2007 年第 1 期，第 94 页。

田野调查

台南市溪北道坛的药师忏科仪[*]

——兼论溪南与溪北两地的文本异同

姜守诚

摘要： 溪北地区灵宝道派展演药师忏科仪的文本依据《太上鸿名灵宝药师宝忏》凡计有十二个节次：步虚、净坛、请神·三献、诵药王宝卷、燃点第一层灯、燃点第二层灯、燃点第三层灯、燃点第四层灯、发愿、唱道曲：生老病死苦、化纸咒、回向。溪北道坛药师忏科仪具有强烈的地域性特征，与溪南地区拜药王科仪相比存在显著的差异。溪北道坛药师忏科仪本中有不少内容是摘录自古道书而拼凑起来的，说明其编纂年代不会太早，造作者的水平不高，当系活跃于基层社会的民间道士为了迎合民众对于药师信仰的需求，亦为了与佛教徒抢夺市场和信众，而造作出来的。

关键词： 台南地区　灵宝道派　溪北道坛　药师忏科仪

作者简介： 姜守诚，哲学博士，中国人民大学佛教与宗教学理论研究所专职研究员，中国人民大学哲学院教授、博士生导师。学术研究方向：道教文献及道教史研究。

　　台南地区以曾文溪为界，形成了两个道士行业圈：曾文溪以南的诸家灵宝道坛，可称为"溪南道坛"系统，地域范围涵盖今台南市下辖的东区、南区、中西区、北区、安平区、安南区、永康区、安定区、关庙区、归仁区、仁德区、龙崎区、山上区、新市区、新化区、善化区、左镇区、玉井区、楠西区、南化区及大内区的部分地区，还包括与台南市接壤的高雄市属茄萣区、永安区、内门区、甲仙区、桃源区及冈

---

[*] 本文系教育部高校人文社会科学重点研究基地重大项目"中国传统宗教礼俗的探索与创新：宋元道教拔度科仪研究"（项目号：22JJD730009）的阶段性研究成果。本成果受到中国人民大学 2023 年度"中央高校建设世界一流大学（学科）和特色发展引导专项资金"支持。

山区的部分地区；曾文溪以北至新营区的灵宝道坛，又称作"溪北道坛"系统，具体辖区包括今麻豆区、官田区、六甲区、七股区、西港区、佳里区、北门区、学甲区、柳营区、新营区、东山区、白河区、将军区、盐水区、后壁区及大内区的部分地区。这两个行业圈在斋醮规模与名称、节目安排、科仪抄本、唱腔曲调等方面略有差异。

药忏科仪是台南民众超拔法事中的重要内容，曾文溪沿岸南北两个道士行业圈的做法存在较大差异，溪南道坛称为"拜药王"或"祭送药煞"，溪北道坛称作"药师忏"，二者在科仪文本及仪轨流程上有较大差异。本文主要针对溪北道坛的药师忏科仪文献加以梳理和讨论，并就溪南与溪北两地的文本异同略作分析。

一　忏仪结构

溪北道坛药师忏科仪的文本依据是《太上鸿名灵宝药师宝忏》（又名《太上鸿名药师宝卷》），由十二个节次组成，依次为步虚、净坛、请神·三献、诵药王宝卷、燃点第一层灯、燃点第二层灯、燃点第三层灯、燃点第四层灯、发愿、唱道曲：生老病死苦、化纸咒、回向。下面，我们对上述节次的宗教内涵及文献渊源展开讨论。

（一）步虚

溪北道坛药师忏科仪的步虚词与溪南道坛是相同的，皆云：

> 修斋燃神灯，朗耀照幽冥。三宝作证盟，皈依灭罪愆。

这段文字的含义是说：修设斋坛、点燃神灯，灯光照亮幽冥。三清至尊降临以为证盟，亡魂皈依三宝而得以消除罪愆。

（二）净坛

"净天地咒"又称"扫秽咒""解秽咒"，乃系道士演法时常用的咒语之一，旨在驱除鬼邪及污秽之侵扰，净化坛场，常存道炁。明版《道藏》中著录有多个版本的"净天地咒"。今溪北道坛持诵的"净天地咒"与宋元道书中所载颇有雷同，如谓：

天地自然，秽炁分散。洞中玄虚，晃朗太元。八方威神，使我自然。灵宝符命，普告九天。干罗答那，洞罡太玄。斩妖缚邪，杀鬼万千。中山神咒，元始玉文。持诵一遍，却鬼延年。按行五岳，八海知闻。魔王束首，侍卫我轩。凶秽消散，道炁常存。命魔摄秽天尊。

道门中人相信，此咒功效显著，可以安镇五岳、天地长存，召神制魔、役使群灵，扫荡厌秽、消散邪气，祛病疗疾、延年益寿。

（三）请神·三献

溪北地区药师忏科仪中的"请神·三献"环节比较紧凑，将本应分为三次、依序进行的"初献""亚献""终献"合并为一次完成。

"三献"之前，高功遵循惯例先"请神"，其辞曰：

恭以玉烛呈辉，放祥于幽夜。金炉结篆，霭瑞气以清都。俯鉴微忱，悉求解脱。以今恭焚道德微妙九品真香，虔诚奏启：无上至真三宝天尊、东极青玄上帝、盘古五谷尊王、伏羲神农圣帝、八卦祖师大神、孙吴许三位真人、药师法王圣众、扁鹊华佗先师、药王琉璃神光、天医尚药童子、灵官仙众、针灸针砭神吏、燃四十九光天尊、点灯童子、解厌大神、宝幢接引天尊、太乙救苦天尊、当境神聪、孝眷敬奉神明、斋筵真宰拔度一切威灵，仗此真香，普同供养。

上述神祇名录中，除了末尾提到的"宝幢接引天尊、太乙救苦天尊"二圣号外，其余大抵不出溪南道坛拜药王科仪中的三次请神之范围。溪北道坛药师忏科仪中所启请的这些神祇，亦可分为四类：（1）上界高真；（2）药王及医部仙众；（3）燃灯与解秽神众；（4）境主家神。其中，第二、第三类是本次请神的重点和核心。

"请神"之后旋即"入意"，高功口白"恭望慈尊俯垂证鉴"，副讲宣读疏文，陈述斋意，禀明本次法事的相关信息。宣疏完毕后，高功口白："其诸丹悃，具载意文。今则启行药忏之初，未敢自便。先当告白，陈情俟意。伏望三宝师尊、药王圣众，下降玄坛，请登宝座。"

随后，道众接续口白：

上香献茶，初献酒。上香献茶，再献酒。上香献茶，三献酒。

与此同时，道众三次献酒，并齐声唱赞"散花词"（或称"酒诗"）云：

> 宝塔列神灯，散花林。
>
> 美酒表丹诚，满道场。慈尊列圣前供养。

这首"酒诗"未见载于历代道书中，其措辞浅白、源出不古，却也形象地勾勒出燃点神灯宝塔、执美酒礼敬众真的场景。

（四）诵药王宝卷

念诵《药王宝卷》之前，全体道士齐声高唱"开经偈"曰：

> 药师宝忏太上鸿名药王宝卷，发宏愿，句句灭罪愆。朝礼忏，一心皈命礼。礼拜开宝忏，太乙救苦天尊。礼拜开宝忏，太乙救苦天尊。礼拜开宝忏，太乙救苦天尊。

这段偈文意在赞颂《药王宝卷》的神奇功效——"发宏愿，句句灭罪愆"。

《药王宝卷》的正文部分共计有两段内容，每段皆以"尔时，慈/天尊言"引出下文。第一段文字云：

> 尔时，慈尊言：吾见下土兆民，多有凶祸，邪鬼所害，先亡祖考、父母尊亲，以致灾殃。或瘟灾、瘟气、疫疠流行，众生染着，致生恶疾，淹延未愈，服药丧亡，死魂染惹，秽气未消，生前故误之罪，死后难逃。若不奉行药师，何能超度？谨按洞玄经箓简章，真仙品格，灯光科式，威仪至重。五方八极，地狱幽牢。无极神乡，长夜之府。死魂受闭，靡睹光明。冥暗之乡，经诸拷掠。能为亡过〇〇及诸亲缘，伏自初亡至于七七，冥造一树，燃点四十九光神灯。所冀灯光上续，下照九幽。超度亡灵，乘光解脱。是以三洞经忏，演五千言之奥旨。一厄光焰分四十九光之神灯，上映诸天，下辉九地，幽阴黑暗，皆睹光明。魂灵速离泉扃，神识便超道域。仰凭法众，启运诚心。称扬圣号，光明三界天尊。

前述引文拟构出一幅天尊传经说法的情景，着重介绍了《药王宝卷》出世的缘由：俗世中人因邪鬼、先亡祖考的侵扰而遭受凶祸灾殃，或者染着瘟疫而罹患重症，长久服药，无效而亡。污秽之气未能消除，死后亦难逃责罚，被拘闭于幽牢之中，不见光明，遭受拷掠。唯有施行药师忏、礼诵《药王宝卷》才能获得超度。此外，天尊还对如何施行药师忏做出了详细说明：从亡者逝世至七七的这期间，孝眷打造一灯树、陈设四十九盏灯并点燃，借助灯光来照彻地狱的幽暗。亡灵乘光解脱、出离幽府，并仰仗法众而表达虔诚悔过之心，称扬"光明三界天尊"圣号。

第二段文字如下：

> 尔时，天尊言：若有善男子，若有信女人，一为天地、二为帝王、三为父母、四为众生、五为血属、六为己身。爰从受生已来，至于今日，自一岁或一十、二十、三十、四十、五十，乃至百岁，必欲预修。还将一七、二七、三七、四七、五七、六七、七七、百日、期年、小祥、大祥，周而复始，乃至永年忌辰。所造功德，依次而作。第一造像，第二写经。建造四十九长幡，即设四十九人斋，安置道场，请师尊像，并及法师道士、香火知识，燃点四十九光神灯，照耀诸天、十方三界，乘光托化，其灯名曰"三层台"。上敛下润，周回旋转，状如车轮，香花供养，随力丰俭，或三日三夜，并七日七夜，倾心丹祷，忏悔虔祈。恭对三宝称扬赞叹，能为先亡首过原宥。言词惟在朴实，不得浮华。务被严精，必彰福利。其次广赎生命，是百是千，随其多寡，亦不可得即。次悯伤贫穷下贱，形不具足者，旅困羁栖者，病人孤拷者，囚徒冻馁者，边鄙愚顽，不晓东西，无分善恶者，咸堪救度，使沐良缘。或值他方远客，有急依投，而为开度，济其厄难，救拔孤寒，悉令安乐。此亦追荐亡灵，福德最大。仍次可为祖先、父母、亿劫种亲，写造三十六部尊经，任意增减，或一部、十部，至于百部、千部，随力建功，超度魂神，受福无量，庶使见存，利益积庆，既往来亨，逍遥快乐，无谓一切有情，俱登道岸，均资利乐。尔等善信男女，宜应虔诚，悉当谛听。依科信受，咸各奉行。

上述文字乃承袭《太上慈悲九幽拔罪忏》（卷四），二者几乎雷同。[1] 可见，今溪北道坛药师忏科仪本出自后世人的杜撰，拼凑之痕迹明显。

（五）燃点第一层灯

高功口白"人各恭信，救苦尊"，道众旋即吟唱：

---

[1] 《太上慈悲九幽拔罪忏》卷四，《道藏》第 10 册，第 100～101 页。

第一华灯垂普照，金光朗耀大慈尊。愿垂怜悯及幽途，放释亡灵离恶道。救苦天尊。

随后，高功志心朝礼二十位天尊，依次念诵圣号如下：

灵光皓映天尊、华光流照天尊、智光普耀天尊、垂光普济天尊、神光普被天尊、宝光通照天尊、咸光远感天尊、炎光灵耀天尊、妙光宝胜天尊、垂光慈荫天尊、玉光耀彩天尊、辉光朗耀天尊、凝光金洞天尊、云光正德天尊、和光隐妙天尊、相光自在天尊、延光布像天尊、遍光八极天尊、灯光无尽天尊、洪光熠耀天尊。

这二十位天尊均属于"燃四十九光天尊"中的成员，圣号的第二个字皆为"光"字。上述天尊中的十六位，可以在《太上慈悲九幽拔罪忏》《老子像名经》《灵宝领教济度金书》《太上灵宝朝天谢罪大忏》《太上灵宝洪福灭罪像名经》《太上灵宝十方应号天尊忏》《太上灵宝上元天官消愆灭罪忏》《太上慈悲道场灭罪水忏》等道书中找到出处和来源，有四位天尊的圣号——垂光普济天尊、神光普被天尊、辉光朗耀天尊、洪光熠耀天尊，查无所据。

接下来，高功念白：

重念亡者生存之日，身中染病，延医诊调，服药甚多，竟尔罔效，以致身亡。今自道场，拔度亡灵，从此已上，礼念天尊圣号，乞忏亡者〇〇，自从无始以来，至于今日，致染一病，或瘟病相侵，或痢疾相侵，或疮毒相侵，头眩目暗相侵，脚酸手软相侵，乍寒发热相侵，气候喉瘅相侵，咽喉疯毒相侵，泄泻风痰相侵，火眼痨瘵相侵，祖冢瘟气相侵，住居风水相侵，吐血蛊毒相侵，白口咒诅相侵，刀兵火盗相侵，水浄颠狂相侵，年月日时不利相侵，砍伐坛庙树木相侵，疟疾瘆疾相侵，瘟灾瘟疫相侵，致生恶疾相侵，来缠生身，请医效脉，良药救治，拖延日久，食药伤亡，身谢之后，毒气未消，虑恐污秽江河，冒犯龙神，魂归阴府，魄入南柯。若垢秽未能解，恐魂魄以拘留。或有至孝男女，建置道场，一日、二日、三日并一夜，修造药师三层宝塔，燃点四十九光神灯，忏除亡灵生前罪咎，免受苦恼，往生仙界。礼三宝慈尊，领诸真人童子，持幡执节，遍诣下方五湖四海、九江淮渎、溪河潭洞、龙宫水藏晶仙一切诸狱，放为亡者〇〇正魂，特与解冤释结，拔罪救苦，光明照耀，接引魂仪，出离幽途，早登仙界。

这段文字的含义与前一节次颇为重复，再次强调了药师忏科仪的主旨与功能。引文从"重念亡者生存之日，身中染病"至"免受苦恼，往生仙界"的大段措辞亦与溪南道坛拜药王科仪中"再请神·亚献酒"节次之内容大抵相同，文中详细胪列出二十余条病因，涉及传统中医病因学理论的诸多方面。约出明代的《太上三元赐福赦罪解厄消灾延生保命妙经》中所言，与前述内容有相似之处。[①]

（六）燃点第二层灯

第二层灯普供养，江河湖海众龙神。在本节次中，高功志心朝礼十五位天尊，依次念诵圣号如下：

> 应光元惠天尊、缘光有像天尊、流光妙应天尊、随光自荫天尊、员光炳耀天尊、重光三天天尊、玄亮度世天尊、金光七素天尊、灵光妙极天尊、德光含尽天尊、金光宝胜天尊、焰光隐德天尊、金光秘景天尊、惠光自在天尊、灯光普照天尊。

这十五位天尊亦属于"燃四十九光天尊"中的成员，然可从历代道书中寻觅到文献依据者仅有四条——玄亮度世天尊、金光七素天尊、金光秘景天尊、灯光普照天尊。其余十一条或未知出处，或恐系讹误，如"重光三天天尊"疑为"慧光三天天尊"之讹传，"金光宝胜天尊"似为"妙光宝胜天尊"之误写。

接下来，高功念白：

> 重念亡者生存之日，身中染病，延医诊调，服药甚多，竟尔罔效，以致身亡。今自道场，拔度亡灵，从此已上，礼念天尊圣号，乞忏亡者〇〇，自从无始以来，至于今生，或犯土皇九垒，其司千二百神，土家眷属，若太岁，若将军，若鹤神，若太白，若九良，若剑锋，若雌雄，若金神，若火血，若身横，若撞命，若三煞，若七煞，若黄幡豹尾，若飞廉刀砧。如是等土家神煞，若人兴修卜筑，一或犯之，即致病患，不痊以迄丧亡，或坠地狱，或为畜生，若无超度，难往生方。若有至孝男女，此日修奉斋忏，则黑簿除名，咸得超度，即往东极天界。救苦门庭救苦地上好修行，只有天堂无地狱，免受大灾厄难。地官曰：五横

---

① 《太上三元赐福赦罪解厄消灾延生保命妙经》，《道藏》第34册，第736页。

十恶等罪，永不赦除。于是救苦大仙，再告天官。天官曰：若人能持斋忏，至满千遍，大作踊跃，悔过怨尤，断恶修善，即有地官赦罪。所有恶业怨尤，俱一赦除，心心忘忘，尽一皈正。恍恍惚惚，耳目心定，神魂安静，精神复旧。罪灭福生，无量功德，其福无边。礼念三宝天尊，领诸真人童子，持幡执节，遍诣中界地府酆都曹僚、五岳泰山、九垒重阴、城隍社令一切诸狱，放为亡者〇〇魂仪，特与解冤释结，拔罪救苦，光明照耀，接引魂仪，出离幽途，超升仙界。

上述文字与溪南道坛拜药王科仪中的"三请神·终献酒"节次有部分相似。不过，这里所言尤为详细，主要针对各种神煞而展开，涉及土皇九垒、太岁、将军、鹤神、太白、九良、剑锋、雌雄、金神、火血、身横、撞命、三煞、七煞、黄幡豹尾、飞廉刀砧等，以及兴工动土所惊扰的土府神煞。亡者生前因冲犯各种神煞而招致病患，以至于丧亡，或坠地狱，或为畜生，不得超度，难往生方。唯有孝眷修奉斋忏，才能救度亡魂出离幽冥。值得注意的是，前述罗列神煞的大段文字，乃改编自《九天应元雷声普化天尊玉枢宝经》。[1] 此外，文中"即往东极天界。救苦门庭救苦地上好修行，只有天堂无地狱"之句，亦语出《太上三元赐福赦罪解厄消灾延生保命妙经》。[2] 这也再次印证了此前的推测——今本乃出自后人的拼凑。

（七）燃点第三层灯

第三层灯普供养，酆都地府众曹僚。在本节次中，高功依次礼诵十五位天尊的圣号，凡计如下：

> 真光梵果天尊、霞光朗耀天尊、胜光普照天尊、普光弘济天尊、扬亮度仙天尊、舒光拔难天尊、神光炜烨天尊、灵光四照天尊、德光回照天尊、清光因果天尊、金光慈慧天尊、日光朱景天尊、香光隐若天尊、含光万善天尊、药王琉璃神光。

这十五位天尊中，除了末尾的"药王琉璃神光"外，其余十四位均属于"燃四十九光天尊"中的成员，连同前面谈到的三十五位天尊，四十九之数俱足。前述天尊圣

---

① 《九天应元雷声普化天尊玉枢宝经》，《道藏》第 1 册，第 760 页。
② 《太上三元赐福赦罪解厄消灾延生保命妙经》，《道藏》第 34 册，第 736 页。

号中，有据可考者计有九条——真光梵果天尊、霞光朗耀天尊、普光弘济天尊、扬亮度仙天尊、舒光拔难天尊、神光炜烨天尊、灵光四照天尊、清光因果天尊、含光万善天尊。①"胜光普照天尊""德光回照天尊""金光慈慧天尊"三条虽未见诸历代道书中，却也不乏类似的说法：（1）《灵宝玉鉴》《老子像名经》《玉音法事》《玉皇宥罪锡福宝忏》《灵宝无量度人上经大法》《道法会元》《无上黄箓大斋立成仪》《太上慈悲九幽拔罪忏》《先天斗母奏告玄科》《灵宝领教济度金书》等道书中有"九光普照天尊""玉光普照天尊""灯光普照天尊""通光普照天尊""流光普照天尊""景光普照天尊""真光普照天尊""玄光普照天"等多种说法，不知"胜光普照天尊"是否脱胎于此；（2）《灵宝领教济度金书》中出现"灵光回照天尊""宝光回照天尊"两种称谓，与前述"德光回照天尊"较为接近；（3）《上清灵宝大法》《无上黄箓大斋立成仪》中提及"金华慈慧天尊"，与"金光慈慧天尊"仅一字之差。至于"日光朱景天尊""香光隐若天尊""药王琉璃神光"三条，则未知所出何据。

接下来，高功念白：

> 重念亡者生存之日，身中染病，延医诊调，服药甚多，竟尔罔效，以致身亡。今自道场，拔度亡灵，从此已上。礼念天尊圣号，乞忏亡者○○，自从无始以来，迄至今生，或不敬天地日月三光，呵风骂雨，欺神灭像，瞒天昧地，亵渎圣贤，不尊父母伯叔六亲，奸盗邪淫，不忠不孝，不仁不义，非礼非财，断绝往来恩路，不重五谷，秽污遭贱，不行正道，大斗小秤，明瞒暗骗，横言曲语，白口咒诅，怨天恨地，不恤己身，不修片善，天不容，地不载，致生恶毒，多起瘟瘴，多招讼非，轻重难逃，故作事因，得此苦报，恶难临身，无处解释。若有至孝男女为其亡人，天年限满，命过之后，皈依斋戒，行道礼忏，拜表上章，悔过省行，便生端正，得脱苦趣，快乐无为。礼念三宝天尊，领诸真人童子，持幡执节，遍诣诸天之上，天牢天狱之中，检勘亡者○○正魂，夙世今生，有无干系，特与解冤释结，拔罪救苦，光明照耀，接引魂仪，出离幽魂、早超仙界。

前引内容中从"或不敬天地日月三光"至"恶难临身，无处解释"的大段文字，语

---

① 上述天尊圣号见载于《太上慈悲九幽拔罪忏》《老子像名经》《灵宝领教济度金书》《太上灵宝朝天谢罪大忏》《灵宝无量度人上经大法》《无上黄箓大斋立成仪》《灵宝玉鉴》《太上泰清拔罪升天宝忏》《太上洞真贤门经》及南宋王契真编纂《上清灵宝大法》等道书中。

出《太上三元赐福赦罪解厄消灾延生保命妙经》①，其详细罗列出言行举止的诸多不当之处，并指出亡者若犯有上述过错，亦难逃罪咎，唯有虔诚悔过，礼拜药师宝忏，才能得脱苦狱、超升仙界。溪南道坛拜药王科仪"三请神·终献酒"节次的部分文字与此相似。

（八）燃点第四层灯

第四层灯普供养，诸天列宿众星真。在本节次中，高功先启请三宝特降敕命、放赦亡魂出离地狱，念白的文辞如下：

> 惟愿清微天宫大罗元始天尊、禹余天宫玉宸灵宝天尊、太赤天宫五灵道德天尊、无上虚皇至真三清三境天尊，特降敕命，放释亡者〇〇魂仪，万罪俱消，千冤和释，顿离地狱，上升天堂，快乐自在，逍遥无为。

随后，高功继续口白：

> 礼念三宝已，次复忏悔亡灵爰从夙世迄至今生，所有种种罪业。伏乞三洞慈尊、五老十华大道，皇皇上帝、列列高真，宝光童子、解厄大神，炙香汤，洗涤于身中业根以清净，燃惠炬于普照灵魂，黑暗得睹光明，顿尔清凉，了然云静，见存积庆，已往超升。国安民丰，欣乐太平。恩流后裔，庆及阳庭。子孙昌盛，富贵康宁。一切有情，咸跻大道。

约唐宋间出世的《太上慈悲道场灭罪水忏》（卷中）文末有言："从此已上，礼念天尊圣号，乞忏某身中种种罪业。伏乞九清三洞慈尊、五老十华大道、皇皇上帝、列列高真"云云②，此句显系为前文之所本，其后的措辞则迥然有异。前述引文中谈道：宝光童子、解厄大神煮炙香汤，为亡者洗涤身中业根，使之清净。点燃灯炬，照亮地狱的黑暗，亡魂借此出离幽冥，超升仙界。最后，祈求国泰民安，恩泽后世子孙。

（九）发愿

接下来，高功志心发愿、念白曰：

---

① 《太上三元赐福赦罪解厄消灾延生保命妙经》，《道藏》第34册，第735页。
② 《太上慈悲道场灭罪水忏》卷中，《道藏》第10册，第126页。

愿眼常睹玉毫光，愿耳常闻说法音，愿鼻常臭众妙音，愿舌常赞无上道，愿身不染邪淫秽，愿意常存正信心。发愿上报四重恩，发愿下济三途苦。广运慈悲怜一切，广行方便度亡灵。仰祈三宝大慈悲，加持愿护得成就。惟愿慈悲垂拔度，亡灵顷刻早超升。愿供我等诸众生，罗列香花普供养。发愿已后，亡者超升。

这段发愿文亦见载于《太上元始天尊说宝月光皇后圣母天尊孔雀明王经》，文字大同小异。[1] 此外，《皇经集注》（卷一）对其含义做过批注，清晰易懂，可供参考。[2] 值得注意的是，引文依照眼、耳、鼻、舌、身、意的顺序来咏唱发愿文，当属于道门中人的惯例做法。《神功妙济真君礼文》中的发愿词亦是遵循此次序进行的，然其内容差异较大，如谓："愿眼常观三界圣，愿耳常闻妙法音，愿鼻常闻道德香，愿口不食辛厌味，愿身精进行真道，愿意休攀有想缘。"[3]

随后，高功以任意的曲调来唱赞：

顶级华灯普供养，大罗天上无极尊。惟愿慈悲作证盟，生死蒙恩俱得度。信礼无上大罗天、慈悲救苦大天尊、拔度往生大天尊，忏悔亡灵超仙界。完宝忏，太乙救苦天尊。

这段唱词赞颂了天尊救度群生的慈悲情怀，以及拜忏后亡灵超升仙界的美好愿景。

（十）唱道曲：生老病死苦

随后，道众吟唱"五伤悲·生老病死苦"道曲，其唱词计有五段文字，分别描述了人生的五个阶段或五种生理状态，依次如下：

（生）生我离娘胎，铁树花开，皆终一命送终来，仰答天神多福佑，得此人才。

（老）发白老来催，渐觉腰垂，腰驼背曲步难行，耳聋不听人言语，眼怕风吹。

---

[1] 《太上元始天尊说宝月光皇后圣母天尊孔雀明王经》，《道藏》第34册，第578页。

[2] （明）周玄贞集注《皇经集注》卷一，《道藏》第34册，第637页。这段引文与《太上元始天尊说宝月光皇后圣母天尊孔雀明王经》仅有一字之差，即将第五句"愿身不染邪淫法"写作"愿身不染邪淫秽"。

[3] 《神功妙济真君礼文》，《道藏》第9册，第804页。

（病）得病苦伤悲，倒在床帷，翻身不觉眼泪漓，日夜不住连声叫，妙药难医。

（死）命尽死来归，不顾妻儿，头南脚北手东西，家有黄金带不得，死伴土堆。

（苦）魂来归阴司，苦痛凄惶，眼中泪流湿衣裳，拜告阎王慈悲主，乞判天堂。

道士在此时吟唱这首道曲，主要有两个目的：其一是劝慰亡灵摒弃生时的种种纠葛和不甘，虔诚忏悔、皈依三宝，方能脱离地狱、上升天界；其二也是在开示生人参透名利，潜心向道、早日修行。总之，这首道曲以“生老病死苦”冠名是别有深意的，乃系借用人生中的五种生命现象来隐喻生死轮回、祸福报应的规律性和必然性，借此劝慰亡魂和孝眷接受现实、坦然面对生死，以愉悦的心情迎接新的生命历程。

道众吟唱该道曲时，高功则给亡魂喂药，并蘸药水涂抹魂身。待完毕后，全体道士率孝眷将魂身送回灵堂安放。

（十一）化纸咒

返回坛场后，高功念白：

向来拜谢药王宝忏完周，所有珍宝资财用动火轮烧化。

旋即，高功吟唱“化纸咒”曰：

千千截首，万万翦形。魔无干犯，鬼无祅精。三官北酆，明检鬼营，不得容隐。金马驿程，普告无穷，万神咸听。三界五帝，列言上清。

（十二）回向

最后，高功念白回向文：

向来朝拜药王宝忏完成功德，上祈慈尊，下荐亡灵，同赖善功，证无上道，一切信礼。

至此，药师忏科仪的演法圆满结束。

二 地域特征

台南地区灵宝道派以曾文溪为界，划分为溪南与溪北两个道坛系统。这两地道坛在拜药王/药师忏科仪上表现出了十分明显的地域性特征，既有诸多的相似性，也存在显著的差异处。这里，我们主要针对两地科仪文本的异同略作分析。

（一）相似性

溪北道坛药师忏科仪与溪南道坛拜药王科仪在某些地方具有相似性，主要表现在以下几个方面。

第一，功用旨趣的共通。

溪北道坛药师忏与溪南道坛拜药王都具有祛病、禳灾的功用，乃旨在为亡者治疗生前罹患的各种生理与心理疾病，同时消除其在阳世间所犯下的过错及罪愆。换言之，这两地科仪的理念是相同的，且在整场拔度斋科法事中所扮演的角色及功用亦是一致的。有鉴于此，两地科仪在节目安排、坛场布置、出场人员等方面，也都具有较大的相似性。

第二，某些节次的相同。

就具体的节次流程而言，两地科仪本的某些节次是相同的，如"步虚""化纸咒""回向"三个节次的内容完全一致，"净坛"亦部分相同。有必要指出的是，"化纸咒""回向"属于模式化的仪式流程，各类法事均以其作为收尾，故此二节次的内容无别并不能说明实质性问题。然而，"步虚"文辞的不异绝非偶然。这是因为前述"步虚词"仅见于药忏科仪中，未见施用于台南地区拔度斋科的其他法事活动中，反映出两地科仪本具有一定的亲缘性。

第三，部分文字的雷同。

值得注意的是，两地科仪本中有大段措辞是相同的。这部分内容大多集中在溪北道坛"燃点神灯"与溪南道坛"请神·三献"环节，前文已有论及，兹不赘言。造成这一现象的原因，或许有两种可能性：其一是两地道坛的相互因袭，其二是或都源自某个共同的文本。事实上，这些相同的段落基本上都可以从《太上三元赐福赦罪解厄消灾延生保命妙经》《九天应元雷声普化天尊玉枢宝经》等古道书中找到出处。

第四，科介表演的趋同。

溪南与溪北两地道坛在仪式结束前都设有为亡者喂药的环节，其科介动作大致是一样的：高功先执药汤喂食魂身，随后以药水涂抹其全身，如此重复三次，最后将药罐丢弃于坛场外摔破。与之相配套的一些法器道具如白公鸡、白公鸭、煎煮药水的药罐及书写中药名的鸭蛋等，也没有太多差别。

（二）差异处

除了上述相似的地方以外，溪南与溪北两地道坛的科仪文本更多地表现出了差异性。

第一，"请神·三献"环节的重要性。

"请神·三献"是曾文溪南北两地道坛共有的仪式环节，不仅是整场科仪的核心内容，也是仪式表演的高潮，其他节次皆是围绕该环节而展开。

与溪南道坛"请神·三献"分三次进行的做法不同，溪北道坛药师忏科仪的"请神·三献"环节是将原本三次进行的请神、献酒合并为一次完成，从而使该节次在仪式中所占的比重与分量大为降低。事实上，就溪北地区药师忏的仪式流程而言，"请神·三献"节次仅作为辅助、陪衬而出现，其后的"诵药王宝卷"及"燃点神灯"诸环节才是整场科仪的核心内容。

两地道坛科仪本对于"请神·三献"环节的不同处理方式，彰显出各自的地域特色：溪南地区拜药王的节次安排及其仪式建构，属于宋元以降道门科仪的传统，亦与台南灵宝道派拔度斋科的惯例相符合。溪北地区药师忏的仪式建构则凸显出了可操作性的特点，将转诵经忏与仪式实践结合起来，通过增设科仪节次，使原本单纯的念诵宝卷——《太上鸿名药王宝卷》演变成为一种科仪——拜药师宝忏，进而又将宝卷中关于"燃点四十九光神灯"的相关内容加以演绎和具体化，并逐一罗列四十九位天尊圣号以对应"燃四十九光天尊"的说法，此皆不见于溪南地区拜药王科仪中。

第二，启请的神祇名录。

溪南道坛拜药王科仪中三次"请神"时采取精简数量、突出重点的方式，逐次减少至尊神及境主家神的条目，乃至"终献"请神时仅将"无上虚皇至真三宝天尊"和"南昌朱陵上帝"作为上界高真的代表，药部圣众及燃灯解秽诸神却始终保持数量上的优势。

溪北道坛药师忏科仪的"请神·三献"环节是一次完成的，在其启请的神祇名录中，至尊神仅有四条——"无上至真三宝天尊""东极青玄上帝""宝幢接引天尊""太乙救苦天尊",其余大抵是本场科仪重点启请的主神——药王及医部仙众与燃灯及解秽神众。

若将溪南道坛三次请神的神祇名录合并起来,去除重复者,凡计有如下:盘古五谷尊王、伏羲神农大帝、八卦祖师、天医孙真人、慈济吴真人、闾山许真人、药王法师圣众、扁鹊华佗先师、天医尚药童子、灵医仙众、采药童子、种药童郎、点灯童子、解厌官吏、四十九光朗耀天尊、药王琉璃神光、针灸针砭神吏、药部一切威灵。

溪北道坛迎请的药王、医部仙众与燃灯、解秽神众则有盘古五谷尊王、伏羲神农圣帝、八卦祖师大神、孙吴许三位真人、药师法王圣众、扁鹊华佗先师、药王琉璃神光、天医尚药童子、灵官仙众、针灸针砭神吏、燃四十九光天尊、点灯童子、解厌大神。

稍做比对可知,溪南道坛不仅包含了溪北道坛的全部神祇,并且多出三条——采药童子、种药童郎、药部一切威灵。

表 1 溪南与溪北两地道坛启请神祇名录的异同

请神		溪南道坛	溪北道坛
三献	初献	无上至真自然三宝天尊、昊天金阙玉皇上帝、北极紫微大帝、东极青玄上帝、南昌朱陵上帝、五方五老天尊、上界天府高真、中界地府圣众、下界水府晶仙、南斗延寿星君、北斗九皇解厄星君、东西中三斗众真星君、太上三元天地水三官大帝、盘古五谷尊王、伏羲神农大帝、八卦祖师、天医孙真人、慈济吴真人、闾山许真人、药王法师圣众、扁鹊华佗先师、天医尚药童子、灵医仙众、采药童子、种药童郎、点灯童子、解厌官吏、四十九光朗耀天尊、当境神聪、哀家香火、拔度会上一切威灵	无上至真三宝天尊、东极青玄上帝、盘古五谷尊王、伏羲神农圣帝、八卦祖师大神、孙吴许三位真人、药师法王圣众、扁鹊华佗先师、药王琉璃神光、天医尚药童子、灵官仙众、针灸针砭神吏、燃四十九光天尊、点灯童子、解厌大神、宝幢接引天尊、太乙救苦天尊、当境神聪、孝眷敬奉神明、斋筵真宰拔度一切威灵
	亚献	虚无自然三宝天尊、东极青玄上帝、南昌朱陵上帝、五方五老天尊、盘古五谷神王、伏羲神农大帝、八卦祖师、孙真人、许真人、吴真人、药王法师圣众、扁鹊华佗先师、药王琉璃神光、天医尚药童子、灵医仙众、针灸针砭神吏、四十九光朗耀天尊、点灯童子、解厌官吏、药部一切威灵	
	终献	无上虚皇至真三宝天尊、南昌朱陵上帝、盘古五谷神王、伏羲神农大帝、八卦祖师、孙吴许三真人、药王法师圣众、天医尚药童子、灵医仙众、四十九光朗耀天尊、点灯童子、解厌官吏、药部圣众一切威灵	

第三，"燃点神灯"环节的有无。

"燃点神灯"环节仅见于溪北道坛，溪南道坛则无此情节设计。"燃点神灯"是溪北道坛药师忏科仪的重头戏，凡计有四个节次，依次是：燃点第一层灯、燃点第二层灯、燃点第三层灯、燃点第四层灯，第一华灯垂普照金光朗耀大慈尊，第二层灯普供养江河湖海众龙神，第三层灯普供养酆都地府众曹僚，第四层灯普供养诸天列宿众星真。不过，此说法与其后的文字内容并不对应，颇有牵强、生硬之感。

在前述燃灯环节中，演法高功志心朝礼"燃四十九光天尊"，逐一称诵四十九位天尊的圣号及"药王琉璃神光"，并详细罗列各种病痛、灾殃、凶煞、恶行等，祈求灯光冲破地狱的幽暗，天尊消弭亡魂的疾病、罪愆，使其得到救赎而飞升仙界。

溪南道坛拜药王科仪文本中也涉及燃点神灯之内容，如启请的神祇中有"四十九光朗耀天尊""点灯童子"，在"再请神·亚献酒"节次更明确谈道："或有至孝男女，建置道场一日、二日、三日，并一夜修造药师碧落宝塔，点燃四十九光神灯，忏除亡灵生前罪咎，免受苦恼，往生仙界。"但也仅限于此，并没有做进一步的引申和展开，故其灯仪之色彩并不浓重。相反，溪北道坛药师忏科仪文本则不惜笔墨、用大量篇幅演绎燃点神灯之内容，使之成为本场科仪的重心，并强化了演行药师忏可以消灾驱邪的功能。这也反映出两地道坛对其仪式性质的定义与理解存有分歧。

第四，为亡者喂药环节的位序安排。

按照台湾南部的灵宝道派拔度斋科之流程惯例，"化纸咒""回向"二节次通常安排在仪式的末尾，亦是法事圆满结束的标志。溪北道坛药师忏科仪的节次安排即是如此，溪南道坛拜药王科仪则不然。

溪南道坛拜药王科仪共计有十个节次，其中前九个节次属于典型的道门仪轨实践，最后一个环节"唱忏亡灵"则是通过武力驱逐药煞以达到"祭送药煞远离他方"之目的，具有浓郁的法术色彩。

溪北道坛药师忏科仪中的喂药环节（唱"生老病死苦"道曲）则安排在"燃点神灯""发愿"之后、"化纸咒""回向"之前。换言之，演法高功为亡者喂服汤药（道众吟唱"生老病死苦"道曲）属于药师忏科仪中的一部分，是其不可或缺的一个节次，也使仪式的结构更具完整性。

不过，前文已谈到喂药环节乃旨在为亡者疗疾并驱逐药煞远走他方，具有强烈的法术色彩,与道门科仪的传统风格并不协调,将其穿插于仪式中间,确有不伦不类之感。或许正考虑到这一点,溪南道坛才会通过节次流程上的调整和变通,将二者加以分界和切割。

三　结语

台南地区溪北道坛的药师忏科仪,其实兼有诵经礼忏与演教宣科之双重特征。推究其因,当缘于造作者有意将《太上鸿名药王宝卷》改编成药师忏科仪所致。溪北道坛的药师忏科仪是以《药王宝卷》为基础引申出来的,因此最大限度地保留了诵经礼忏的内容与形式。又因为终究是以药师科仪的面目出现,其节次流程的建构上必须符合忏仪的规范和要求,故而在开头、结尾等部分设置一些惯例的节次,从而增强仪式感。

溪北道坛药师忏科仪本中有不少内容是直接袭用自《太上慈悲九幽拔罪忏》《太上三元赐福赦罪解厄消灾延生保命妙经》《九天应元雷声普化天尊玉枢宝经》《太上慈悲道场灭罪水忏》《太上元始天尊说宝月光皇后圣母天尊孔雀明王经》等古道书。这说明其编纂年代不会太早,造作者的水平不高,颇有拼凑之嫌,恐系出自活跃于民间社会的底层道士之手。那么,他们创作道门药师忏科仪的动机是什么呢?

众所周知,药师信仰最早源自印度,自六朝以降佛教"药师忏"便盛行于世。[①]明《道藏》中并没有收录类似的经忏及仪轨,为了迎合社会民众对于药师信仰的需求,亦为了与佛教抢夺市场和信众,帝制晚期的闽台地区火居道士仿照《药师琉璃光如来本愿功德经》的模式和理念,援引道书中的内容来进行充实和改造,淡化佛教色彩,强化视听效果和可操作性,其风格上亦残留有民间宝卷俗讲(又称"讲经"或"宣卷")的痕迹。对于文化素质不高的基层民众而言,仪式表演远比宣诵经书容易接受,亦更受欢迎。有鉴于此,道教化药师忏科仪的应运而生也就不难理解了。

---

① 有关佛教"药师忏"的情况介绍,详见圣凯《中国汉传佛教礼仪》,宗教文化出版社,2001,第19~22页。

区域聚焦： 山东道教

明清泰山后石坞佛道兴替考[*]

朱学斌

摘要： 泰山后石坞元君庙在明代初建时由女冠住持，但到了清代却改为尼僧入住，由道观变成了佛寺。通过相关传世文献的梳理及现存石刻材料的实地考察，可以勾勒出泰山后石坞元君庙佛道交替的关键时间节点并分析导致其宗教场所性质更替的原因。另外，通过结合当时的时代背景，可对以往论著相关记载的缺失进行订正和补充，例如"隆庆黄花洞口玉女修真处题款""万历总理泰山香税州判名""后石坞女冠道派字辈"等一系列相关问题。

关键词： 明清泰山　后石坞　碧霞元君信仰　佛道兴替　尼僧

作者简介： 朱学斌，华东师范大学中文系讲师。

　　泰山后石坞处于泰山玉皇顶以北，尧观顶以东，北依天空山，东靠九龙岗，南临乱石沟，依山势而建。后石坞元君庙作为岱阴古建筑群的重要组成部分，又称"娘娘庙"或"元君庙"，俗称"姑子庙"。庙分东、西两院。西院由山门、正殿、配殿以及吕祖洞等组成，正殿祀碧霞元君，东舍为万松亭，后改为弥勒殿。元君庙建在院子的中央。东院高于西院，由"透天门"连接，院内有殿、亭、阁等古建筑。相传碧霞元君成仙前就是在此修炼的，所以这里又称"玉女修真处"，并留下了众多的纪念石刻。东院还有一处山洞名为黄花洞，亦称黄华洞，因至秋季洞周围多黄花（菊花）而得名，传为元君修真处。元君庙乾隆年间重修后改称石坞青云庵，光绪重修时称石坞庙。

　　后石坞元君庙现存石刻 12 块，残碑 5 块，分别为：万历二十年（1592）《修天

---

　　* 本文为中国国家博士后第 73 批面上资助项目（项目号：2023M731118）、华东师范大学 2022 年度人文社会科学青年预研究项目（项目号：2022ECNU – YYJ051）的阶段性研究成果。

空山黄花洞圣母寝宫楼》；万历间（1573～1620）《后石坞禁约碑》残碑；康熙四十一年（1702）万大用题刻；康熙五十年（1711）《后石坞执照碑》；康熙五十五年（1716）《长山县信众进香碑》残碑；康熙六十年（1721）《修后石坞庙碑》；雍正十三年（1735）《后石坞元君墓碑》；乾隆五十三年（1788）觉罗长麟《重修后石坞庙碑记》、宋思仁《重修后石坞记》残碑；同治八年（1869）《重修后石坞青云庵碑记》；光绪二年（1876）《报恩碑记》；光绪十三年（1887）《后石坞悟修墓塔记碑》；光绪二十三年（1897）王子塽《重修后石坞庙碑记》。未署纪，《济南府历城县施财助工题名碑》佚碑一块；隆庆六年（1572）《禁约碑》。另有摩崖数块："玉女修真处""刘满圆、宋自厚等人修后石坞盘道""刘凤祥等题名"等。现按时间先后顺序将现存文献有关后石坞元君庙记载及相关考证梳理于下。

一 明代作为道庵的泰山后石坞

隆庆六年，周藩胙城王府辅国将军朱睦㰖于岱阴后石坞建元君庙，并立禁约碑以护庙产，当时禁约碑立于蔚然阁下。①《泰山道里记》也记载："明隆庆六年，胙城大辅国将军朱睦㰖建，有禁约碑。"另有刘凤祥等题名在独立石上："隆庆壬申菊月，安昊天上帝像。委官刘凤祥、李翠、张宗器同立。"其中值得考证的是黄花洞口"玉女修真处"的题款"隆庆六年夏五月吉，蒲阳张一重、荆南王之纲、蕲春李逢旸刻"。王之纲，隆庆间任济南府通判，隆庆六年都御史万恭曾命他监修玉帝观北移的工程；李逢旸，时任泰安知州。

关于"玉女修真处"的摩崖题刻，以往学界释文多有抵牾及错讹。按康熙《济南府志》卷二十《秩官志二》："王之刚，湖广彝陵州人，举人。隆庆间济南府通判。"所以，袁明英《泰山石刻》所释"朔南王之刚"应为"荆南王之刚"②。王之刚、李逢旸之名亦见于经石峪大石坪北石壁"高山流水亭记"刻石，中有"济南府通判王之纲、泰安知州李逢旸刻石"。

所以，袁明英《泰山石刻》将泰安知州"李逢旸"释为"李逢阳"误。关于李逢旸之郡望，《泰山石刻》释为"蕲寿"，张用衡释为"蓟春"③，皆非。从原碑字形

---

① （清）孙星衍撰《泰山石刻记》，安徽人民出版社，2015，第25页。
② 袁明英主编《泰山石刻》，中华书局，2007，第1380页。
③ 张用衡：《泰山石刻全解》，山东友谊出版社，2015，第758页。

判断，当为"蕲春"。万历《泰安州志》卷四载："李逢旸，云南临安卫人，由举人，隆庆四年任。"康熙《泰安州志》沿释。康熙《济南府志》卷二十二："逢旸，云南临安人，举人。"可知李逢旸应祖籍湖北，随父辈卫所迁徙至云南建水，后科举从仕。

万历十八年（1590），因岱阴游者日众，山东抚按、司道委派善士刘满圆、宋自厚等人兴修后石坞盘道，以便行者。历四月而竣。《修天空山黄花洞圣母修真石路》中云："蒙抚司、按司道委，善人刘满圆、宋自厚修天空山黄花洞圣母修真神路。大明万历十八年七月起，十月完工记立。"① 万历十九年（1591），山东提学副使李化龙登泰山，撰有《万松亭四首》。万松亭在石坞元君庙下院东舍。知后石坞时已建有万松亭。②

万历二十年（1592），山东布政司参政、代管都转盐运司甘一骥及盐运司同知徐琳委人修建后石坞黄花洞圣母寝楼功成。此役万历十九年兴工，历年而竣，至是庵主单教云、单教雨立碑记事。③ 碑云："蒙山东布政司参政、代管运司甘老爷、运同徐老爷委，历城县人魏廷佐、张来仪、王宗智、刘瑻、肖虎、刘彦奎等，修天空山黄华洞圣母寝宫楼一座。庵主单道姑、单教雨娣妹二人。山东提学道副使李老爷施银三两。福建道御史陈老爷施银三两。万历十九年起，二十年工完工立。"

但是，在万历年间岱阴黄花洞元君庙建成之后，时遭"无籍棍徒"骚扰侵害。万历间某年七月，总理泰山香税州判王一玠出告示于后石坞，规定庙产四至，四至之内，准许道姑"照旧斫割，以为焚修之资"，敢有侵扰者，许其报知"泰山巡逻官并民壮"，拿问究治。后石坞禁约碑中记："总理泰山香税州判王□□为禁约事，照得泰山古圣贤登临之地，缙□□□□□绎罔绝，以其名之重也。况黄花洞为□□修真之□□□□□□焚修，亦同兹念者也。近访得无籍棍徒窥视。（缺数字）洞旷野□□□□□心，骚扰侵害，艰阻善念，深可痛恶。除已往不究（缺）山柴，四至界分，东至□棚，南至涧南崖，西至跌（缺），道姑王崇泰等照旧斫割，以为焚修之资。敢有□□害者，许道姑报知泰山巡逻官并民壮，地方人

---

① （明）《修天空山黄花洞圣母修真石路》题刻，今在泰山黄花栈北侧峭壁上。

② （明）李化龙：《李于田诗集·东省稿》，沈乃文主编《明别集丛刊》第四辑第47册，黄山书社，2015，第83～87页。

③ （明）单教云等：《修天空山黄花洞圣母寝宫楼碑》，今嵌泰山后石坞蔚然阁南面墙壁上。袁明英主编《泰山石刻》，第1399页。《泰山石刻史》误将其年代解释为万历二十一年（1593）。张用衡：《泰山石刻史》，山东人民出版社，2019，第294页。

□□□□□□□□凭问究，禁治不恕，□至告示者。右布知悉。（上缺）及跟随手下人等。□□□□□□□禀究，重治不饶。"《后石坞禁约碑》为 2008 年泰山管委南天门景区在整修后石坞元君庙时重新发现，今立后石坞庙院。

学界以往未能考释出《后石坞禁约碑》"总理泰山香税州判王□□"相关内容。根据单教云等人名判断，此碑为万历间所立。万历《泰安州志》卷三《香税》中记："委官员额：旧例总巡官一员于府佐内行，委专管督理香税、上下稽查，是其责也。分理官凡六员，于州县佐贰官内行。"泰安州州官有五员：知州一、同知一、州判二、吏目一。检万历《泰安州志》卷四《秩官志》，万历间王姓州判只有"王一玠"，冀州人。万历《泰安州志》编写于万历三十一年（癸卯年，1603），根据排列顺序判断，王一玠大致任职于万历二十三年（1595）到二十五年（1597）间，故《后石坞禁约碑》立于其间。万历四十二年（1614），万历皇帝出内帑普修碧霞宫及周边殿宇，易元君旧像，瘗于后石坞庙东，称"元君墓"。[1]

崇祯五年（1632），江宁士子艾容登泰山作《岱记》云："至岩半，有楼台隐松门间，已，得小门入，乃知为黄华洞也。……洞主老尼数人。"[2] 此年春季诗人叶承宗同刘充实、殷尔调、李禹门、陶铭彝及奕绍、翊明、受兹诸弟登岱，至黄花墅。其记云："饮甘露泉，北有高阁，女道士焚修其中，望而不见，但令老妪捧藁本茶数盂相啖耳，因赋一绝。"[3]

崇祯八年（1635），丁耀亢游泰山，作《岱游》组诗。根据其中《石室访女冠不遇》"玉女何年隐？瑶华不可寻"可推断此时后石坞仍由女道士住持。[4] 曹臣应山东右参议分守道吴廷简之邀，数登泰山，访灵岩，探岱阴黄花洞，有《游黄华洞记》文，述黄花洞有崇真阁、岱翠亭及吴廷简修后石坞檻亭事。[5] 廷简字以迪，时官山东分守道。清初王曰高《岱岳游记》云，"吴廷简书四王天亭在山半坳间"[6]。

---

① （明）萧协中：《新刻泰山小史》，（民国）赵新儒校注，泰山赵氏民国 21 年（1932）校刊本，第 22 页。

② （明）艾容：《微尘暗稿》卷十，日本内阁文库藏明崇祯刊本，第 3 页。

③ （清）叶承宗撰：《泺函》卷三，清顺治叶承祧友声堂刻本，第 20 页。

④ （清）丁耀亢：《逍遥游》，李增坡主编《丁耀亢全集》，中州古籍出版社，1999，第 637～644 页。

⑤ （明）曹臣：《文几山人集》卷四，沈乃文主编《明别集丛刊》第五辑第 27 册，黄山书社，2015，第 690～695 页。

⑥ 雍正《直隶深州志》卷六《仕宦》，第 7 页；（清）王曰高：《岱岳游记》，《槐轩文集》卷五，《清代诗文集汇编》编纂委员会：《清代诗文集汇编》第 105 册，上海古籍出版社，2010，第 522 页。

二　清代作为尼庵的泰山后石坞

泰山后石坞从道庵到尼庵的转变，发生于明末清初庙田产权的争夺和转移。明末局势动荡，看庄家人朱四将住持单教云谋害，夺去庄田。后数经尼僧争讼，官府将其地仍断归庙有。康熙五十年（1711）后石坞庙于门家庄（今泰山岱岳区黄前镇门庄）有庙田八十亩。当年十月后石坞住持尼普慧向知州徐肇显求得土地执照，铭碑立于庙中。① 徐肇显，字宜庵，浙江山阴（今浙江省绍兴市）人。康熙四十七年（1708）任泰安知州。康熙六十年（1721）顺天府霸州大城县（今河北大城）信士王谦等修整后石坞殿阁圣像。②

雍正十三年（1735）十月二十五日镇守山东兖州总兵官李建功重修后石坞碧霞元君墓，事见《敕封天仙圣母碧霞元君故墓碑》。③ 李建功，湖广武陵人。雍正五年（1727）曾任广东肇庆副将，雍正十年（1732）十二月至乾隆三年（1738）七月在山东兖州任总兵官。

乾隆十二年（1747）画家杨云憬（即朱云燝，号寻源）登泰山，绘图多帧并配有诗文，后合刊为《岱宗纪》（又名《岱宗大观》）。其中有述游后石坞景象："由盘道下，沿崖结茅，僧居也。或曰：'僧采松子作食，松多怪古，不知其几千万株，然浮碧澄清，樵采者穷于力，故历千百世，长合白云而老。'此坞也，有老尼携二女童住持其间，指旧迹，话往事，殆如白头宫女话天宝遗迹也。历历可听。"④ 乾隆五十五年（1790）山东巡抚觉罗长麟捐资重修后石坞庙，省署府县各官捐银共三千余两，经始于乾隆五十三年（1788）十二月，落成于本年十月。长麟及泰安知府宋思仁并撰记碑。⑤

同治四年（1865）李榕参大学士曾国藩幕府，以兵事至兖州，遂登泰山，著有《游泰山记》。其记岱阴石坞景象云："后石坞松岩幽邃，为天空山，为黄花洞，洞有

---

① （清）《后石坞执照碑》，嵌泰山元君殿门内西侧壁上。袁明英主编《泰山石刻》，第1391页。
② （清）尼真闻：《王谦等题名碑》，嵌泰山后石坞元君殿东墙。袁明英主编《泰山石刻》，第1386页。
③ （清）《敕封天仙圣母碧霞元君故墓碑》位于泰山后石坞元君庙东院东侧。
④ （清）朱云燝：《岱宗大观》，"泰山丛书"本，曲阜师范大学图书馆存手稿，第23~25页。
⑤ （清）觉罗长麟：《重修后石坞庙碑记》；（清）宋思仁：《重修后石坞记》，二碑久佚，2007年10月重获后拼接复立庙中。二碑并载于（清）宋思仁纂《泰山述记》卷九，清乾隆五十五年（1790），第23~25页。

泉泠泠。旁结茅屋数间，为僧寺斋厨。僧居山下，春时香火盛，来住数月，余时则佣人守之。"为后石坞僧尼生活状况之实录。[①] 同治八年（1869）历城信女吴氏等重修后石坞青云庵殿宇，历数年而工竣。[②]

光绪二年（1876）贵州尼僧圆顺居岱阴后石坞，募修庙宇，山东巡抚丁宝桢施资为其重建楼殿、圣像。十月，信众为立《报恩碑记》[③]。光绪十三年（1887），元君庙比丘尼悟修圆寂。在元君庙山门南约三十米处修建墓塔，题为"圆寂比丘尼上悟下修灵塔"。悟修，字圆顺，号悟修，贵州省贵筑县人。十八岁在本地万寿寺出家，咸丰八年（1858）外出云游访道，朝拜四大佛教名山。同治四年（1865）来到泰山后石坞，得同乡、山东巡抚丁宝桢之助，重修后石坞庙宇。塔旁有立于光绪十三年（1887）的《圆顺墓塔碑记》，铭文详细记载了圆顺的生平及募修后石坞的过程。

光绪二十三年（1897）后石坞元君殿阁因雨剥蚀，将就倾颓，本年五月，诸善士醵资募化，重修一新。[④] 光绪三十一年（1905）学者濮文暹登泰山绝顶，撰《游岱随笔》一册。其云："本老尼住持之，今易以一野叟守香火焉。"由此可以推断当时尼姑已离开后石坞庙。[⑤] 岱岳黄前镇门庄村有后石坞元君庙之下院，俗称门庄庙。此庙应为尼僧后来增置，原女冠住持时是否有此庙现无法考证。庙内有佛殿、禅院，尼僧大约于康熙四十年（1701）就住持其中，民国时尚有尼僧弘经等四五在此。汪季文《岱岳游记》载："（后石坞）庙中本有比丘尼三人，因僻处谷中，极鲜游客，香客又均至岱顶即止，无以养生。故均住山下耕种，只留老者一人，在此看守。"[⑥]

三　泰山后石坞"释道兼修"的成因

明朝全国释道从业者人数普遍为僧多道少。正德三年（1508）四月，提督宣大等处兵部左侍郎兼左副都御史文贵奏请"开武职纳银补官赎罪例"，建议"又发僧牒

---

① （清）李榕：《游泰山记》，《李申大先生全集·十三峰书屋文稿》卷一，《近代中国史料丛刊》本，台北文海出版社，1966，第 21~23 页。

② （清）刘孟超：《重修后石坞青云庵碑记》，碑在泰山后石坞元君殿前西侧。袁明英主编《泰山石刻》，第 1388 页。

③ （清）李金垣：《报恩碑记》，碑在泰山后石坞元君殿门外东侧。袁明英主编《泰山石刻》，第 1387 页。

④ （清）王子埔《重修后石坞庙碑记》立后石坞元君庙前。

⑤ （清）濮文暹：《见在龛集》卷二十《杂记》，南京图书馆古籍部藏民国 6 年（1917）刻本，第 258~269 页。

⑥ （民国）汪季文：《岱岳游记》，《旅行杂志》1933 年第 11 号，第 33~43 页。

二万、道牒二千。于在京及直隶、山东、山西、河南、陕西、辽东、宣府、大同地方，每名纳银十两或八两，无力者勒令还俗"。这样荒唐的提案明武宗竟然"俱从之"。① 从度牒发放比例"僧牒二万、道牒二千"可以推断当时官方认可释道从业人员数量需求的比例在 10∶1 左右。

万历皇帝明神宗公开宣称："朕惟自古帝王，以儒道治天下，而儒术之外，复有释教相翼并行。"② 万历年间，由于皇家对释道两教的态度，两教之间呈现出一种相互汲取、相互融合的态势。万历皇帝及慈圣皇太后皆笃信佛教。"神庙在宥，孝侍两宫圣母，琳宫梵刹遍峙郊圻，丹篆梵文无远弗届。"又"神庙曾选择经典精熟、心行老成、持斋者数员，放习宫女数十人，亦能于佛前作法事，行香念经，若尼姑然"。万历于道教亦崇尚有加，曾设道经厂演习元教诸品经忏。凡建醮做好事，亦于隆德、钦安等殿张挂幡榜，穿羽流服色。"万历五年（1577）十月戊子，彗星见，神庙以星变特谕礼部，建醮于朝天宫三日，仍遍告各宫庙。"万历三十一年（1603），乾清、坤宁两宫功成，"敕正一嗣教大真人张国祥即天师也，率领道侣数十员，于乾清宫大殿，启建黄箓大醮若干日，香烛辉煌，斋供清美，仪文隆备，世所罕见"。③ 隆德殿，旧名立极宝殿，隆庆元年改今名，供安三清上帝诸尊神。宫之后苑钦安殿，供安元天上帝。天启五年（1625）立于岱顶灵佑宫《敕建泰山灵佑宫记》碑中题名有道士三十余，亦有释教禅师三人，是明末释道融合之明证。

受此因素之影响，后石坞呈现出"释道兼修"的现象，与当时皇家习尚相合。后石坞除主奉元君外，坞内建筑多现梵相，如明末吴廷简于此建"四王天亭"。④ 四王天为佛欲界六天之第一重，位于须弥山第四层之犍陀罗山，四天王各居其一而名。即使尼僧住持元君庙后，仍以碧霞元君为主祀，这与泰山道教名山碧霞元君的地位不可撼动及信众以碧霞为主的信仰是分不开的。光绪二年（1876）儒童李金垣撰文书丹《尼僧圆顺报恩碑》呈现出明显的"释道兼修"之倾向，碑文云："修道者挂号成仙，行善者后积阴功，千古之报应，于今昭昭。"另记尼僧圆顺"在佛殿住了半载，夜梦娘娘指点，叫尼僧募化修工，自有妙用"，并不讳言碧霞元君的领袖地位。光绪

---

① 《明武宗实录》卷三七，正德三年四月八日条。
② 万历三十七年（1609）《崇因寺圣旨碑》，碑藏正定文管所。
③ （明）刘若愚：《酌中志》卷一六《内府衙门识掌》，北京古籍出版社，1994，第 93～134 页。
④ （清）王曰高：《岱岳游记》，《槐轩文集》卷五，《清代诗文集汇编》编纂委员会：《清代诗文集汇编》第 105 册，上海古籍出版社，2010，第 522 页。

二十三年（1897）由历城县王子墉撰，并有两百多信众捐资题名的《重修后石坞庙碑记》中记："泰山后石坞，素有碧霞元君暨诸神殿阁，数年来，风雨剥蚀，将就倾颓。诸首士目击情形，不忍坐视，鸠资募化，又复焕然一新。"可见信众仍以元君为主祀。后石坞吕祖洞题联"五夜慧灯山送月，一天仙籁水吟风"也颇有些禅味。民国 22 年（1933）肥城县张仁甫所撰《固留寺庙会》中云："……如塔宝山之药王庙、石横镇之奶奶庙、玉麟山之吕祖坛，乡间妇女，早就承认他们，救苦救难有求必应，比如来佛的'我不下地狱谁下地狱'的精神要强的多，所以就被老奶奶等把老佛爷的香火生意夺去了。不知我佛有灵，当怎样和碧霞元君，孙思邈（即药王），吕纯阳去交涉哩。"通过以上例证可以推断泰山当地普通民众在当时对于碧霞元君的崇尚要远盛于佛教。

虽然尼僧于康熙五十年（1711）入主元君庙，但后来的香火依旧衰败了下去。乾隆五十三年（1788）以后觉罗长麟撰《重修后石坞庙碑记》中记："为吕祖祠阁，迤下为僧寮，宅幽势阻，倾圮不治者有年。"① 道光七年（1827）麟庆撰《修补泰山钦工石路并后石坞山径祠墓记》中记："兹山之妙在后石坞，惜乎荆棘横封樵歌；下上即碧霞元君祠墓，世所崇奉，亦鞠为冷烟荒草无他，以其崎岖难行耳。"② 同治四年（1865），尼僧圆顺指出后石坞"四边回顾，庙墙倾颓，神像破褴，住持难容"③。同治八年（1869）刘孟超撰《重修后石坞青云庵碑记》中记："山后石坞有青云庵，庙貌庄丽，金碧辉煌，接连山顶，香烟不断，称胜观焉。但历年久远，风霜摧残，庵中娘娘大殿、三官佛爷殿、灵官殿、山门以及大殿神龛，将尽荒颓，不堪遇目。"延至近代元君庙尼绪不替，三壁环抱处有平地数亩，旧元君庙只存断壁残垣。如今后石坞元君庙重新成为碧霞元君行宫。其庙分东西两院，东院正殿祀三官，西院正殿祀碧霞元君。

四　结语

泰山作为道教名山，历代道教传承强于佛教，故道教盛，佛教弱，但佛教从来没有停止在泰山争取信众的施教活动。到了民国时期，泰山道教寺观虽然仍多于佛寺，

① （清）觉罗长麟《重修后石坞庙碑记》今在元君庙院内。李传旺、张用衡：《泰山景观全览·泰山 2100景》，山东画报出版社，2009，第 330～331 页。
② （清）麟庆《修补泰山钦工石路并后石坞山径祠墓记》碑在泰山升仙坊下盘路东侧。
③ （清）李金垣《报恩碑记》碑在后石坞元君殿门外东侧。

但数量上的差距已经很小。例如民国 8 年（1919）泰安有道教庙观 84 处，佛教寺庵 62 处。①

泰山后石坞元君庙可以作为泰山道庙由道转佛的其中一处缩影，其现存石刻及文献记载从侧面勾画了明末清初泰山释道较为曲折的更替。通过对这些材料的梳理，可知在万历间，女冠、尼僧都曾在元君庙一带活动，只不过正统地位不一。元君庙香火地的纠纷，导致女冠遁离元君庙，香火不续三十余年。而尼僧也正是借助此次土地纠纷而入主元君庙，成为正规的寺主。

通过对女冠道派字辈的梳理，可以勘正学界一些原来错误的认识，如误认为女冠吴真元是僧人。综合后石坞元君庙碑刻可知有字辈"普"（康熙五十年碑）、"真"（康熙六十年王谦题名碑）、"宁"（同治八年碑）、"圆"（光绪十三年碑）、"玉"（光绪十三年碑）、"弘"（1933 年）。泰山斗母宫"临济正宗比邱尼世系图"碑有列四十八代字辈："智慧清净、道德圆明、真如性海、寂照普同、心源广绪、本觉昌荣、能仁正果、长衍宽洪、为传法印、金悟惠隆、坚持戒定、永继祖宗"，后石坞尼僧字辈与此不类。

由于历史上佛道更替的原因，泰山后石坞元君庙无论是在建筑形式、供奉布置、尼僧身份认知等方面都呈现出释道融合的特点，为国内佛教史、道教史所罕见。此外，后石坞元君庙尼僧尊崇明代早期道教庵主，也为泰山诸多佛寺所仅有。这与泰山其他由道转佛的宗教场所产生了较为鲜明的对比。例如泰山斗母宫虽来源于道观龙泉观，但从道观改佛寺起，所立诸多碑刻似乎都在撇清与原龙泉观的接续关系。例如清乾隆四十四年（1779）《高恩等进香碑》、乾隆四十四年《重修前后殿东西配殿记》②、乾隆五十三年（1788）《创修斗母宫钟鼓楼记》③、乾隆五十四年（1789）《刘义厚等捐资题名碑》、道光十七年（1837）《重修斗母宫山门记碑》④、咸丰五年（1855）《重修斗姥大殿观音殿暨东殿碑记》⑤ 等碑，无一提起与龙泉观之关系。这与后石坞元君庙形成了鲜明对照。

---

① 林修竹编《山东各县乡土调查录》，1919 年山东省长公署教育科印行；国家图书馆选编《民国时期社会调查资料汇编》第 3 册，国家图书馆出版社，2013，第 450 页。

② 《重修前后殿东西配殿记》在泰山斗母宫大殿前。

③ 《创修斗母宫钟鼓楼记》今立泰山斗母宫大殿前。

④ 东野崇阶《重修斗母宫后殿西配殿记》在泰山斗母宫白衣殿前。泰山管理委员会编著《泰山石刻大全》（增订本）第 5 册，齐鲁书社，2018，第 683～686 页；李学周《重修山门碑记》书于道光十七年，嵌泰山斗母宫蕴亭东壁。

⑤ （清）卢汉倬《重修斗姥大殿观音殿暨东殿碑记》立泰山斗母宫山门外。

《中国本土宗教研究》 征稿函

近三十年来，中国的宗教学研究逐渐走上快速发展之路，在研究领域、研究方法方面有很大的进展，关于中国本土宗教的研究也在不断深入，资深学者有新的成果，年轻学者也提出了很多有价值的新观点。鉴于中国宗教学专门期刊的数量有限，我们决定编辑出版这本《中国本土宗教研究》集刊，向全世界的中国宗教研究学者约稿。

《中国本土宗教研究》由中国社会科学院世界宗教研究所道教与民间宗教研究室主办，定位是反映当下领域研究最新成果的论集。基于鼓励学术创新的原则，在保证论文研究水平的前提下，不对研究方法和对象做限制，不做字数要求，不持特定学术立场。为了保证学术质量，论文将接受匿名审稿。另外，目前刊物仅接受中文稿件。来稿注释体例以《中国本土宗教研究》（第一辑）为准。

为了提高编辑效率，请来稿统一发送 Word 电子版，并在电子邮件的"主题"一栏注明"《中国本土宗教研究》投稿"。超过四个月没有收到反馈意见可以转投他处。

编辑部联系方式：

投稿邮箱：wanghaoyue@ cass. org. cn

地址：北京市东城区建国门内大街 5 号中国社会科学院世界宗教研究所道教与民间宗教研究室

《中国本土宗教研究》编委会

图书在版编目（CIP）数据

中国本土宗教研究 . 二〇二三年 . 第一辑：总第七

辑／汪桂平主编 . -- 北京：社会科学文献出版社，

2023.12

　　ISBN 978 - 7 - 5228 - 3229 - 6

　　Ⅰ.①中…　Ⅱ.①汪…　Ⅲ.①宗教 - 中国 - 文集

Ⅳ.①B929.2 - 53

　　中国国家版本馆 CIP 数据核字（2023）第 254138 号

中国本土宗教研究　二〇二三年第一辑（总第七辑）

主　　编／汪桂平

出 版 人／冀祥德
组稿编辑／袁清湘
责任编辑／连凌云　王玉敏
责任印制／王京美

出　　版／社会科学文献出版社 · 联合出版中心（010）59367202
　　　　　　地址：北京市北三环中路甲 29 号院华龙大厦　邮编：100029
　　　　　　网址：www.ssap.com.cn
发　　行／社会科学文献出版社（010）59367028
印　　装／三河市尚艺印装有限公司

规　　格／开　本：787mm×1092mm　1/16
　　　　　　印　张：14　字　数：248 千字
版　　次／2023 年 12 月第 1 版　2023 年 12 月第 1 次印刷
书　　号／ISBN 978 - 7 - 5228 - 3229 - 6
定　　价／98.00 元

读者服务电话：4008918866